项目资助

国家社科基金项目"20世纪初叶以来苏俄文化观的演变及其启示"（12CZX003）

黑龙江省博士后科研启动金资助项目"当代俄罗斯马克思主义思潮研究"（LBH-Q16192）

黑龙江省普通本科高等学校青年创新人才培养计划"当代俄罗斯马克思主义研究"（UNPYSCT—2015022）

周来顺 / 著

俄罗斯哲学的当代审视

Современные Исследования по Русской Философии

中国社会科学出版社

图书在版编目(CIP)数据

俄罗斯哲学的当代审视/周来顺著.—北京：中国社会科学出版社，2019.4
 ISBN 978-7-5203-4149-3

Ⅰ.①俄… Ⅱ.①周… Ⅲ.①哲学—研究—俄罗斯 Ⅳ.①B512

中国版本图书馆 CIP 数据核字(2019)第 044655 号

出 版 人	赵剑英
责任编辑	赵　丽
责任校对	王秀珍
责任印制	王　超

出　　版	中国社会科学出版社
社　　址	北京鼓楼西大街甲 158 号
邮　　编	100720
网　　址	http://www.csspw.cn
发 行 部	010-84083685
门 市 部	010-84029450
经　　销	新华书店及其他书店

印　　刷	北京明恒达印务有限公司
装　　订	廊坊市广阳区广增装订厂
版　　次	2019 年 4 月第 1 版
印　　次	2019 年 4 月第 1 次印刷

开　　本	710×1000　1/16
印　　张	18.5
字　　数	276 千字
定　　价	79.00 元

凡购买中国社会科学出版社图书，如有质量问题请与本社营销中心联系调换
电话：010-84083683
版权所有　侵权必究

目 录

导 论 ·· (1)

第一章　俄罗斯文化的整体景观 ·· (17)
　　第一节　俄罗斯东正教的主要特征 ··· (17)
　　第二节　俄罗斯文化的基本特征 ·· (25)
　　第三节　俄罗斯文化中的重要主题 ··· (36)
　　第四节　俄罗斯知识分子的文化特质 ······································ (41)

第二章　俄罗斯哲学的典型范式 ·· (55)
　　第一节　索洛维约夫的完整知识理论 ······································ (55)
　　第二节　别尔嘉耶夫的历史哲学理论 ······································ (71)
　　第三节　梅列日科夫斯基的第三约理论 ··································· (88)

第三章　白银时代哲学与马克思主义 ······································ (106)
　　第一节　对马克思主义的精神继承 ·· (107)
　　第二节　别尔嘉耶夫对马克思主义的探索 ······························· (118)
　　第三节　弗兰克对马克思主义的探索 ····································· (127)
　　第四节　布尔加科夫对马克思主义的探索 ······························· (138)

第四章　苏联哲学与马克思主义 ·· (150)
　　第一节　布哈林对社会主义文化观的探索 ······························· (150)

· 1 ·

第二节　斯大林对社会主义文化观的探索 …………………（186）
　　第三节　梅茹耶夫对苏联哲学的反思与探索 ………………（224）

第五章　俄罗斯哲学与现代性问题 …………………………（242）
　　第一节　现代性危机的多重表现 ………………………………（242）
　　第二节　现代性危机的理论实质 ………………………………（265）
　　第三节　现代性危机的救赎路向 ………………………………（276）

参考文献 ………………………………………………………………（284）

后　　记 ………………………………………………………………（291）

导　　论

　　近年来，国内外学界从生成基础、本体主义、直觉主义、人道主义、神秘主义、实践意向、伦理倾向等角度对俄罗斯哲学的独特性问题进行了深入探讨，并取得了一系列研究成果。尽管如此，关于俄罗斯哲学是否具有足以维系其独特性或独立形态的理论特质，还是仅仅作为西方哲学中一个分支而存在的问题，不仅在当今，而且自俄罗斯哲学生成之初就充满着争议。实则，在我们看来，尽管俄罗斯哲学是在西方哲学特别是在德、法哲学的影响之下形成的，但自形成之初就以其独特的问题意识、理论背景、致思理路、终极旨趣、表达方式等，在世界哲学舞台中占据着特殊的位置。而且在此需特别强调的是，俄罗斯哲学的形成虽相对较晚并经历了一个较为漫长的阶段，但并不意味着在此之前没有哲学思维，只不过哲学觉醒的迹象全都纳入了"宗教世界观的框架里，因而不能把理性的工作引导上独立自在的哲学思维之路"[①]。正如中世纪哲学一样，俄罗斯哲学最初的主题同样更多地蕴含于宗教之中，哲学思维更多地依托于最初的直觉推动。可以说，俄罗斯哲学形成之初，就呈现出了诸多不同于西方哲学的整体特质。在此需强调的是，本书所指称的"俄罗斯哲学"，主要是指俄国传统哲学。

[①] ［俄］津科夫斯基：《俄国哲学史》（上卷），张冰译，人民出版社2013年版，第2页。

一 俄罗斯哲学中的末世主义与神秘主义

俄罗斯是一个有着强烈宗教关怀的民族,宗教不仅融入民众日常生活的多个方面,而且渗透到其思想文化之中。俄罗斯思想包括哲学,都与宗教有着十分密切的关系,"俄罗斯思想从始至终(永永远远地)与其宗教自发势力,与其宗教土壤相关联,俄罗斯哲学思想发展进程的根本特点以及各种复杂化进程的主要根源,端赖于此"[1]。从某种意义上说,宗教因素不仅构成了决定俄罗斯哲学独特性的"主要根源",而且俄罗斯哲学在自身发展与体系建构中也倾向于以宗教精神、宗教世界观来解释世界。就此而言,甚至可以将俄罗斯哲学纳入广义的基督教哲学范畴之中。俄罗斯哲学所呈现出的末世论、神秘主义等特征,都与东正教有着密切的关系。

基于东正教对俄罗斯的长期熏染等多种因素,俄罗斯民族有着强烈的末世论情结,"末世论并非只是关心世界末日要发生的事:从本质上说,它所关心的是上帝的主权"[2]。这一末世论情结集中地体现为俄罗斯人不满足于业已确定的尘世生活,而总是在对"现存的不满中,对另一种生活、另一个世界充满渴望,末世论塑造着俄罗斯人的灵魂"[3]。可以说,无论是在俄罗斯民族精神,还是在俄罗斯文学、艺术等领域都体现出强烈的末世论特征。这一特征也以极其鲜明的方式体现在俄罗斯哲学中,我们看到从早期的斯科沃罗达到霍米亚科夫与基列耶夫斯基,再到后来的陀思妥耶夫斯基、索洛维约夫、别尔嘉耶夫、布尔加科夫、舍斯托夫等,其哲学理论都具有很强的末世主义情结。俄罗斯哲学的杰出代表别尔嘉耶夫甚至认为,俄罗斯思想、俄罗斯哲学就其本质而言只能是末世论的。在他们看来,只有在末世的、终结的意义上,才能最终战胜恶、克服异化,进而实现对人的救赎。之所以呈现出这样一种对末

---

[1] [俄] 津科夫斯基:《俄国哲学史》(上卷),张冰译,人民出版社 2013 年版,导论,第 2 页。

[2] [美] 约翰·德雷恩:《新约概论》,胡青译,华夏出版社 2005 年版,第 129 页。

[3] Бердяев Н. А. Русская идея. Москва: ООО «Издательство АСТ», 2004, C. 195.

世论的重视，一方面与俄罗斯民族性相关，俄罗斯民族是重宗教，特别是重宗教中末世论精神的民族；另一方面与俄罗斯民族的历史命运和现实境遇相关。处于东西方文明夹缝中成长的俄罗斯，在现实与思想领域都经历着巨大的困顿、不安、动荡等。特别是进入19世纪中后期以来，随着社会的持续动荡与传统价值观念的不断坍塌，随着变革、战争与改革的不断交替，人们更为深切地感受到了个体在整个群体、在时代大变革中的这种虚无感、渺小感、无力感，进而加重了这种末世情结。

俄罗斯哲学所呈现出的神秘主义，也与俄国东正教传统密切相关。俄国东正教中的这种神秘主义，较为典型地体现在灵修、圣愚等现象上。神秘主义对东正教而言有着特殊的意义，"神秘体验是东正教的空气，是密度不同的，但恒久在它周围运动着的空气"①。可以说，对神秘主义理解上的差异构成了东正教与天主教、新教的一大区别。例如在对上帝观念的理解上，如果说天主教的神秘体验强调的是人对上帝的追寻与靠近，东正教的神秘体验则强调的是人与上帝的内在交往，强调上帝进入人的心灵深处。与天主教那种对上帝的热情追求相比，东正教对上帝的神秘体验往往给人的感觉是缄默的、清醒的。这种神秘主义在东正教中体现在多个方面，如在对上帝、教会、祈祷等的理解上，尤其体现在对"灵修""圣愚"等现象的重视上。"灵修"现象起源于4世纪，这种神秘的宗教体验主张在与世隔绝的艰苦环境中，通过教徒的自我净化与修行，从而达到最终救赎的目的。自东正教传入俄国后，就对灵修现象极为重视。灵修者在俄国广阔的大地上行走，他们通过独特的方式与宗教体验来找寻真理、追求天国、向着远方。

作为东正教神秘主义特征重要体现的圣愚现象，在俄罗斯宗教与文化生活中占据着特殊位置。这些圣愚者，在行为上往往有违日常规范，他们大多举止、穿着怪异，且常常以半裸、半疯、蓬头垢面的游民形象出现，通常脖子和踝骨上戴有铁圈。而在世俗生活上则鄙视一切世间享乐，特别是物质享乐。他们试图通过对尘世诱惑的拒斥，进而达到自身

---

① ［俄］布尔加科夫：《东正教——教会学说概要》，徐凤林译，商务印书馆2001年版，第179页。

的纯化,追寻更高的真理的目的。这类圣徒在民众中有着很高的威望,人们常将他们的咕哝与呻吟声视为"神谕"。某种意义上说,圣愚现象集中地表达了这样一种理念,"即在神性和人性,天国和尘世的结合中,任何时候都不应让天国屈从于尘世。即使天国无法表达,那也不能让伪善行为大行其道,让人们醉心于世俗生活中的诗意,而忘记了天国之美与我们的生活格格不入。这不是什么柏拉图主义,而是对品位等级原则亦即尘世服从天国的原则的一种确认"①。

总之,俄罗斯东正教中的神秘主义气息,构成了俄罗斯哲学中的重要特征。当然,这种神秘主义特征不但与东正教,也与俄罗斯独特的地理环境相关。别尔嘉耶夫就曾指出,"俄罗斯精神的景观与俄罗斯土地是一致的"②。俄罗斯广阔的土地、恶劣的环境、漫长的冬季等,逐步养成了俄罗斯民族静观、沉思的神秘主义特征。我们虽不认同地理环境决定论,马克思等经典作家都对此进行了深入批判,但地理环境在某种程度上,确实对一个民族的民族性格、精神气质、终极信仰等产生了无形的、深远的影响。

二 俄罗斯哲学中的生命经验原则与本体主义

与英格兰哲学中的经验论、法兰西哲学中的唯理论、德意志哲学中的认识论等传统相比,俄罗斯哲学有着浓烈的生命经验原则传统。俄罗斯哲学中所强调的这种生命经验原则,一方面不同于欧陆哲学中的经验主义,另一方面呈现出反理性主义特征。反理性主义不等于非理性主义,非理性主义往往基于理性自身的限度,从而强调对存在的直观、本体性洞见,寻求一种抒情的、浪漫的表达。而俄罗斯哲学中的反理性主义则与此不同,这种"反理性主义恰恰不意味着俄罗斯精神没有能力把逻辑明确和逻辑关联作为终极的、完全的、真理的表现,而只是由于它

---

① [俄]津科夫斯基:《俄国思想家与欧洲》,徐文静译,上海三联书店2016年版,第14页。
② [俄]别尔嘉耶夫:《俄罗斯思想的宗教阐释》,邱运华等译,东方出版社1998年版,第3页。

另有一种真理观"①。这种生命经验原则反对将哲学理解成一种寻求客观的、理性的、逻辑的世界观图景,而是强调生命与生存体验。在俄罗斯哲学中,我们清晰地看到无论是基列耶夫斯基所强调的"活的知识",还是索洛维约夫所强调的"活的信仰",抑或是弗兰克所强调的"活的生命"等,都从不同角度强调生命经验原则,强调终极的真理与本真的生命在最高原则中是同一的。同时,这种生命经验原则也不同于经验主义,西方哲学中的经验主义强调经验、归纳,强调从感觉认识出发,而生命经验原则则强调通过从精神深处对事物的神秘体验与本质直观达到对存在的本真的、整体的、活的认知与把握。俄文单词"опыт",除具有哲学意义上的"经验"之外,本身还有"体验、阅历"等义。生命经验原则强调通过生命的体验、直觉等,达到对存在本身奥妙的完整的、活的、直接的洞见,俄罗斯哲学所呈现出的这种生命经验原则世界观是不同于西方哲学的。

与生命经验原则密切相关的是,俄罗斯哲学在方法论建构中的本体主义倾向。俄罗斯哲学对本体主义倾向的强调,很大程度上是相对于西方哲学所强调的认识论传统而言的。在西方哲学传统中,强调"认识的学说(即人们通常所说的认识论)乃是哲学最必要和最重要的组成部分。这种观点在康德之后的哲学史上变得尤为牢固,所以,一种思想不止一次得到了表述,即哪里没有认识论,哪里就没有哲学"②。西方哲学特别是近代哲学将认识论作为哲学中的核心部分,而在俄罗斯哲学家看来,哲学并非仅有认识论一个根源,还包括其他根源。俄罗斯哲学家强调占据哲学核心地位的并非认识论传统,而是作为最初的、普遍的直觉的本体主义传统。要注意的是,这种本体主义不同于西方源远流长的本体论(ontology)传统。从某种意义上说,作为研究关于存在(on)的理论(logos)的本体论是西方传统哲学中最主要、最基本的表现形态,本体论的形成、发展、繁荣和衰落构成了西方哲学兴衰史的一条主线。我们看到,依据这种本体论传统,西方哲学在自身的体系建构中总

---

① [俄]弗兰克:《俄国知识人与精神偶像》,徐凤林译,学林出版社1999年版,第6页。
② [俄]津科夫斯基:《俄国哲学史》(上卷),张冰译,人民出版社2013年版,第3页。

是力图寻求一个最确定、最普遍、最根本、最一般、最不可怀疑的根源、本质、基点性"存在",然后再以此为根基推导出其他"存在",这种哲学运思方式在笛卡尔的"我思故我在"命题中,在德国古典哲学以"意识"或"自我"作为第一性的、直接的、自明性的哲学形态中,都体现得极为鲜明。

而俄罗斯哲学则与这种本体论传统不同,认为西方哲学在对"存在"的认识上实则走了一条"弯路"。俄罗斯哲学强调本体主义,强调直觉对存在本质的直接直观与洞见。基于这种本体主义思维倾向,在很大程度上克服了西方哲学长期争论的一些问题,或者更为准确地说这些问题在俄罗斯哲学中是根本不存在的。如笛卡尔力图通过对以往哲学、神学、逻辑学等的普遍怀疑,从而"把沙子和浮土挖掉"并"找出磐石和硬土",即作为哲学新起点的"我思"。进而,通过一系列的复杂推论完成了从"我思"到"我在"的论证,得出了"我思故我在"的命题。而在俄罗斯哲学家看来,为了通达存在,没有必要在存在之前认识什么,存在是不证自明、直接显现的,笛卡尔这种从"我思"到"我在"的复杂论证完全是人为的。俄国本体主义所信仰的口号是"首先生存,然后进行哲学思考","认识存在不仅仅是以观念的方式通过意识和思维,而是他首先应当更加真实地扎根于存在之中,这样才能使认识成为可能"。① 认识之所以能展开,是因为存在的确定性,存在构成了认识的前提和第一因,这是不证自明的。

三 俄罗斯哲学中的历史哲学传统与实践意向

与西方哲学相比,俄罗斯哲学自诞生起就打上了浓厚的历史主义色彩,历史哲学在其中占据着特殊的位置。俄国哲学史家津科夫斯基就曾指出,俄罗斯思想家有着对历史哲学关注的传统,他们"从始至终渗透着历史理论,它往往十分关注历史的意义、历史的终结这样一

---

① [俄]弗兰克:《俄国知识人与精神偶像》,徐凤林译,学林出版社1999年版,第12页。

类问题。……对历史哲学的这样一种独异的,我们可以说是超乎寻常的密切关注,当然不是一种偶然现象,它显然植根于和导源于俄国的过去,导源于俄罗斯灵魂的总的社会特点的精神取向"①。别尔嘉耶夫也曾指出,在俄国哲学中起主要作用的是与个体、民众、社会和世界"具体命运"密切相关的历史哲学和道德哲学,"我们的哲学首先将是历史哲学"②。历史意识的觉醒及历史哲学在俄国哲学中所占据的特殊位置,很大程度上源于俄罗斯自身在发展中所面临的困境,源于对俄罗斯道路的探索。俄罗斯的本质是什么？俄罗斯的命运是什么？俄罗斯的道路是怎样的？俄罗斯属于东方还是西方？正是在对俄罗斯本质以及俄罗斯道路的痛苦追问与求索中,俄罗斯历史意识开始觉醒了,"俄罗斯独特的思想在历史问题上苏醒了……俄罗斯人很早就具有一种比意识更敏锐的感觉,这就是：俄罗斯有着特殊的使命,俄罗斯民族是特殊的民族"③。作为历史意识觉醒的直接结果,表现为对历史哲学及其传统的高度重视。

基于俄罗斯在自身道路发展中所面临的困境,在斯拉夫派与西方派的早期争论中,就开始提出"历史哲学的课题,因为俄罗斯、俄罗斯的历史命运这个谜,曾几何时正是历史哲学之谜。看来,构筑宗教历史哲学乃是俄国哲学的使命。自成一体的俄罗斯思想诉诸终极的末世论问题,它弥漫着启示录的情调"④。俄国历史哲学首先面临的是俄国历史道路问题,在关于俄国道路的争论中,呈现出了以斯拉夫派、西方派、民粹派、欧亚主义等多样的历史形态"景观"。在对俄国历史道路的争论中,最先登场的是建基于东正教土壤之上,强调俄罗斯道路独特性的斯拉夫派。斯拉夫派重视宗教性、整体性、道德性、人民性、有机性等,反对农奴制、反对彼得改革、反对走西化道路,认为俄国的未来是"理想类型"的东正教、君主制、民族性三者的有机

---

① [俄]津科夫斯基：《俄国哲学史》(上卷),张冰译,人民出版社 2013 年版,第 7 页。
② Бердяев Н. А. Русская идея. Москва: ООО «Издательство АСТ», 2004, С. 40.
③ Тамже, С. 42.
④ [俄]别尔嘉耶夫：《历史的意义》,张雅平译,学林出版社 2002 年版,前言,第 1 页。

结合。针对斯拉夫派的这种理想主义倾向，索洛维约夫、弗兰克等都进行了批判，如指出从崇拜民族美德、力量到野蛮性，认为其在对"原历史"的幻象理解中日益走向荒谬化。如果说斯拉夫派将东正教看作其独特性的核心和基础，那么"正是这一宗教因素使斯拉夫派和西方派彻底分道扬镳了"①。与之相对立的西方派，则将近邻的西方理想化，他们推崇彼得改革，认为现代化是人类普遍性的道路，俄国现代化的出路在于西化。与斯拉夫派、西方派不同，民粹派思想家在对俄国现代化出路的探索中，重视俄国的村社传统，重视民众的启蒙，反对封建专制制度与资本主义制度，主张"彻底消灭农奴制的残余，消灭农奴制所发展起来的土地占有上的不平等；我们要使国家焕然一新"②，在此基础上建立以农村公社为依托的村社社会主义政治图景。而兴起于20世纪初的欧亚主义思潮，与上述思潮相比则体现出了一个不同于正、反，而是"合"的命题。欧亚主义从俄国特殊的地理位置、文化、历史等角度指认出俄罗斯具有独特的历史使命与出路。欧亚主义认为俄罗斯既不属于东方，也不属于西方，而是完整的东西方，其使命就在于扎根东正教的信仰，依托"专制国家"理念，进而"开创新的宗教时代（该时代所罪恶的、阴暗的和可怕的东西熔化掉），以赎回、纠正卑污行为和罪行"③。

斯拉夫派、西方派、民粹派、欧亚主义等在对俄国现代化出路的争论中，关涉到了诸多历史哲学问题。正是在这种激烈的争论中，历史意识不断觉醒，历史主题不断深入，历史哲学的探讨也从隐性状态逐步成为一种理论自觉。也是在这种争论中，俄国哲学家清醒地意识到斯拉夫派、西方派、民粹派等都有各自的限度，指出"俄罗斯不能再闭关自守，不仅军事、经济落后，而且没有现代化的教育与技术文明。在这种境况下，俄罗斯民族不仅不能完成它的伟大任务，甚至它的独立性都受

---

① ［俄］津科夫斯基：《俄国思想家与欧洲》，徐文静译，上海三联书店2016年版，第69—70页。

② 中央编译局国际共运史研究室：《俄国民粹派文选》，人民出版社1983年版，第15页。

③ ［俄］П. 萨文茨基：《欧亚主义》，封文译，《世界哲学》1992年第6期。

到威胁"①。他们在坚定地认知到俄国现代化道路独特性的同时，指出"俄罗斯是伟大的东西方之结合，他是完整的、巨大的世界，俄罗斯民族是包含着伟大力量的未来的民族，他将解决西方无法解决、甚至从其深层来说无法提出的问题。……俄罗斯经常提出的不是中间问题，而是终极问题。俄罗斯意识是世界末世意识"②。俄国历史道路的探索不应简单地划归或等于东方还是西方，而应在东西方文化模式外探索出一条通往未来的、独特的、崭新的道路。

与西方哲学相比，俄罗斯哲学还呈现出较强的实践意向特征。这种强烈的实践意向特征，一方面与俄国哲学家对哲学的理解相关，他们关注现实问题，信奉的是一种"实践世界观"，斯宾诺莎那种"不要哭、不要笑，而要理解"的哲学观对其而言完全是陌生的、不可理解的。俄国哲学家强调哲学应具有实践使命，指出"真正的、圣明的哲学，不可能仅仅是学院式的哲学。脱离生活的哲学精粹，其地位是虚伪的，无法维持的。哲学负有实践的任务"③。另一方面与俄国知识分子对自身的定位密切相关。就出身而言，俄国知识分子"来自不同的社会阶层，他们是依靠共同的理论而非职业和经济地位结合成的有机团体"④，是一群有着强烈实践关怀的群体。俄国哲学家作为俄罗斯知识分子中的一员，其所理解与认同的知识分子不仅仅是沉浸在学院与书斋中的知识人形象，更为重要的"标签"则在于有着强烈的实践倾向。作为现代意义上的俄国知识分子群体虽形成相对较晚，但自登上历史舞台之初就呈现出极强的实践意向，那种"理论的、科学的真理，严肃和纯粹的为知识而知识，无私地追求对世界的确切的理性反映和把握，这些从来不能在俄国知识分子意识中扎根"⑤。俄国知识分子具有崇高的自我牺牲精

---

① Бердяев Н. А. Истоки и смысл русского коммунизма. Москва: ЗАО «Сварог и К», 1997, С. 251.

② Бердяев Н. А. Русская идея. Москва: ООО«Издательство АСТ», 2004, С. 76.

③ ［俄］别尔嘉耶夫：《精神王国与恺撒王国》，安启念等译，浙江人民出版社2000年版，第139页。

④ Бердяев Н. А. Истоки и смысл русского коммунизма. Москва: ЗАО «Сварог и К», 1997, С. 257.

⑤ ［俄］弗兰克：《俄国知识人与精神偶像》，徐凤林译，学林出版社1999年版，第48页。

神和强烈的罪感意识，他们注重民众利益，认为自身在民众面前是有罪的。他们常常为追寻自由与实现民众的救赎，而被流放至寒冷的西伯利亚，甚至被送上绞刑架。而且当民众利益与真理发生冲突时，他们常常会因维护民众利益而忽视真理。可悲的是，尽管俄国知识分子试图唤醒、救赎民众，但他们的行为却常常换来民众的误解，甚至告发。

某种意义上说，俄国哲学家所理解的知识分子形象与刘易斯·科塞对知识分子的理解很是相近，即知识分子是理论人，是理念的守护者，"他们从一开始就视自己为社会意识和良心的承担者，如果必要的话，他们要长期备战的状态进入政治疆场与那些掌权者厮杀"①。他们不满足于现状和陈规陋习，而是塑造和引导着时代精神，是为理念而生的。知识分子在太平年代往往扮演着捣乱者的角色，举动往往让人不安与费解。但如果缺了他们，如果他们被作为其远亲的脑力劳动者和技术专家所取代，那么将是非常可怕的现象，现代文化及人类文明将因此而丧失刺激与活力，进而走向僵化与灭亡。

四 俄罗斯哲学中的反理性主义、反西方哲学传统

俄罗斯哲学虽是在西方哲学特别是德法哲学的滋养下形成的，并以此为重要参照系。但自形成之初，就以其独特的洞察力看到了西方哲学所存在的问题，对西方哲学特别是其理性主义传统等进行了反思甚至批判，可以说这构成了俄罗斯哲学的重要特点。这一点，我们不仅从早期俄国哲学的主要代表霍米亚科夫、基列耶夫斯基、阿克萨科夫、米哈伊洛夫斯基、列昂季耶夫等那里能清晰地感受到，而且在作为俄国现代哲学奠基人的索洛维约夫那里，体现得更为明显。在索洛维约夫看来，西方哲学的危机是"抽象的形式主义危机"，这种危机源于固有的知性思维方式。知性思维的特点在于通过理论抽象把直接的、具体的事物分解为感性因素和逻辑因素、形式因素和内容因素、本质因素与现象因素

---

① ［美］刘易斯·科塞：《理念人：一项社会学的考察》，郭方等译，中央编译出版社2001年版，第155页。

等。但问题在于，这些因素之间本不是各自独立存在的，而只有相互结合才能构成现实的世界。西方哲学的这种思维方式到柏拉图那里就已奠定，在经院哲学中则独占鳌头，即便经历了笛卡尔的打击也仍占据优势，并在黑格尔那里达到了知性思维即抽象分析的顶点。黑格尔将概念等同于一切、等同于现实，然而概念并不是一切，也不等同于真实的现实。正如索洛维约夫所言，黑格尔哲学作为一个完整的体系是自我封闭的、绝对的，要想作出突破"只有承认它的整个范围或它的原则本身，即孤立的概念原则或纯逻辑范围的片面性和局限性"①。

在俄罗斯哲学的发展过程中，不但对西方哲学的总体思维方式，而且还特别对西方哲学中的德国古典哲学、实证主义、生命哲学、现象学、存在主义等进行了极具特色的反思与批判。在对德国古典哲学的理解中，他们尖锐地指出德国古典认识论表面上总是谈论主体和客体、谈论认识的主观性和客观性。实则在这里，认识本身即是进行客体化，作为认识的主体"具有认识论的性质，而不是本体论性质，它是理想的逻辑形式，这些形式根本没有人性，它们与人的联系始终是不清楚的。存在被瓦解并消失，被主体和客体所取代。进行认识的根本不是'我'，不是活生生的'某某'人，不是具体的个性，而是认识论意义上的主体，它位于存在之外并与存在对立"②。在德国古典认识论中，主体被瓦解了，被认识的根本不是活生生的"主体"，而是被认识论"过滤"与"检验"后的"主体"，是抽象的、逻辑的、理想化了的构造的产物。认识论所认识的也不是真正的、原初的"存在"，而是被抽象化、外在化的"客体"。特别是在黑格尔那里，活生生的、具体的人完全消失了，只剩下绝对理性、绝对精神的自我运动。就此，舍斯托夫甚至尖锐地指出，以黑格尔为代表的西方哲学，逻辑泛化的最终结果只有一个，即将哲学中的最高存在与上帝同一，甚至代替上帝。舍斯托夫认为这种信仰是对知识而非上帝本身的信仰，在这里包含着"小心翼翼掩藏在友谊面具之下的、对《圣经》的仇恨、对除了科学以外还存在其他

---

① ［俄］索洛维约夫：《西方哲学的危机》，李树柏译，浙江人民出版社2000年版，第40页。

② ［俄］别尔嘉耶夫：《论人的使命》，张百春译，上海人民出版社2007年版，第13页。

探索真理的途径的可能性本身的仇视，即足以说明黑格尔为自己提出的任务，具有什么性质了"①。

在对实证主义的理解中，俄罗斯哲学家看到了实证主义在现代西方哲学中的重要影响，梅列日科夫斯基将之称为"所有欧洲文化的决定性界限"②。实证主义重视外在经验，认为现象和经验是一切知识的来源，要求哲学应以可观察、可实验的事实为内容，以实证科学为标准。在他们看来，实证主义虽取得了一定的成果，但也存在一些问题，其一，导致了内容与形式的分离。尽管实证主义批判了通过内在经验认识事物本质的荒谬性，实则通过其所强调的外在经验同样无法认识本质，源于根本没有完全独立的外在经验，"唯一自在的、绝对独立于一切现象和外在于任何现象的本质到底是什么——这样的本质根本不存在，也不可能存在，正如没有也不可能有任何无绝对独立本质的现象一样，因为这种本质的本我就是现象"③。其二，实证主义看到了实证科学所取得的成就，试图通过对科学的效仿或依赖达到化解哲学危机的目的。实则这种企图不但使哲学丧失了独立性，而且没有看到哲学所观察、认知的世界图景等是与科学不同的，"哲学是从人出发，在人身上研究人，它所研究的是属于精神王国的人，而科学所研究的人属于自然界的王国，这样的人在人之外，是客体"④。其三，基于实证主义只承认可观察的外在经验的基本原则，最终会导致对宗教和形而上学的否定，"他在宗教里只能看到对外在现象的神话解释，而在形而上学中则只看到对现象的抽象解释"⑤。针对实证主义认为神学和形而上学过时了的言论，俄国哲学家指出他们对此领域的"真正内容一窍不通"，他们"根本没有触宗教和形而上学哲学的内容本身。很清楚，实证主义充当普遍世界观的野

---

① ［俄］舍斯托夫：《雅典与耶路撒冷》，张冰译，上海人民出版社2004年版，第69—70页。
② ［俄］梅尼日科夫斯基：《重病的俄罗斯》，李莉等译，云南人民出版社1999年版，第5—6页。
③ ［俄］索洛维约夫：《西方哲学的危机》，李树柏译，浙江人民出版社2000年版，第48页。
④ ［俄］别尔嘉耶夫：《论人的使命》，张百春译，上海人民出版社2007年版，第10页。
⑤ ［俄］索洛维约夫：《西方哲学的危机》，李树柏译，浙江人民出版社2000年版，第149页。

心，完全是无稽之谈"①。实证主义忽视了宗教与哲学更为深层的精神与价值内涵，实则是对宗教与哲学功能的"矮化"，这种哲学不可能给予人崇高感，不可能解决价值、信仰问题。

俄罗斯哲学家同样对以胡塞尔为代表的现象学进行了批判性反思，认为现象学试图通过将哲学变成严格的科学，从而使哲学摆脱在科学技术突飞猛进的时代所面临的尴尬地位，实则是徒劳的。源于哲学既不是科学也不是宗教，哲学就是它自己，哲学是对智慧的爱。具体而言，其一，认为在现象学那里试图摆脱活生生的、具体的人的因素的企图是一种妄想，源于这种认识只发生在"理想的逻辑"存在领域，而非活生生的人的领域。哲学能摆脱人，但人却不能摆脱哲学，而现象学则是用"拙劣的手段对哲学的扼杀，因为他企图克服认识中的一切人本主义，即克服人"②。其二，认为作为新时期理性主义集大成者的胡塞尔，忽视了现象学的边界意识，期望现象学"不光要描述作为一种'文化体系'的宗教和艺术，而且，还要判定，什么宗教自身具有意义，也就是说，在什么宗教中回荡着上帝的声音，什么人类声音被当作上帝的声音，即启示，大地上没出息上帝"③。这种试图通过现象学来解决一切问题的企图是徒劳的。其三，认为以胡塞尔为代表的现象学试图通过"经科学检验的理性"来寻求终极的绝对真理，并进而用这种绝对真理向自然科学、历史、宗教等发布指令是不现实的。这种"沉浸于唯理主义梦境"之中的幻觉是不可能实现的，人类理性即便经受了现象学的洗礼，并彻底采用了现象学方法，"在只有唯理主义才善于统治的、死气沉沉、一动不动的世界里，是不可能找到它的"④。总之，在俄国哲学家看来，试图建构一种完全克服人本因素的、纯粹的现象学认识论是不可能的，"人是不能从认识里被排除的。人不应该被排除，而应该从物理的人和心理的人提升到精神的人。先验意识、认识论的主体、理想的

---

① ［俄］索洛维约夫：《西方哲学的危机》，李树柏译，浙江人民出版社2000年版，第150页。
② ［俄］别尔嘉耶夫：《论人的使命》，张百春译，上海人民出版社2007年版，第12页。
③ ［俄］舍斯托夫：《钥匙的统治》，张冰译，上海人民出版社2004年版，第187页。
④ 同上书，第193页。

逻辑存在与活生生的人之间的断裂实际上使认识成为不可能的"①。而且，认识也不是外在于存在的，不是从存在之外进入被认识的存在者，而就是在存在中实现的，是存在中的内在事件。

在对存在主义的理解中，俄罗斯哲学家对作为其重要代表的海德格尔、萨特等进行了批判性反思。他们认识到海德格尔、萨特等是这个时代最为严肃、最有意义的哲学家之一，其理论具有巨大的张力性、深刻性、独特性。但同时也存在着诸多问题，这些问题表现为，其一，虽关注到作为具体的、真实的而非抽象的、整体的人的存在，却将人封闭于有限的"自我"之中，"每个人来说都是独特的'自己的'内在生活领域，自己的'Existenz'。……躲进个人的'内在生活'的小圈子"②。其二，这种存在主义专注于"烦""畏"等日常生活中的琐碎，进而遗忘了更高的价值追求。也正是在这一意义上，弗兰克指出，"虚无主义的存在主义是一种痉挛性的无望的挣扎，乞灵于幻影，乞灵于完全靠不住的和无根据的希望，希望遏制住它向纯粹'非存在'的深渊的命中注定的坠落"③。其三，存在主义虽看到了这个时代所存在的问题，但他们的哲学是停滞甚至沉迷于日常之中的没有出路的"死亡哲学"。海德格尔、萨特等被"烦""畏""死亡"等所压迫、折磨，他们谈论的是面向死亡而非永生的自由，在那里"没有精神，没有自由，没有个性。常人，日常性就是日常生存的主体。实际上从这里是没有出路的。……在人身上没有向无限性的突破。世界是烦、恐惧、被抛弃、日常性的世界，是最可怕的世界。这是极端的被上帝遗弃的形而上学"④。也正是在这一意义上，他们认为存在主义是比叔本华、克尔凯郭尔等更具极端性、悲观性的哲学家，其将人完全抛向日常的、堕落的世界，是没有任何出路的。在俄罗斯哲学家看来，世界并非是荒废的、无意义的，哲学的使命恰恰并非在于寻求或学会坦然地接受死亡，真正的哲学

---

① ［俄］别尔嘉耶夫：《论人的使命》，张百春译，上海人民出版社2007年版，第15页。
② ［俄］弗兰克：《实在与人》，李昭时译，浙江人民出版社2000年版，第44页。
③ 同上书，第64页。
④ ［俄］别尔嘉耶夫：《神与人的生存辩证法》，张百春译，上海人民出版社2007年版，第333页。

是寻求复活的哲学、永生的哲学。总之，俄罗斯哲学家在对西方哲学的批判性继承中，认为西方哲学的发展正走向枯竭、走入死胡同，已陷入严重的危机之中。这种危机的深层根源在于"原初营养"的缺乏，而这种"营养"的重新获得既不能寄托于纯粹的逻辑思辨，也不能依靠外在的经验观察，只能是回归原初的"宗教传统"，认为哲学应"回到教堂去，还其神圣的功能，并在这里获得已失去的现实主义；重新获得生活奥秘的启示。……宗教没有哲学也过得去，因为它的根源是绝对和自满自足，但是，哲学没有宗教则不行，它需要宗教作营养食物，作复活圣水的源泉。宗教是哲学的生命基础，宗教供给哲学所需的现实存在"①。但这并不意味着要取消哲学的独立性，使哲学成为宗教的副产品。在他们看来，哲学恰恰不应成为科学，也不应成为宗教，哲学当且应当只能成为它自己。

此外，俄罗斯哲学还表现出直觉主义特征。俄罗斯哲学反对西方哲学那种依靠严密的逻辑与复杂的论证的认知方式，而是重视直觉主义的认知方式，这在基列耶夫斯基、洛斯基、弗兰克等哲学家那里体现得尤为明显。正如弗兰克所言，"系统的和概念的认知虽说并非无关紧要，但它却似乎只是某种框架性的东西，因而完全不能够提供完整的和活生生的真理"②。在俄罗斯哲学看来，与西方哲学中对事物的经验化、理性化认知相比，直觉主义的认知更能洞察真理。源于前两种认知真理的方式都是外在的、抽象的、理性化的，而直觉主义的认知则是内在的、直觉的、神秘的，是对存在的直接洞见。实则，我们在俄罗斯哲学的大部分著作中可以看到一个不同于西方近代哲学传统的典型特点，即这些著作大都不是通过付之于系统的、严谨的、逻辑的形式来表达。这些重要的哲学著作往往是以散文、随笔、格言的方式进行写作与表达，这种写作与表达方式依靠的是哲学家个体的独特体验与直觉主义的直接洞见。因此，我们会看到一种很奇怪的现象，尽管俄罗斯哲学受德国古典哲学的影响很大，但在德国古典哲学中对俄罗斯哲学影响最大的不是如

---

① ［俄］别尔嘉耶夫：《自由的哲学》，董友译，广西师范大学出版社2001年版，第8—9页。
② ［俄］弗兰克：《俄国哲学的本质和主题》，马寅卯译，《哲学译丛》1996年第3期。

日中天的黑格尔,而是重直觉主义与神秘主义因素的谢林。

综上所述,俄罗斯哲学虽是在西方哲学的滋养与影响下形成的,但却在长期的发展过程中不断凝练与建构出独有的特征。除上述特征外,俄罗斯哲学还具有人道主义、综合主义、直觉主义、非体系性、使命意识、人类中心主义、反极端个体主义、反虚无主义等特征,具有对神人性、完整性、聚和性等观念的重视。例如津科夫斯基就曾指出俄罗斯哲学所具有的人类中心主义特征,指出如果给予其"一种总的描述,而且描述自身也从不觊觎准确性和完整性的话,那我宁愿把俄国哲学探索中的人类中心主义置于首位"①。俄国哲学并非以理论、宇宙为中心,而是始终以人、人的命运、人的道路为主题。总之,俄罗斯哲学家对哲学有着独特的理解,认为真正的哲学应超越西方哲学特别是知性思维的局限性。哲学所追求的是对谎言的审判、对黑暗的揭露、对真理的认识,而非如西方哲学所言仅仅是对存在的洞见,哲学认知的使命是揭示生命的奥秘并最终解放人。判断真理的标准并不在客观主义、实用主义那里,不在于世俗层面的科技的昌盛、国家的富强、事业的成功、生活的幸福等等。真理往往具有破坏性、牺牲性,真理高于世俗世界、实在世界,"真理的标准在精神里,在精神性里,在主体里,这个主体把自己看作是精神,真理的标准不在客体里。真理不能从外部获得,它从内部获得"②。在他们看来,真正的哲学家不仅仅具有理论还具有实践使命,"真正的哲学家永远向往彼岸,向往超越世界的界限,而不会满足于此岸。哲学一向是从毫无意义的东西、经验的东西、从世界的四面八方逼赶我们的东西中突破出来,向意义的世界,向彼岸的世界迈进"③。也正是上述诸特征,决定了俄罗斯哲学虽形成较晚,却在短期内获得了快速发展、取得了标志性成果,并以其独特的魅力在世界哲学舞台的万花筒中占据着特殊位置。

---

① [俄]津科夫斯基:《俄国哲学史》(上卷),张冰译,人民出版社2013年版,第6页。
② [俄]别尔嘉耶夫:《末世论形而上学》,张百春译,中国城市出版社2003年版,第48页。
③ [俄]别尔嘉耶夫:《精神王国与恺撒王国》,安启念等译,浙江人民出版社2000年版,第125页。

第一章
俄罗斯文化的整体景观

俄罗斯哲学与东西方哲学相比虽形成较晚,但却以独特的问题意识、理论特质、表达方式等,很快在世界哲学舞台上占据了特殊的位置。而这些特点的形成,实则与俄国的历史文化传统,特别是悠远的东正教文化传统密切相关。宗教文化作为俄罗斯社会、民族的深层底色,对俄罗斯哲学产生了极为深远的影响。没有对俄罗斯东正教、俄罗斯文化等的深层理解,很难形成对俄罗斯哲学的穿透性认识与深层次把握。也正是基于对此的认知,本章力图对俄罗斯东正教的基本特征,俄罗斯文化中的深层特征,俄罗斯文化中的重要主题,以及作为俄罗斯文化载体的知识分子之文化特质进行探讨。

第一节 俄罗斯东正教的主要特征

俄罗斯是一个有着强烈宗教关怀的民族,宗教文化渗透到生活中的每一角落,从统治者的宫殿到贵族的客厅,从知识分子的书房到普通民众在"墓地、森林、火车站、市集、小酒馆,以及农民简陋的小屋里无拘无束地谈论宗教。在大路上,成千上万的朝圣者长途跋涉去参观宗教圣地和修道院。他们的谈话不可避免地会涉及有关上帝、拯救和永生这些永恒的问题"①。可以说,俄罗斯民族"就其类型和精神结构而言,

---

① [苏]赫克:《俄国革命前后的宗教》,高骅等译,学林出版社 1999 年版,第 5—6 页。

是一个信仰宗教的民族……俄罗斯的无神论、虚无主义、唯物主义都带有宗教色彩"①。实则,任何一个思想家,无论他承认也好否认也罢,时代是他思想的界限。他生存于思想中的时代,力图通过艰辛的理论思辨去把握时代中的思想。俄罗斯哲学家就生活在这样一种浓厚而独特的文化氛围之中。

我们知道,自325年"尼西亚宗教会议"后,基督教逐渐分为东西两派,而395年罗马帝国的最后分裂则进一步加剧了基督教内部的分裂,基督教逐渐分化成以希腊语地区为中心的东派和以拉丁语地区为中心的西派。从思想来源上来看,东派注重教父思想特别是希腊教父思想,而西派则只注重早期的教父思想。由于文化、风俗和习惯等的不同,决定了"希腊东方的神学模式,比较神秘与注重思辨,并且强调敬拜的权威、流行的敬虔表现,以及东方基督教累积来的非正式与不成文的传统遗产。拉丁西方的神学方法,则比较崇尚法律与务实,并且强调成文法规与客观标准的权威"②。这种差异最终导致了东西方教会于1054年彻底分裂,实则这种分裂只不过是东西方教会正式宣布了已经存在了几个世纪的分裂事实。

东西方教会的分裂是由多种原因造成的,包括对教义和学说传统等的不同诠释。具体来说,他们的分歧主要体现在以下几个方面:首先,在依靠的对象上,自奥利金以后,东方的主教和神学家就把耶稣所说的"磐石"诠释为彼得的信仰,但并非是彼得这个人。而罗马教皇则宣称"彼得优先论",声称罗马教会是由耶稣门徒中居领导地位的彼得所创立的,因此理应罗马教皇享有最高地位,而这引起了君士坦丁堡教会的强烈不满。正如东正教神学家迈仁多夫所言:"东方与西方的整个教会学争议,因此可以简化为这个问题:究竟信仰要依靠彼得,还是彼得要依靠信仰?"③东正教认为每位主教都是彼得的继承人,都是平等的,

---

① Бердяев Н. А. Русская идея. Москва: ООО «Издательство АСТ», 2004. С. 245.
② [美] 奥尔森:《基督教神学思想史》,吴瑞诚等译,北京大学出版社2003年版,第324页。
③ 转引自[美] 奥尔森《基督教神学思想史》,吴瑞诚等译,北京大学出版社2003年版,第325页。

而罗马主教则拒绝之。其次，是由于东西罗马帝国争夺势力范围和经济利益的结果。如863年君士坦丁堡教会以罗马皇帝为后盾，开展了积极的对外传教活动，派遣教士到邻近国家传教，这遭到了同样扩张自己势力的西罗马的坚决反对。① 最后，反映在教义中的"和子"问题。在381年尼西亚——君士坦丁堡信经的希腊文上没有"和子"这个句式，而在尼西亚信经的拉丁文版本上则具有"和子"句。东方主教坚决反对西方在未经东方同意的情况下擅自变更基本信经，并认为西方的观念是非正统的。正是上述诸多因素，导致了1054年东西方教会最终的分裂，西部教会以罗马为中心，称自身的宗教为天主教，强调自身宗教信仰的普世性，东部教会以君士坦丁堡（拜占庭）为中心，称自身的宗教为东正教，强调自身宗教信仰的纯粹性与正统性。

俄罗斯的东正教来自拜占庭传统，988年弗拉基米尔一世将希腊正教定为罗斯国教，史称"罗斯受洗"。"罗斯受洗"标志着东正教被正式引入俄罗斯并成为其国教②，尽管从引入到最终接受，在此之中经历了十分漫长、艰辛的过程。可以说，这一受洗对俄罗斯来说是历史性的事件，它长久地决定了俄罗斯的历史命运和文化道路。正如弗洛罗夫斯基所指出的那样，"罗斯受洗是俄罗斯精神的觉醒，——是召唤她从'富有诗意的'幻想走向精神清醒和深思熟虑。而与此同时，古罗斯通过基督教同所有周边文化世界产生了创造性的和活跃的相互影响。当然，无论如何也不能把罗斯受洗说成是能够说出日期的孤立的事件。这是一个复杂的和非常丰富多彩的过程，是一个漫长的和时断时续的、甚至延伸了几个世纪的过程"③。而沙波瓦洛夫也同样强调"罗斯受洗"及东正教对俄罗斯的独特历史作用，认为东正教"对俄国社会、文化以及俄国人的思想教育产生的影响远远超过其他宗教。俄罗斯国家的建立

---

① 参见乐峰《东正教形成初探》，《世界宗教研究》1983年第4期。
② 对东正教如何引入俄罗斯的说法不一，可参见［俄］克柳切夫斯基的《俄国史教程》（张草纫等译，商务印书馆1992年版）、［苏］波克罗夫斯基的《俄国历史概要》（贝璋衡等译，商务印书馆1997年版）和［俄］叶夫多基莫夫的《俄罗斯思想中的基督》（杨德友译，学林出版社1999年版）等书，这些著作对此都有详尽的论述。
③ ［俄］弗洛罗夫斯基：《俄罗斯宗教哲学之路》，吴安迪等译，上海人民出版社2006年版，第11页。

和发展与东正教教会及东正教教义有着必然联系。所以罗斯于988年接受基督教（罗斯受洗）的意义深远，已远远超出纯宗教的范畴，应将其视为人类文化和历史宏观领域的重大事件"[①]。这也就是说，自988年"罗斯受洗"后，东正教的传入对俄罗斯政治、经济、文化等的影响是极其深远的。"罗斯受洗"标志着罗斯由多神教向一神教的转变，同时也促进了罗斯各部的团结和民族意识的觉醒，增强了国家的凝聚力，它的引入对罗斯原有政治体制、民族性格和文化传统等都产生了深远的影响。

尽管东正教与天主教等同为基督教的分支，但基于历史现实与文化传统等原因，东正教在漫长的发展过程中却形成了一些相对独有的特征。东正教的这些独有性主要体现在以下几个方面：第一，对世俗政权的依附性。东正教的教权长期受到世俗政权的控制，是为世俗政权服务的。这一点不同于西方天主教会，西方教会曾有过教权高于神权的历史，强调君权神授。在东正教，帝国皇帝被视为神授的超凡人的代表。皇帝作为东正教的最高领袖，不仅有权任免教会牧首，而且有权召集宗教会议和批准宗教会议的决定，有权诠释教义和制定教规，有权管理教会生活等。

第二，坚持教义上的正统性。俄罗斯继承了希腊东正教教会的传统，认为自己的任务是保存而不是发展或寻找宗教真理。这一特点从俄国主教尼古拉为首的俄日差会为庆祝俄国皈依基督教九百周年之际，给其母教的信中可见一斑。在这封信中，其抨击了屈服于理性运动的新教和天主教，指出他们不断变换观点以"适应"时代，从而损害了教会的权威与教义，在信的最后则强调："只有东正教才能把上帝的话那甜蜜的源泉供给那来到东正教面前的人饮用，因为只有东正教保有了它所接受的神圣教义，并且将保持其不变，直到一切时代的终结，决不作些微的增加或删减，因为它是真正的柱石和基础，上帝的灵长驻在它体

[①] ［俄］沙波瓦洛夫：《俄罗斯文明的起源与意义》，胡学星等译，南京大学出版社2014年版，第485页。

内，保护它不犯错误。"① 东正教只承认圣经和圣传是教义的基本来源，反对天主教对原有信条的任意修改和诠释，认为这是背离基督教传统的，认为这有损于教义的纯洁性。这种对传统的重视，也从侧面反映了东正教面对世俗生活时趋于保守的特性。这种保守性不仅反映在礼拜时祈祷用语和时间的规定上，而且也反映在对教徒世俗生活的严厉规范上。在此需指出，俄罗斯东正教会的保守性已影响到东正教的进一步发展，虽自19世纪下半叶以来在一定程度上进行了改革，但由于"教会改革只限于教会内部管理体制的调整，而没有涉及到教规教义的更新和神学的创新问题"②。因此，教会改革并没有给危机和陈旧的教会带来新的生机和活力，无法适应新的时代需求。这也是19世纪末20世纪初俄国宗教哲学复兴运动兴起的原因所在，这种复兴并不是简单的遵照与回归，而是发展与阐发。

第三，浓重的神秘主义色彩。从哲学上讲，神秘主义强调用直觉和非理性的方式来洞悉事物本身和最高存在。而在宗教上，神秘主义则是"一种宗教唯心主义的世界观，认为人和神能够有精神上的直接交往，人能从神的交往关系中，从神的'启示'中领悟到存在的'秘密'"③。宗教中的神秘主义主张通过冥想和灵修等迷狂的方式，达到对上帝的认知和与上帝的合一。从某种意义上说，俄国东正教的这种神秘主义特征与俄国所处的地理环境等因素也有一定关系，如漫长的冬季与宁静的黑夜便于人们进行内心的沉思等。俄罗斯东正教的神秘主义和"天主教的神秘主义之间的差别在于神秘主义经验构成的不同。这种深刻的差别首先体现在对上帝和基督的态度不同上。对于天主教的西方，基督是个客体，它在人的心灵之外，是被追求的对象、爱和模仿的对象。因此，天主教的宗教经验是人向上帝的靠近，可以说，天主教灵魂是哥特式的。而在东正教中，基督是主体，他在人的心中，人在自己的心灵深处接受

---

① 转引自［苏］赫克《俄国革命前后的宗教》，高骅等译，学林出版社1999年版，第30—31页。
② 戴桂菊：《俄国东正教会改革：1861—1917》，社会科学文献出版社2002年版，第280页。
③ 乐峰：《东正教史》，中国社会科学出版社2005年版，第45页。

基督,因此,东正教中没有冷漠,也没有热情,有的是温暖。在东正教的神秘主义中没有令人陶醉的激情。可以说,东正教不是浪漫主义的,它是现实主义的、清醒的。东正教对上帝的态度如同对主体,他进入人心灵深处,这种态度具有内在的精神性,一切都朝向与上帝的内在交往。在东正教的神秘主义经验中有某种对外在世界的缄默和不可体现性"①。正如俄国宗教哲学家布尔加科夫所言:"神秘主义是东正教的空气,是密度不同的,但恒久在它周围运动着的空气。"②

　　第四,普遍重视灵修方式与宗教仪式。灵修现象起源于4世纪,提倡在与世隔绝的深山、荒野、洞穴和断崖中进行修道。通过这种灵修生活,一方面,可以缅怀昔日的殉道者,使教徒保持着自我牺牲精神;另一方面,可以在修道中通过祈祷以求社会和人的完善,培养教徒的群体意识。③ 这种灵修主张通过在祈祷中呼唤神之名来达到"灵性之美的异象,心灵正在寻求向这种美接近的各种道路……这也是那照亮地上云游者之路的光。它号召超越现有生命的界限,改造现有生命"④。信徒们希望能通过灵修,来达到最终的救赎。与此同时,东正教重视外在的形式,例如,在举行活动时仪式隆重,装饰华美,其"礼仪无与伦比的活力、其僧侣的华丽外表以及仪式性的、艺术性的富丽堂皇"⑤。当然,在别尔嘉耶夫看来,这种对宗教仪式的重视很大程度上与俄国民众文化水平的低下相关,"教育水平的低下,导致人们对历史上相对的、暂时的宗教礼仪奉若神明"⑥。正是通过这种烦琐、冗长、庄严的宗教仪式,将宗教信仰逐步从一种初始的外在形式,变成内在的精神实质。

---

　　① 金亚娜等:《充盈的虚无——俄罗斯文学中的宗教意识》,人民文学出版社2003年版,第5—6页。
　　② [俄]布尔加科夫:《东正教——教会学说概要》,徐凤林译,商务印书馆2001年版,第179页。
　　③ 参见宋瑞芝《俄罗斯精神》,长江文艺出版社2003年版,第204—205页。
　　④ [俄]布尔加科夫:《东正教——教会学说概要》,徐凤林译,商务印书馆2001年版,第190页。
　　⑤ [美]米尔恰·伊利亚德:《宗教思想史》,晏可佳等译,上海社会科学院出版社2004年版,第990页。
　　⑥ Бердяев Н. А. Русская идея. Москва: ООО «Издательство АСТ», 2004. С. 22.

第五，圣像与圣徒崇拜传统。作为一种不同于其他艺术形式的宗教艺术，"圣像是东正教传统不可分割的一部分。它不仅作为东正教堂的室内装饰和东正教礼拜的必需之物，而且进入了东正教信徒的日常生活，成为一种独特的文化和艺术传统。东正教圣像兼有神学性和艺术性"①。在笃信的东正教中，对画有主耶稣基督、圣母、天使和圣徒的圣像崇拜占有显著地位。圣像使人产生神的在场感。东正教对于圣像的崇拜是不同于天主教与新教的，天主教尽管也承认圣像崇拜，但并没有东正教那样普遍，而新教依然存在着对圣像进行破坏的传统，他们只保留了十字架，圣像崇拜往往被当成偶像崇拜予以批判。对信徒来说，东正教的圣像画不仅表现为它所具有的审美意义，更表现为它所具有的象征意义。圣像画着重表现的不是脸面，而是"面容"，通过对圣像画的抽象性、轮廓性描写，来表述一种庄严与神圣。东正教还具有很深的圣徒崇拜情结，整体上看这些圣徒主要分为四种类型：第一种是苦行型，这类圣徒在俄国最为普遍，他们通常住在洞穴中，睡在棺材里，甚至把自己活藏在墓穴里，通过这种苦修的方式来达到体认上帝，实现救赎的目的。第二种是圣愚型，"圣愚现象早在希腊教会时就曾经有过，但与俄罗斯教会现实生活比，他们那里的圣愚是非常罕见的现象。圣愚鄙视一切世间的享受，其行为往往有违人们正常的理解——而是为了最高真理。圣愚自愿承担了故意装疯卖傻这一功勋的责任，以便能够摆脱人世间的诱惑而获得自由——但在圣愚身上连一丁点儿鄙视世界或否认世界的影子也看不到"②。他们通常是蓬头垢面、半疯、半裸体的游民乞丐，大多穿着、举止怪异，而且脖子和踝骨上戴着铁圈。他们中有些人几乎不能说话，但是他们的呻吟和咕哝声却被解释为神谕，这类圣徒在民众中享有很高的威望。第三种是勇士型，他们由一些勇敢、虔诚的士兵组成，为保卫民众和教会不惜牺牲自己。与勇士型相似的是第四种类型先知型的圣徒，他们为维护正义与教会学说而毫不畏惧，宁可成为殉道者也不向权力屈服。

---

① 徐凤林：《东正教圣像史》，北京大学出版社2012年版，第5页。
② [俄] 津科夫斯基：《俄国哲学史》（上卷），张冰译，人民出版社2013年版，第14页。

总之，东正教的独特之处不仅表现为上述特征，还表现为多中心性、对神人性与末世论主题的重视，以及对上帝和神性真理的真挚追寻与探求、对社会底层苦难的深切同情，对"宗教象征主义和审美神秘主义的忠诚"①等。例如在多中心性这一特征上，东正教在组织上各自独立，特别是拜占庭帝国灭亡之后，各国、各地教会纷纷要求自主，"不像天主教那样在世界上有统一的教会和统一的首脑"②。东正教反对任何形式上的"中央集权"，各教区只在教务上保持往来，在管理等方面则是完全独立和自治的。又如在末世主题上，东正教强调末世论信仰，在对死亡、信徒与非信徒的审判、地狱等都有独到的理解。在死亡的态度上，东正教表现出了对死亡的崇拜，他们认为死者肉体的安葬是为将来肉体的复活埋下了种子，认为死者死后并不与我们的世界相隔断，通过祈祷和定期悼念可以确立与此世的联系；在对信徒与非信徒的审判上，认为教会只对信徒进行审判；在对地狱和救赎观念上，持一种普遍救赎的非严厉的态度。总之，东正教文化对俄罗斯产生了全方位的影响，甚至在弗兰克等看来俄罗斯精神也是一种彻头彻尾的宗教精神，"俄罗斯精神固有一种追求完整性、包容一切的具体的总体性、追求终极的最高价值与基础的意向，因此使俄国思维和精神生活不仅在内在本质上是宗教性的，而且这种宗教性还贯穿于精神生活的一切外部领域。可以说俄罗斯精神是一种彻头彻尾的宗教精神。它除宗教价值外实际上不知道任何其他价值，它仅仅追求神圣性和宗教改造。这也许就是西欧精神与俄罗斯精神的最大差别"③。而俄罗斯哲学就是在这样一种浓重的宗教文化、精神氛围之中，生根发芽、成长壮大的。东正教文化所呈现出的神秘主义气息、保守主义倾向、对神人性原则与末世论观念的重视等，都对俄罗斯哲学家独特世界观的形成与学说体系的建构产生了深远影响。

---

① ［苏］赫克：《俄国革命前后的宗教》，高骅等译，学林出版社1999年版，第10页。
② 张达明：《俄罗斯东正教与文化》，中央民族大学出版社1999年版，第51页。
③ ［俄］弗兰克：《俄国知识人与精神偶像》，徐凤林译，学林出版社1999年版，第28页。

第二节　俄罗斯文化的基本特征

　　人总是一种文化的存在，文化作为一种历史地凝结成的生存方式及社会运行机制，具有客观性、人为性、继承性、群体性、超越性、规范性、变迁性等特征。例如在对文化变迁性的理解上，以恩伯等为代表的学者指出："文化是不断变迁的。由于文化是由习得的行为和观念模式所组成，随着人类需要的变化，既可以放弃旧的文化特质，也可以再次习得新的文化特质。"① 作为一种无处不在的、历史地凝结成的生存样式的文化，总是以一种潜在的方式去影响和塑造民族精神。俄罗斯文化在长期的历史发展过程中，呈现出宗教性、精神性、神圣性、使命性、二元性等特征。在长期历史发展、演变过程中，俄罗斯文化所具有的这些特征，也对俄罗斯哲学产生了深远影响。而同样，作为"思想中的时代"与"时代精神的精华"的哲学，既表征着时代性、民族性、个体性的理论诉求，也透视着民族性文化精神中的深层结构与理论内核。

一　俄罗斯文化中的二元性结构

　　关于地理环境与民族文化、精神气质之间的关系问题，一直是学者们所关注与争论的焦点性问题之一。在这一问题上，俄罗斯诸多思想家强调地理环境与文化间的内在关联，俄国著名史学家克柳切夫斯基曾深刻地指出了一个国家的地理环境与文化因素间的密切关系，认为地理环境既是影响该国历史进程的重要因素，也是评述该国文化与精神气质的不可替代的重要前提。俄国著名哲学家别尔嘉耶夫同样深刻地洞察到俄罗斯的地理环境与文化因素间的有机联系，指出"俄罗斯精神的景观与俄罗斯土地是一致的"②。当代俄罗斯哲学家沙波瓦洛夫也指出了地理环境对俄罗斯民族心理与文化特征的影响，指出"自然条件（包括俄

---

　　① ［美］C. 恩伯、M. 恩伯：《文化的变异——现代文化人类学通论》，杜杉杉译，辽宁人民出版社 1988 年版，第 56 页。
　　② ［俄］别尔嘉耶夫：《俄罗斯思想的宗教阐释》，邱运华等译，东方出版社 1998 年版，第 3 页。

罗斯地理的特点）为民族心理的独特性创造了前提条件。但是，这一独特性要在高级文化产品中体现出来，显然还需要附加条件，要求个体付出努力，也即志向和意志"①。

在此问题上，尽管我们并不认同博丹、孟德斯鸠，包括克柳切夫斯基等人所持的地理环境决定论观点，他们认为"自然界的作用是由各种各样的地理变化决定的：各个部分的人们在地球上占着不同的地区，自然界赐给他们不同数量的光、热、水、瘴气和疾病，赐给他们不同数量的恩惠和灾难，而人们的地区上的特点就是由这方面的不同所决定的。……这些东西显然是受周围自然界的影响而产生的，而这些东西的总和，就是我们所说的民族气质。因此，外面的自然界在历史生活中同样是作为一个有一定的人类社会生存的国家的自然条件来观察的，并且作为一种力量来观察，因为它对人们的生活和精神气质起着影响"②。但从某种意义上说，俄罗斯独特的地理因素确实在很大程度上对俄罗斯文化的深层结构产生了影响。这种独特的地理因素，使俄罗斯在产生之初便在空间上面临着东西方的威胁与挤压。而这种由地理因素所带来的影响也反映在文化上，处于东西方交汇处的俄罗斯文化形成之初便受到东西方文化的无形影响与熏陶。基于此独特文化背景，我们看到俄罗斯在文化上呈现出独特的"二元性"结构。可以说，俄罗斯文化中的这种二元性结构，一方面体现了俄罗斯文化中的矛盾性与张力意识，另一方面也体现了俄罗斯文化的两极化、复杂化，这种文化呈现出封闭与开放、单一与杂多、分裂与统一的相互交错与较力。俄罗斯文化所呈现出的这种二元性结构景观，奠定了其文化特征的基调，并在其日常生活、社会习俗、民族性格、政治制度等方面得到了集中体现。

俄罗斯文化所具有的这种二元性结构，首先体现在民族性上，民族性的形成与该民族在漫长的历史过程中所形成的文化基因密切相关，正是由"共同的文化基因，共同的文化遗产、共同的文化活动、共同的文

---

① ［俄］沙波瓦洛夫：《俄罗斯文明的起源与意义》，胡学星等译，南京大学出版社2014年版，第70页。
② ［俄］克柳切夫斯基：《俄国史教程》（第一卷），张草纫等译，商务印书馆2013年版，第18页。

化期望构成了民族的基础"①。无论是俄罗斯民族的国家观念，还是其对待民族主义和沙文主义的态度，俄罗斯在文化结构中都呈现出了极为奇特的二元性结构。首先，这种二元性文化结构呈现在国家观念上，一方面，俄罗斯是最具个体主义、无政府主义的国家。我们看到，在俄国历史上不但作为社会精英阶层的政治家与思想家大多反对集权统治，崇尚我行我素的无政府主义与绝对的个体主义。而且，作为社会底层的普通民众，也常常是不问政治，不去经营自己的土地。就此，别尔嘉耶夫很形象地指出俄罗斯的国家观念是女性的，俄罗斯在国家事务中永远期待着统治者、期待着新郎，俄罗斯的"'土地辽阔而肥沃，但它没有秩序。'……俄罗斯是驯服的、女性的土地……俄罗斯人民希望成为一块待嫁的土地，等待着丈夫的到来"②。但另一方面，俄罗斯却又可能是世界上最具官僚化、集权化的国家，在世界上建立了最庞大的国家机器。为了巩固这一国家机器，其甚至运用一切手段、使用一切力量、付之于全部血液去捍卫这一国家机器。其次，这种二元性结构还表现在民族文化趋向性上，一方面俄罗斯是世界上最反对沙文主义、民族主义的国家，但另一方面俄罗斯却又是世界上最具沙文主义与民族主义的国家，它"以为自己是唯一负有使命而否定整个欧洲的国家，在它看来，欧洲已经腐化，是魔鬼的产物，注定应该毁灭"③，而自身则负有用强力与残酷去解放其他民族的神圣使命。

俄罗斯文化中的这种二元性结构也体现在文化发展规律上，即俄罗斯文化在自身发展过程中呈现出"中断性"与"连续性"始终交错并存的特征。可以说，俄罗斯文化在自身的发展过程中所呈现出的这种"中断性""跳跃性"是贯穿始终的，这一特征很难在其他民族国家的文化发展中寻觅到。俄罗斯文化在纵向发展的过程中缺少一个过渡的中间地带、中间阶段、中间环节，总是毫无过渡地从一端跳到另一端，如从"罗斯受洗"前的多神教文化到东正教文化，从十月革命前的宗教

---

① Струве П. Б. Patriotica: Политика, кулитура, религия, социализм. Москва, 1997, С. 66.
② [俄] 别尔嘉耶夫：《俄罗斯的命运》，汪剑钊译，译林出版社2011年版，第5—6页。
③ 同上书，第9页。

文化到苏维埃时期的共产主义文化,无不集中体现出文化发展过程中所具有的极其鲜明的中断性、跳跃性。但诡异之处在于,与俄罗斯文化在自身发展过程中所呈现出的这种纵向的中断性、跳跃性相比,其又折射出极为鲜明的衔接性、统一性与连续性特征。在俄罗斯,新文化的产生并非意味着旧文化的彻底消亡,而是新旧文化呈现出难以想象的并存形态,如在俄国文化发展史上呈现过"'双重信仰'、'双重思维'、'双重影响'、'双重感情'、'两种文化'(贵族文化与平民文化)、甚至'两个首都'(古罗斯时代是基辅和诺夫哥罗德,后来是莫斯科和圣彼得堡)和'双头鹰'形象作为国徽等现象"①。对于这种奇异的文化现象,正如丘特切夫所言,无法用理智去衡量和把捉俄罗斯,对俄罗斯只能信仰。这种二元性结构的诡异之处在于,一方面,俄罗斯文化在其发展中,"或者倒向一方,或者倒向它的对立面,没有任何渐进过程"②,呈现出极强的断裂性与分散性。另一方面,俄罗斯文化又始终以一种统一的、连续的文化整体现象而存在。

俄罗斯文化中的这种二元性结构也集中体现在民族文化精神与对待土地的态度上。在民族文化精神上,俄罗斯是一个叩问神性之思,一个崇尚灵魂的燃烧,一个珍视精神的自由,一个流浪着追寻上帝的国家。但与此同时,俄罗斯又是一个不尊重个体自由与权力,压迫与奴性十足、怠惰与保守并存、沉浸于物质生活与繁文缛节的国家,以至于别尔嘉耶夫不无悲情地道出:"俄罗斯是那么滞重,那么懈怠,那么懒惰,那么沉溺于物质,那么苟安于自己的生活,简直无法挪移半点。"③ 同样,俄罗斯的统治者、贵族、商人、知识阶层、僧侣、农民,又都不是十分热衷于向精神高地的攀登与个性的觉醒,这种对待个性与精神的态度甚至在十月革命后也没有改变,革命后的俄罗斯依然是一个重集体主义而缺乏个体主义的国家。进而,这种二元性结构也反映在对待土地的态度上,一方面,基于俄罗斯贫瘠的土壤、漫长的霜冻期、恶劣的自然环境等因素,形成了索洛维约夫所言的俄国独有的"液态因素"景观。

---

① 任光宣:《俄罗斯文化十五讲》,北京大学出版社2007年版,第13页。
② 朱达秋等:《俄罗斯文化论》,重庆出版社2004年版,第34页。
③ [俄]别尔嘉耶夫:《俄罗斯的命运》,汪剑钊译,译林出版社2011年版,第14页。

这一"液态因素"景观呈现为,俄罗斯农民不断地迁徙、流动,俄罗斯农民就"像风滚草一样"(索洛维约夫语),像"流动在沙漠中的沙子一样"(克柳切夫斯基语)不断地开拓土地、安置家园,却又不断地从一个地方迁移到另一个地方。俄罗斯人从来不会像其他民族那样管理土地,仿佛是土地的"异乡人"。但另一方面,俄罗斯人又最为眷恋土地,甚至除了土地之外别无他求。在某种意义上我们甚至可以认为,俄罗斯民族的发展史就是和不断征服与拓展领土相关的历史。这种扩张使俄罗斯从一个欧洲内陆国家最终发展为既有多个出海口、多种地质地貌,又横跨欧亚大陆的庞大帝国。

正是基于此,俄罗斯白银时代哲学家指出在其他民族中尽管也能找到一些充满悖论性的命题,可唯独在这里一切命题都会转向自身的反面,如从奴役到自由、从连续到中断、从民族主义到世界主义、从沙文主义到普济主义、从集权主义到无政府主义等。在对造成这种二元性文化结构原因的深层分析上,一部分俄国思想家认为这与俄罗斯文化中"男性"与"女性"两种文化因素间的不协调,特别是长期以来驯服的、柔弱的女性文化居于主导性因素密切相关。他们认为俄罗斯要想走出这种二元性、矛盾性、无出口的文化怪圈,就只能向内在的、个体的、男性的精神性深度展开与发展,在控制民族主义与沙文主义膨胀的同时促进男性意识的最终觉醒。

二 俄罗斯文化中的宗教意识

前文中我们已指出,东正教对俄罗斯文化的影响是极为深远的,其对正统性与末世论观念的重视、对灵修与圣徒传统的强调、对神人性与神秘主义的理解等,无不渗透到俄罗斯的文化结构中,并长远地影响了俄罗斯的民族性格、精神结构、政治体制等。而东正教的这种深远影响,较为集中地体现为对俄罗斯文化结构中所形成的神圣意识的影响。就此,叶夫多基莫夫曾指出,俄罗斯文化中的这种神圣意识与其宗教传统是密切相关的,俄罗斯文化就其本质而言即是从宗教土壤中汲取营养而成长起来的文化。甚至在叶夫多基莫夫看来,即便是18世纪的诸种反教会思潮和19世纪后半期所兴起的诸种空想社会主义、虚无主义等思潮，唯有从俄罗斯宗教传统出发才能得以理解。

首先，俄罗斯文化结构中具有苦难意识结构。自988年"罗斯受洗"开启了自身的基督教化进程后，宗教思想渗透到俄罗斯社会的各个角落，宗教思想的渗透既促进了俄罗斯文化精神的生成，同时也强化了俄罗斯民族自我意识的觉醒。而与俄罗斯文化中这一神圣性密切相关的，便是俄罗斯文化中的苦难意识。对于这种苦难意识，我们可以从俄罗斯圣像画中所特别强调与表达的苦难的基督形象中得到体认。俄罗斯当代文学家索尔仁尼琴也曾对俄罗斯文化中的苦难意识与神圣意识有所论述，认为"俄罗斯文学总是面向受苦受难者"，"俄罗斯人民所信仰的是背负着十字架的苦难的基督"，在俄罗斯文学、艺术、音乐等领域都体现着这一特点。

其次，俄罗斯文化结构中具有重精神性特征。俄罗斯文化具有崇尚理想与精神性价值、崇尚救世与普济主义、崇尚自我与利他主义的精神传统。这种对精神性原则的重视，从作为俄罗斯民族精神集中写照的知识分子身上得到了很明显的体现。我们看到从公认为俄罗斯第一个知识分子的拉吉舍夫到民粹派的"到民间去运动"，都充分体现了这种重精神性的取向。就整体而言，俄罗斯知识分子藐视物质生活，而重视精神生活。当然，在对俄罗斯文化结构中重精神性原则的成因分析上，学者们认为这一方面与俄罗斯的宗教传统相关，另一方面则与俄国社会中的集权统治与残酷迫害密切相关。就此点，布尔加科夫曾深刻地指出："一方面源于统治阶层将知识分子与冬小生活的强制性隔离，这种在培养了人的幻想能力的同时，进而也培养了人的温情的、乌托邦主义的精神取向；另一方面这种残酷的政治迫害也在他们身上逐步形成了受难与忏悔的思想意识。"[①]

最后，俄罗斯文化中具有重平均主义的观念。俄罗斯文化中这种对平均主义观念的重视，在很大程度上与俄罗斯长期存在的村社传统密切相关。我们看到，无论是斯拉夫派、民粹派还是后来的欧亚主义等思想

---

① Булгаков С. Н. и др. Вехи: Сборник статей о русской интеллигенции. Москва: Издательство «Правда», 1991, С. 35.

流派，历来都有重视村社文化的传统。他们通常将村社文化赋予田园诗式的理想化色彩，认为作为合理、规范、公正承载者的村社是俄国所特有的，是俄罗斯"活的灵魂"与"精神的起点"，认为在村社中体现与保存着俄罗斯原初的、公正的平均主义、平等主义观念。就村社的构成与运行机制来说，"是由生活在同一个区域、共同拥有土地的一个或几个村落的农民和城市的部分或全体居民，为着共同的利益而结成的社会联盟。公社是自发形成的"①。村社是最基本的、独立的社会组织机构，生活在其中的人既要友好相处并服从村社的管理，又要承担起自身的责任。就村社的运行模式来看，在村社中起主导作用的是长期沉淀的、无意识的历史传统，这其中包括成员间的相互依存、团结、尊敬、爱慕等。村社拥有从精神活动到文化活动，从日常生活到非日常生活，从规定收缴赋税、管理农田耕种到社会生活的多种职能，包括文化职能、经济职能、宗教职能、司法职能、保障职能等。正是基于村社的职能和特征，俄罗斯众多的理论家与革命家对村社赋予了极大的期望，甚至"误认为俄国的落后恰恰是自身的优势所在，认为俄国可以依托原初的村社传统直接绕过西方资本主义的罪恶，进而进入更好的社会制度之中"②。我们从作为俄罗斯知识精英、实践家与民众所向往的村社文化传统中，从他们认为村社所特有的、保存完整的平均主义观念中，可见俄罗斯文化对平均主义的重视与期许。此外，在俄罗斯文化中还存在着禁欲意识、罪感意识等，而这些特征的存在都与俄罗斯东正教文化传统直接相关。

三 俄罗斯文化中的使命意识

在对俄罗斯文化中的深层结构特征研究过程中，我们看到俄罗斯文化具有强烈的使命意识。这种文化中的使命意识所带来的效应是双重的：一方面在理论上塑造着该民族的文化精神与价值走向，另一方面在实践上导引着该民族的存在方式与实践取向。某种意义上说，俄罗斯文

---

① ［俄］鲍里斯·尼古拉耶维奇·米罗诺夫：《俄国社会史》（上卷），张广翔等译，山东大学出版社2006年版，第445页。

② Бердяев Н. А. Русская идея. Москва: ООО «Издательство АСТ», 2004, С. 35.

化中所存在着的这种使命意识是贯穿于始终的。无论是在平民与贵族阶级的日常生活中，还是在知识分子的文学、艺术、哲学、宗教作品中，都涌动着强烈的末世意识、终极意识、使命意识，认为俄罗斯民族是被赋予了伟大使命的终极性民族。我们看到，这种强烈的使命意识也在以恰达耶夫、基列耶夫斯基、特鲁别茨科伊、费多罗夫、布哈列夫、果戈理、陀思妥耶夫斯基、托尔斯泰、列昂季耶夫、索洛维约夫、梅列日科夫斯基、维舍斯拉夫采夫、弗洛罗夫斯基等为代表的俄国知识分子身上得到了充分的体现，他们无不追寻着终极性的真理，无不向往着天空、向往着远方，无不扮演着普遍拯救的"朝圣者"形象。同时，这种沉重的使命意识也表现在他们对他者的救赎意识上，他们认为俄罗斯民族不但负有对自身，也负有对其他民族的救赎使命。

俄罗斯文化中的使命意识与俄罗斯民族的自身遭遇及其危机意识是密切相关的。处于东西方交汇之处的俄罗斯，文明历程的形成相对较晚，其是在"黄昏"时才起飞的，因而自产生之初，便面临着东西方从文化到政治、经济、军事等方面的碰撞和挤压。也正是基于这种独特的地理、文化位置和自身遭遇，俄罗斯在自身的发展过程中形成了与这种危机意识密切相关的使命意识与末世情结。这种文化结构中所存在的使命意识与末世情结，为俄罗斯的自身发展提供了强大的信念支撑与动力源泉。基于自身的独特遭遇与精神历险，俄罗斯认为自身与其他民族相比是"特殊的民族，是被赋予了特殊历史使命的民族"[1]，甚至是"全人类最终文明的体现者"[2]。他们认为，俄罗斯民族是神选的民族，是赋有神性的，其担当着实践社会真理、人类友好和普世救赎的使命。与此密切相关，他们甚至认为就连俄罗斯文化也是一种独特的文化类型，这是"一种完全不同于欧洲的特殊文化类型，并且是最高的、最优秀的和最完善的类型……认为这是独立的、在这一独立性上是高于欧洲

---

[1] ［俄］鲍里斯·尼古拉耶维奇·米罗诺夫：《俄国社会史》（上卷），张广翔等译，山东大学出版社2006年版，第36页。

[2] ［俄］索洛维约夫：《俄罗斯与欧洲》，徐凤林译，河北教育出版社2002年版，第122页。

的文化历史类型"①。在俄罗斯思想家看来，俄罗斯不仅在过去曾拯救东正教于危难之中，并将"第三罗马"屹立于莫斯科，使"双头鹰离开了博斯普鲁斯海峡（Bosphore），展翅飞翔在俄罗斯广袤的草原上。君士坦丁堡圣索菲亚大教堂圆顶上已倒落的十字架又重新竖立在莫斯科圣母升天大教堂上，它今后成为全部东正教基督徒的普世教会圣庭"②。而且，在现今的国际事务中俄罗斯同样开始逐步展示出这种力量与使命，俄罗斯在军事、政治等方面也发挥了巨大的作用。但西欧各国仍是以一种歪曲的、封闭的、地方的、落后的形象来指认俄罗斯，他们对"俄罗斯还是完全不可知的，是某种异己的东方，时而以其神秘迷惑人，时而以其野蛮而令人厌恶……西方并没有感到，俄罗斯的精神力量可以决定和改变西方的精神生活"③，西欧各国并不了解俄罗斯，甚至在他们对陀思妥耶夫斯基与托尔斯泰的表面吸引与沉迷背后，也是带着一种猎奇"异国风味"的心态去阅读。而实则，俄罗斯是"东西方完整的结合体，是自成一体的完整世界。俄罗斯民族是蕴含着伟大力量的未来的民族，俄罗斯民族不但将解决西方无力解决的问题，甚至还将解决西方从精神深处都无力提出的问题"④。他们认为，人们虽没有认知到俄罗斯所特有的精神与文化的力量与地位，但其精神与文化力量确实已在不断地、逐步地显现，认为其最终会在世界历史的关键时刻发挥重要作用。

俄罗斯文化结构中的这种使命意识，最为集中地体现在对"俄罗斯理念"的追寻上。在俄国文化中，"俄罗斯理念"具有特殊的意义，有些学者甚至称其为理解俄罗斯的"钥匙"，认为"俄罗斯理念"是什么样，俄罗斯就是什么样。俄罗斯学者对于"俄罗斯理念"的内涵有多种理解，如А. И. 阿列申在其主编的《俄罗斯哲学》词典中，从广义和狭义角度对"俄罗斯理念"进行了分析，认为在广义上"俄罗斯理

---

① ［俄］索洛维约夫：《俄罗斯与欧洲》，徐凤林译，河北教育出版社2002年版，第123—124页。
② ［俄］叶夫多基莫夫：《俄罗斯思想中的基督》，杨德友译，学林出版社1999年版，第38页。
③ ［俄］别尔嘉耶夫：《俄罗斯的命运》，汪剑钊译，译林出版社2011年版，第2页。
④ Бердяев Н. А. Русская идея. Москва: ООО «Издательство АСТ», 2004, С. 73.

念"是俄罗斯全部文化与精神特征的总和,而在狭义上则是指俄罗斯民族自我意识发展到一定程度所达到的精神高度。又如俄罗斯当代著名哲学家 A. B. 古留加在《俄罗斯理念及其创造者们》文中同样从俄罗斯民族的终极使命角度来透视"俄罗斯理念",指出"俄罗斯理念的核心是泛人类的爱,是兄弟情感,其与民族的终极使命密切相关"①。实则从总体上看,就理论来源来说,"俄罗斯理念"与东正教传统密切相关,可以说从 11 世纪伊拉利昂主教的《论教规与神恩》到 12 世纪编年史家涅斯托尔的《往年纪事》、15 世纪菲洛泰修士提出的"莫斯科第三罗马"、16 世纪宗主教尼康提出的"精神首席权"等著作与思想构成了"俄罗斯理念"的萌芽。就形成机制来说,"俄罗斯理念"代表着俄罗斯文化与精神的核心内核,是与俄罗斯民族的使命意识密切相关的,认为俄罗斯民族是负有弥赛亚使命的民族。就理论特质来说,"俄罗斯理念"强调俄罗斯精神文化的独特性,强调其是不同于东西方两大文化类型的"第三种类型"。就终极指向来说,"俄罗斯理念"指向对人类理想社会图景的终极寻求,代表着一种共同的、理想的、公正的价值理念。

虽在历史上俄国众多的宗教学家、哲学家、文学家在自己的理论与实践主题中,都在一定程度上或隐或显地关涉到了"俄罗斯理念"问题。但"俄罗斯理念"作为一个独立的词被明确提出并得到广泛认同,则是相对较晚的事情,直到 1877 年陀思妥耶夫斯基在《作家日记》中才明确提出。陀思妥耶夫斯基强调"俄罗斯理念"是全人类共同联合的思想,强调"俄罗斯理念"应超越狭隘的民族主义界限。在此之后的索洛维约夫则对"俄罗斯理念"思想作了进一步推进,完成了其理论化、系统性、体系化的建构。索洛维约夫对"俄罗斯理念"的探索,一方面同样源于对俄罗斯民族独特地位与使命的自我期许,另一方面则源于对时代性危机的深切认知。他认为面对着时代性危机,面对着东西方教会各自的限度,俄罗斯不应在缄默不语和蒙蔽双眼中从事自己的历

---

① Гулыга А. В. Русская идея и её творцы. Москва: Издательство Соратник, 1995, C. 117.

史事业，而应"参与普世教会的生命，参与伟大的基督教文明的发展，依据自己的力量和独特的天赋参与进来——任何民族的唯一真正的目的，唯一真正的使命，就在这里"①。索洛维约夫认为俄国理论界应探索出"第三条道路"来克服这一危机，这一道路便是在"俄罗斯理念"指引下的实践路向。而且在索洛维约夫看来，"俄罗斯理念"并不是空洞、抽象的，而是具体、真实的。要真正认知"俄罗斯理念"就应超越狭隘的民族主义，就应以基督教理念为基准点，源于"俄罗斯理念"的进一步实践化"不可能在于放弃我们的洗礼。俄罗斯理念，俄罗斯的义务要求我们承认我们与普世的基督教大家庭的不可分割的联系……其伟大证明就在这里。因为真理只是善的形式，而善与嫉妒无缘"②。俄罗斯民族的伟大使命就在于以基督教为根基实现教会间的联合，在这种教会的联合中将不但实现教会间，而且实现国家、社会、教会三者之间的统一，从而摆脱作为精神权力的教会与作为世俗权力的国家之间的对抗与危机。但在此须注意的是，这三者之间的统一并不是用一个因素去消灭另外两个因素，而是一种有机的、绝对的、内在的联系的统一。在索洛维约夫看来，"俄罗斯理念"的最终目标是实现类似"神权政治社会"样态的理想社会图景，神权政治是神与人的因素的有机结合，"神权政治社会"则是由代表神人意志体现者的"先知权力"、代表神的因素的"祭司权力"、代表人的自由因素的"君王权力"三者间的有机统一所决定的。在这三者中，"先知权力"有其特殊的意义，源于"先知在神权政治中既是其组织的根源，又是其终结。它在一种意义上来说是第一权力和绝对权力，而在另一种意义上只是第三权力，受其他两种权力的制约"③。

在对俄罗斯文化中的使命意识的进一步分析中，俄罗斯哲学家特别是白银时代哲学家也强调和分析了"俄罗斯理念"的重大价值。他们甚至认为，"俄罗斯理念"中所富有的对理想社会图景的寻求与马克思

---

① ［俄］索洛维约夫：《神人类讲座》，张百春译，华夏出版社1999年版，第189页。
② 同上书，第206页。
③ ［俄］索洛维约夫：《神权政治的历史和未来》，钱一鹏等译，华夏出版社2001年版，第200页。

主义学说具有共同的指向性，认为这正是以普列汉诺夫、列宁、布哈林等为代表的俄国马克思主义者能够接受、选择并实践马克思主义的重要维度。例如白银时代宗教哲学家通过对陀思妥耶夫斯基所力图建构的"全人类联合体"思想与马克思的"自由人联合体"思想的比较性分析，指出两者在终极目标上是一致的，都是力图建构一个没有剥削、没有压迫的理想社会图景。而在对"俄罗斯理念"的实践化探索上，他们同样强调俄罗斯民族的使命意识，强调俄罗斯应摆脱传统与现代、东方与西方、斯拉夫主义与西方主义之间的无谓论战，而应建构一种新的"俄罗斯理念"进而克服时代性危机。在白银时代宗教哲学家看来，这种新的"俄罗斯理念"应体现俄罗斯的弥赛亚主义使命意识。俄罗斯弥赛亚主义寻求的是将国家、民族、个体，从物质的欲望与精神的桎梏中救赎出来。不但如此，在对"第三国际"产生机制的分析上，白银时代哲学家甚至将"第三国际"看作"俄罗斯理念"的实践化，认为"第三国际并不是一个超越民族国家意义上的'国际'，而是俄罗斯民族理念的翻版"①。总之，俄罗斯哲学家不仅指出了俄罗斯文化中呈现着强烈的使命意识，而且指出了"俄罗斯理念"是这种使命意识的集中表达。在他们看来，"俄罗斯理念"并不是僵化、静止、不动的，而是以一种不断变换的姿态来适应时代的发展，并为俄罗斯民族提供终极性的、实践化的价值支撑。此外，俄罗斯文化还具有综合性、神秘性、苦难性、集体性等特征。

第三节　俄罗斯文化中的重要主题

作为一种理论自觉意义上的文化哲学，其形成是相对较晚的事情，大约在19世纪中叶，一些思想家才开始把理性探究的目光投向人类和人类社会生活的深层结构，即文化层面。而自20世纪初叶以来，文化哲学则成为最具影响力的哲学范式之一。文化哲学之所以在20世纪兴

---

① Бердяев Н. А. Истоки и смысл русского коммунизма. Москва: ЗАО «Сварог и К», 1997, C. 371.

起，一方面与人类生活方式的空前转变相关，这使人开始意识到文化的力量，使文化的力量和功能从历史进程的潜流中生发出来；另一方面则与人类自身所遭遇的生存困境相关，在一个物质相对丰裕，技术飞速发展的时代，人类却经历了两次世界大战，经历了奥斯维辛，经历了空前的文化焦虑、文化危机、文化冲突、文化碰撞。这些因素都促使人们开始对作为社会深层运行机制的文化进行反思，并推动了文化哲学在20世纪的空前兴起。

作为一种哲学理解范式和历史解释模式意义上的文化哲学，近年来不但成为国内外学界研究的热点问题之一，而且在当今俄罗斯学界也受到了格外的重视，众多学者从事这一领域的研究。从总体上看，俄罗斯学界对文化哲学的理解是较为宽泛的，持一种广义的文化哲学观。俄罗斯学界对文化哲学的重视，既与俄罗斯自苏联解体后所面临的文化危机与现实选择相关，同时也与自身悠远的文化学研究传统相关。实则，早在20世纪初以司徒卢威、别尔嘉耶夫、舍斯托夫、洛谢夫、弗兰克、卡尔萨文、梅列日科夫斯基等为代表的哲学家，就已涉及文化内涵、文化结构、文化危机、文化批判等诸多文化哲学研究主题。本节则集中就20世纪初俄罗斯文化研究中的重要主题，进行较为深入的探讨。

第一，关于文化内涵的研究。自19世纪中叶文化学研究兴起以来，以泰勒、斯宾格勒、卡西尔、李凯尔特、兰德曼、本尼迪克特等为代表的学者，分别就文化内涵等问题进行了多角度的研究。就总体而言，学者们认为文化哲学所研究的文化具有人为性、普遍性、超越性等特征，认为文化是"历史地凝结成的稳定的生存方式，其核心是人自觉不自觉地建构起来的人之形象"[①]。而与此同时，20世纪初叶的俄国哲学家，也从独特的理论视域对文化内涵进行了多角度的研究与定位。在对文化内涵的理解上，他们更多的是从与物质相对立的角度来理解文化。他们强调文化的精神性内涵，认为任何文化都是精神性的文化，认为文化是与个性、神性和精神相关的，文化是"在社会——历史生活中所实现的客观价值的总和"（别尔嘉耶夫语）。在对文化发展规律的理解上，认

[①] 衣俊卿：《文化哲学》，云南人民出版社2005年版，第19页。

为任何文化都包含着发展、形成、繁荣与衰落的过程，没有永恒不变的文化形态。文化在发展过程中会不断地消耗自身的精神性内涵，会走向自我瓦解与自我否定，而且任何文化都逃脱不了从形成、发展、繁荣到衰落的"致命的辩证法"。在对文化与文明关系的理解上，认为虽然文明是文化的产物，是文化的凝固化与定型化。但文化与文明却往往是对立的，作为相对静态的文明的生成往往预示着动态的文化精神的死亡。例如别尔嘉耶夫就曾举例指出，18世纪末19世纪初的德国，成了诗人与哲人的"光辉国度"，产生了莱辛、歌德、席勒、康德、费希特、谢林、黑格尔、施莱尔马赫等思想巨匠。然而，在这样一个文化全面繁荣与复兴的时代，却恰恰是德意志命运最为贫穷、庸俗、压抑、混乱与动荡的时代。与此同时，俄国哲学家还通过分析，指出文化与文明是带有阶级属性的。他们指出，当下的文化与文明就其属性和精神的深层含义而言是资产阶级的。作为资产阶级的文化与文明，其精神是一种市侩精神、奴性精神，其逻辑是一种金钱与资本的逻辑，其归宿是崇高信仰与精神乌托邦的毁灭者和掘墓人。而由这种文化的规律和资产阶级的文化精神实质所决定，在20世纪初的俄国哲学家看来，欧洲文明将走向衰落，资产阶级世界将最终分崩离析。

第二，关于文化结构的研究。俄国历史学家克柳切夫斯基在《俄国史教程》中曾指出，地理位置对一个民族与国家的深层影响，地理概况是"评述该国历史的前提，因此必须指出其中那些对该国历史生活的进程起最大作用的自然条件"。而19世纪末20世纪初叶的俄国哲学家，在对俄罗斯文化结构的分析过程中，也强调地理概况对俄罗斯文化结构形成的影响。这些哲学家虽不主张地理决定论，但他们认为俄罗斯的文化结构是与俄罗斯所处的特殊的地理位置直接相关的。俄罗斯在地理位置上处于欧亚之间，这使俄罗斯在文化上处于东西方两大文化与文明的交汇处，使其文化在形成过程中就不断地受到来自东西方两大文化与文明的影响和挤压。在这种独特的地理景观下，俄罗斯文化呈现出深层的矛盾性，表现出其文化既是东方的又是西方的，同时却既与东方又与西方相对立，可以说俄罗斯文化被动地被撕裂成两种相对立的世界观。正是这种独特的文化景观，导致俄罗斯文化在深层机理中呈现出二元性结构。这种独特的二元性结构使俄罗斯文化呈现出了前所未有的矛盾化、两极化及张力意识，进而使文化的统一性与分裂性、开放性与封闭性、中断性与连续性等并存。俄罗斯文化的这种二元性结构，也造成了俄罗斯在民族性格、生活方式、生活习惯、社会制度等方面的对立与冲突，斯拉夫派与西方派、自由派与保守派、集权主义与无政府主义等，都是这种文化深层结构中二元性结构的直接、间接体现。俄罗斯文化所具有的这种二元性结构贯穿于俄罗斯文化发展的始终，也奠定了俄罗斯文化特征的基调。

第三，关于文化危机的理解。所谓文化危机就是指特定时代的主导性文化模式的失范，文化失去了原有的制约与规范作用。在20世纪初的俄国哲学家看来，与政治、经济等层面的危机相比，文化层面的危机更为深层与可怕。他们指出，现代性的文化危机集中体现于近代以来由启蒙精神对基督教精神的否定和理性主义文化精神的过分膨胀所导致的信仰主义危机，而虚无主义则是信仰主义危机的直接结果。他们认为对虚无主义论述最为典型的哲学家则是尼采，尼采指出了虚无主义的核心价值观在于否定一切信仰，认为"一切都是虚空，一切都相同，一切都曾经有过"。他们基本认同尼采对虚无主义的理解，认为虚无主义是文化怀疑论，是对一切永恒性的意义、价值与信仰的否定，这种否定最终将走向对上帝、精神、灵魂与最高价值等的否定。在他们看来，进入20世纪以来人类所面临的最大危机便是虚无主义的侵蚀，而这种虚无主义的盛行与危机将不仅仅是俄罗斯而且是整个世界所面临的最为沉重与深层的时代性难题。在他们看来，虚无主义在当下已渗透到社会的各个领域之中，并成为一种普遍的精神现象，这种虚无主义所展现的是精神生活的深层对价值、意义与信仰世界的侵蚀，是一种"精神的病态"。在虚无主义的侵蚀下，不仅仅是俄罗斯而且整个世界都将处于虚弱之中，都将面临恐怖的精神灾害。虚无主义所通向的不是整个人类社会的解放与新生，而是"死亡的营地"。由此，20世纪初的俄国哲学家从其特有的理论视域出发，力图通过以东正教为根基的文化建构，来克服虚无主义的盛行与现实社会的动荡。这种文化建构模式强调人的自由、创造等精神性内涵，力图通过对此的强调来唤醒人的内在生命，并最终战胜虚无主义。

　　第四,关于文化批判的研究。文化批判是对文化危机的自觉反思,文化批判包括大众文化批判、意识形态、性格机制批判、技术理性批判等多个维度。19世纪末20世纪初的俄国哲学家在其所涉猎的诸多文化主题中,蕴含着大量的文化批判思想,而这些批判又集中地体现在他们对西方理性主义文化精神的反思上。在俄国哲学家看来,西方社会所面临的最为深层的危机便是理性主义文化精神的危机。而他们对理性主义文化精神的批判与反思,又集中地体现在对作为时代精神之精华的哲学反思上。这种批判与反思的结果,集中体现在他们试图用信仰去对抗理性、用宗教去对抗哲学。基于此,他们不但对现象学、存在主义、实证主义等哲学思潮进行了反思,而且还对德国古典哲学以及西方哲学的源头古希腊哲学进行了反思。俄国哲学家通过对作为文化深层表现形态的哲学的批判——西方哲学,实则是凸显出依托理性主义文化精神所建构的西方文化模式的困境。通过这种批判,力图指出片面地强调和依托理性主义文化精神是无法使人类找寻到终极真理的,而且自近代以来这种理性主义文化精神的片面发展,最终将会导致灾难性的后果。因而,20世纪初的俄国哲学家通过对西方理性主义文化精神的批判,间接地批判了建基于理性主义文化精神之上的西方现代文明。他们指出,西方应回归到原有的宗教文化传统中来,通过这种回归重建人的文化、精神、价值与信仰世界,以克服理性主义文化精神的限度。

　　总之,俄罗斯哲学中有着悠远的文化学研究传统,从19世纪三四十年代所开启的以基列耶夫斯基、霍米亚科夫、阿克萨科夫等为代表的斯拉夫派和以恰达耶夫、斯坦凯维奇、别林斯基、赫尔岑等为代表的西方派之间,关于俄罗斯民族性、历史、文化以及未来道路的争论中,就已凸显出了关于文化的内涵、特征、文化危机、文化与文明关系等文化哲学研究的众多理论主题。而20世纪初叶以来,俄国哲学家虽未明确提出文化哲学这一概念,但在其所建构的理论学说与思想体系中,则蕴含着丰富的文化哲学理论资源及其思想,并涉及了文化哲学的诸多理论主题。

第四节　俄罗斯知识分子的文化特质

从某种意义上说，知识分子是一个民族与国家的活的灵魂、记忆，是使人类更好地认知并克服自身限度，从而建构更为理想的社会图景的指针。对知识分子的研究有助于更为充分、深入地理解一个国家在政治、经济、文化等领域的特征。尽管知识分子古已有之，但作为现代意义上具有自我意识与批判精神的知识分子，实则是近代社会的产物。在对知识分子的理解上，著名学者刘易斯·科塞曾指出，知识分子是近代社会的产物，虽智者及古代世界的后人可以被称为现代知识分子的远祖，但作为具有强烈的批判意识与自我意识的知识分子群体是17世纪才产生的。在对知识分子的定义上，在刘易斯·科塞看来，既不能将知识分子简单地理解为受过高等教育的人，也不能理解为如西摩尔·科普塞特所认为的"一切创造、传播和应用文化的人，这里的文化是指由艺术、科学和宗教组成的人类符号世界"[①]，源于这两种对知识分子的理解都过于宽泛，模糊了知识分子作为一个特殊群体与其他群体的区别。在他看来，知识分子是为理念而生的，是理念的守护者，"知识分子在其活动中表现出对社会核心价值的强烈关切，他们是希望提供道德标准和维护有意义的通用符号的人，他们'在一个社会内诱发，引导和塑造表达的倾向'……知识分子是从不满足于事物的现状，从不满足于求诸陈规陋习的人。他们以更高层次的普遍真理，对当前的真理提出质问，针对注重实际的要求，他们以'不实际的应然'相抗衡。他们自命为理性、正义和真理这些抽象观念的专门卫士，是往往不被生意场和权力庙堂放在眼里的道德标准的忠实捍卫者"[②]。知识分子在太平时代常常是精神生活中的捣乱分子，作为一个群体，其举动常常让人不解甚至心神不安，"但是缺了他们，现代文化几乎是不可想象的。如果让他们的远亲，脑力技术人员和专家，抢占了知识分子现有的职位，现代文化很

---

① [美]刘易斯·科塞：《理念人：一项社会学的考察》，郭方等译，中央编译出版社2001年版，第2页。
② 同上书，第3页。

可能会因僵化而消亡。没有知识分子对永恒的往昔形成的陈规陋习和传统发起挑战——甚至当他们维护标准和表达新的要求时——我们的文化不久就会成为一种死文化"①。知识分子是理念与精神的守护者,没有知识分子则预示着文化的死寂与理想的消无。

作为俄国文化的杰出代表,俄罗斯哲学家继承了俄国知识分子的典型特征。俄国知识分子作为俄罗斯民族历史与文化的产物具有特殊的含义,他们不同于西方的 Intellectual(俄语 Интеллектул),而是作为 Intelligensia(俄语 Интеллигенция)而出现的。与西方知识分子相比,作为俄国意义上的知识分子不仅仅是从事智力劳动与创造的人,如作家、艺术家、诗人、教授等,也不仅仅是一种简单意义上的社会批判者形象,而是"由各社会阶级而形成的集团,他们是依观念而不是依共同的职业或经济的地位而结合。开始之时,他们主要来自贵族的有教养阶层,之后则来自教士之子、小公务员、下层中产阶级,到农奴解放后,则来自农民。他们的成员来自不同社会阶层,是依观念而结成的知识阶级"②,他们是一群有着强烈实践诉求的群体。拉吉舍夫被认为是俄国第一个知识分子,而作为现代意义、较为独立的社会群体"最终形成于19世纪30—40年代,也就是与'白银时代'相对的'黄金时代'。它的重要标志是在19世纪30—40年代,在俄国思想文化界,围绕着俄国向何处去,即赫尔岑所说的俄罗斯芬克斯之谜,展开了第一次大规模的思想论战,这场思想论战最后演变成政治论战,并在俄国知识分子内部形成了政治分野,这场论战充分反映了俄国知识分子的独立思考能力和独立思考的意识"③。

作为一个独特的社会群体,俄国知识分子较为鲜明地展现了不同于西方知识分子的典型特征。第一,俄国知识分子的实践关怀。俄国知识分子是在东正教文化与西方文化的共同陶冶下成长起来的。由于独特的

---

① [美]刘易斯·科塞:《理念人:一项社会学的考察》,郭方等译,中央编译出版社2001年版,第5页。

② Бердяев Н. А. Истоки и смысл русского коммунизма. Москва: ЗАО «Сварог и К», 1997, С. 257.

③ 张建华:《红色风暴之谜——破解从俄国到苏联的神话》,中国城市出版社2003年版,第139页。

历史使命与自身境遇,俄国知识分子与西方知识分子有着很大的差异。俄国知识分子不仅仅是停留于书斋或学院中的纯粹理论研究者,而且具有高度的社会责任感与道德意识,甚至在某种程度上他们自诩充当"劳苦大众代言人"的角色。他们多具"经世"之风和高度的实践情怀,他们"不满足于对世界的理论认识,而总是期望着在某种程度上改造世界,造福人民;他们的思想活动和艺术创作都是同时在传布道义或宣布理想,不习惯于为知识而知识,为艺术而艺术,不执着于创造各种理论体系,而总是把'学问'与'事业'联系起来,而'事业'正是实现人民幸福的'共同事业'"①。也正是源于此,"理论的、科学的真理,严肃和纯粹的为知识而知识,无私地追求对世界的确切的理性反映和把握,这些从来不能在俄国知识分子意识中扎根"②。在俄国知识分子眼中,理论不仅仅是理论本身,是作为并且只能是作为改变现实的手段才有其崇高的价值意义。对于俄国知识分子这种强烈的实践情怀,不同的思想家都给予了高度的认同,如刘易斯·科塞指出,俄国知识分子"从一开始就视自己为社会意识和良心的承担者,如果必要的话,他们要以长期备战的状态进入政治疆场与那些掌权者厮杀"③;以塞亚·伯林同样指出,俄国知识阶层"在历史上是指围绕某些社会观念而联合起来的人。他们追求进步,追求理智,反对墨守传统,相信科学方法,相信自由批判,相信个人自由,简单地说,他们反对反动,反对蒙昧主义,反对基督教和独裁主义的政权,他们视彼此是为共同事业(首先是为人权和正当的社会秩序)而奋斗的战友"④。弗兰克则指出,俄国知识分子所信仰的是一种"实践的世界观",俄国知识分子所寻求的不仅仅是对世界的纯粹认识或者主观感受,而且是有着强烈的实践指向性的,"在其典型的民族形式上从来不是对世界的'纯粹认识',或不动情感的理论世界观,而总是寻求宗教拯救的表现。斯宾诺莎关于'不要哭,不要

---

① [俄]弗兰克:《俄国知识人与精神偶像》,徐凤林译,学林出版社1999年版,中译本前言第1页。
② 同上书,第48页。
③ [美]刘易斯·科塞:《理念人:一项社会学的考察》,郭方等译,中央编译出版社2001年版,第155页。
④ [英]贾汉贝格鲁:《伯林谈话录》,杨祯钦译,译林出版社2002年版,第166页。

笑,只要理解'的论断是与俄罗斯精神格格不入的"①。从拉吉舍夫到十二月党人又到民粹派的"到民间去"运动,再到别尔嘉耶夫的理论探索,都是俄国知识分子这种强烈的实践情怀特征的高度体现。

第二,俄国知识分子的精神取向。俄国知识分子对精神生活的重视,不仅表现在他们具有强烈的禁欲主义情怀,"为了自己的上帝——民众、为了保存精力同魔鬼——专制制度进行斗争,他们需要节制自身"②。而且还表现在他们对待物质生活的态度上,他们藐视物质生活,注重平等和自由的观念,为追寻这种自由和平等甚至或被流放到遥远而寒冷的西伯利亚,或是走向绞刑架。俄国知识分子注重自身道德的完善,他们并不满足于平庸的物质生活,而是在不断地追问着生命的意义与价值。俄国知识分子重精神取向,一方面与其所处的外部历史环境相关,由于沙皇政府的迫害和现实生活的"强制性的隔离,这种生活可以培养人的幻想能力,有时也可以培养善良的心灵、乌托邦精神等,总之它们是一种于现实迟钝的情感"③。另一方面则与俄罗斯的宗教传统相关,"宗教总意味着对绝对价值之实在性的信仰,对集存在之现实力量与精神之理想真理于一身的原理的承认。宗教思想正在于对最高价值的宇宙意义、超人意义之领悟,而一切认为理想只具有相对的人的意义的世界观,都将是非宗教的和反宗教的,无论与此相伴和由此引发的激情具有怎样的心理力量"④。俄罗斯是一个宗教的民族,俄国知识分子所表现出的罪感意识、禁欲主义、英雄主义、对精神性的崇尚等都与宗教传统相关。而且,如果不将知识阶层的宗教态度置于问题的焦点,那么就很难理解俄国知识分子、很难理解俄国革命。当然,宗教不仅对俄国知识分子而且对民众与整个社会的影响都是以一种潜移默化的形式完成的。正如布尔加科夫所指出的那样,"基督教特性的接受有时并未基于

---

① [俄]弗兰克:《俄国知识人与精神偶像》,徐凤林译,学林出版社1999年版,第27页。
② [俄]基斯嘉柯夫斯基等:《路标集》,彭甄等译,云南人民出版社1999年版,第2页。
③ 同上书,第25页。
④ [俄]弗兰克:《俄国知识人与精神偶像》,徐凤林译,学林出版社1999年版,第49—50页。

理解和愿望，而是通过周围环境——从家庭、保姆、充满教堂仪式的精神氛围来完成的"①。

第三，俄国知识分子的矛盾性。就整体而言，俄国知识分子的这种矛盾性，一方面，与俄罗斯文化特点相关，俄罗斯文化中充满着矛盾性、二元性特点，如从中断到连续、从造反到顺从、从自由到奴役、从普世主义到沙文主义、从同情怜悯到残酷无情、从无政府主义到集权主义、从有神论到无神论等等。这种文化中的矛盾性、二元性特征，也体现在俄国知识分子身上。另一方面，则与俄国知识分子所处的历史环境相关，俄国知识分子自产生之初，就以一种异质的形式出现，他们既得不到上层的理解，又得不到民众的支持，甚至在整个社会中完全以一种陌生的形象呈现。就此，梅列日科夫斯基曾指出这一历史环境所导致的俄国知识分子的悲剧性命运，"世界上没有比俄国知识分子所处的处境更绝望的处境了——处于两种愤怒之间：来自上面的、专制体制的愤怒与来自下面的、与其说是仇恨的、不如说是不理解的盲目的民间自发势力——但有时不理解比任何仇恨都坏"②。斯图卢威曾用俄罗斯的谚语来概括俄国知识分子的这种矛盾性，即"要么全部，要么一无所有"③。正是基于这种独特的文化背景与历史环境，造就了俄国知识分子的矛盾性。这种矛盾性表现在诸多方面，如在理论与实践层面，一方面表现为，俄国知识分子自产生之初便面临着"警察机器无休止的、残酷的迫害，这种迫害能够压垮，甚至彻底扼杀意志较为薄弱的群体。这类群体在这种高压下将生命和精力保存下来，这在任何时候都证明他们的勇气和生命力。旧制度的整个氛围使得知识阶层与生活隔绝开来，这一切又加深了他们精神面貌所固有的'地下'心理的特征"④。这种残害使得知识分子转向精神生活，但在对精神的参解与顿悟中，却又奇异地转向

---

① ［俄］基斯嘉柯夫斯基等：《路标集》，彭甄等译，云南人民出版社1999年版，第27页。
② ［俄］梅尼日科夫斯基：《重病的俄罗斯》，李莉等译，云南人民出版社1999年版，第23页。
③ Струве П. Б. Интеллигенций·власть·народ. Москва., 1993. С. 192.
④ Булгаков С. Н. и др. Вехи: Сборник статей о русской интеллигенции. Москва: Издательство «Правда», 1991, С. 34.

实践。旧制度对知识分子的压迫本应促使其走向自我消亡或转入僧侣式的精神结构之中,但却又不可思议地使知识分子重新意识到精神的突破口——实践,并从精神又转向实践领域。如在信仰层面,俄国知识分子具有强烈的宗教性。但另一方面,俄国知识分子却又具有强烈的"无神论"倾向。布尔加科夫就曾指出,没有哪一个国度的知识分子较俄国知识阶层更具有"无神论"特性,这种特性甚至可以作为俄国知识分子群体的特征。但这种"无神论"又不同于一般意义上的无神论,它不导向唯物主义,而是导向某种形式的虚无主义。俄国知识分子对待宗教的态度常常是否定之否定,是"头脑与心灵的悲剧性分裂:头脑否定上帝,心灵寻求上帝"①,从而导致了这种"无神论"常常最终又求助于信仰。在俄国知识分子看来,经历过否定之否定阶段,经历过"头脑"的"无神论"阶段,再去寻求宗教性才是信仰的更高阶段,是更为纯洁的宗教信仰。如在救赎民众与民众误解之间,一方面俄国知识分子试图到民众中去,为民众的利益而斗争,并以民众的名义反对沙皇政权、反对残酷的专制制度。但另一方面他们却得不到民众的理解与支持,反而甚至被民众所告发,并因此而被判刑、流放。如19世纪70年代的民粹派运动,就体现了这种救赎民众与民众误解,民粹派知识分子的最终命运是悲剧式的,"因为他们不仅受到政府方面的迫害,而且民众也不接受他们,这源于民众与知识分子有不同的世界观、不同的信仰。有时,农民把民粹派知识分子泄露给政权的代表,而这些知识分子本是要为民众献出生命的"②。

总之,俄国知识分子常常呈现出矛盾性,例如在对待民众的态度上,一方面是崇拜民众,以救赎民众为己任;另一方面又脱离民众,认为民众愚昧无知,对民众傲慢不羁。知识阶层与民众甚至常常呈现出尖锐的对立与不理解。在布尔加科夫看来,其根本原因在于知识阶层和民众间在世界观与精神结构上的对立,知识阶层的世界观建基于西欧启蒙运动,而"民众的世界观和精神结构由基督教信仰决定。在此,理想与

---

① [俄]梅尼日科夫斯基:《重病的俄罗斯》,李莉等译,云南人民出版社1999年版,第29页。
② Бердяев Н. А. Русская идея. Москва: ООО «Иэдательство АСТ», 2004. C. 115.

现实的距离无论有多远,我们的民众无论多么愚昧无知,然而他们的理想则是基督和他的教义,而他们的标准则是基督教的自我牺牲。我们民众的全部历史伴随着他们鞑靼人,继而是莫斯科和彼得堡统治的压迫伴随着延续几个世纪的历史重负;伴随着西方文明与蒙昧民众和亚洲沙漠的隔绝;伴随着严酷气候中的饥寒交迫和困苦不已——这部历史不是自我牺牲又能是什么呢!如果我们的民众能够承受所有这一切,且同时保存自己的灵魂力量;如果他们能够存活下来(尽管业已受到严重摧残),那么这仅仅因为:他们在自己的信仰中、在基督教自我牺牲(它构成了他们民族健康体质和生命力的基础)的理想中,拥有精神力量的源泉。几个世纪以来,民众汇集向修道院,他们寻求着精神的依托和教诲,如同修道院中微燃的长明灯,这些理想、这一基督之光照亮了俄罗斯。由于我们的民众承受着这种光辉,坦率地说,他们虽然识字不多,但也比知识阶层更具文化教养。然而,正是在这一关键问题上,知识阶层对待有关民众信仰的一切事物的态度,过去和现在都包含有无知和蔑视的成分"①。在布尔加科夫看来,基于作为启蒙者形象的俄国知识阶层本身水平的低下,他们的这种启蒙破坏了民众原有"宗教的同时,瓦解民众心灵,迫使它脱离几个世纪以来依托于此的坚固基石"②。俄国知识阶层在用自己的全部教育对民众进行启蒙之时,恰恰瓦解了其原有的信仰,进而将之带入更为可怕的悲惨境地,将之导向虚无主义。面对着这种现实境遇,面对着俄国知识阶层自身的危机,认为回归宗教信仰,"只有由基督治愈的后者,才能在救世主的足下获得康复和体力的复原。……只有宗教潜在的但却伟大的业绩才能治愈俄国,使它从魔鬼掌握中解放出来"③。实则,赫尔申宗与布尔加科夫一样,也指出了俄国知识阶层与民众之间的差别,指出知识阶层原本以为与民众的差别仅仅在知识领域,认为传播给民众知识、"真理",民众就能获得救赎。实则他们的演讲、著述对民众是徒劳无益的,俄国知识阶层与"民众的

---

① [俄]基斯嘉柯夫斯基等:《路标集》,彭甄等译,云南人民出版社1999年版,第57—59页。
② 同上书,第59页。
③ 同上书,第64页。

灵魂，就其本质而言是迥异的。——我们并未意识到这一点，总之，我们忽视了灵魂的构成……我们将民众的心理想象成赤裸裸的意识，陌生的、欠发达的意识"①。

第四，俄国知识分子的无根基性。别尔嘉耶夫曾指出："俄罗斯的知识分子是完全特殊的，并且只存在于俄罗斯的精神—社会之中的构成物。知识分子不是一个社会阶级，而它的存在给马克思主义的解释制造了困难。知识分子是一个崇尚理想的阶级，这个阶级的人们整个地迷恋于理想并准备为了自己的理想去坐牢、服苦役以至被处死。在我们这里，知识分子不是生活在现在，他们生活于未来，有时则生活于过去。在君主专制和农奴制政权之下，他们的政治积极性不可能发挥，由此导致信奉最极端的社会学说。知识分子是俄罗斯现象，它具有鲜明俄罗斯的特点，但它感到自身没有根基……分裂，背弃信念，漂泊，与现实不调和，志在未来，向往更好的、更公道的生活——这是知识分子的特点。"② 梅列日科夫斯基也同样指出，无根基性是"真正俄国的特色"③，虽这不是其全部特点。俄罗斯知识分子的这种无根基性，一方面，与俄国知识分子所处的现实境遇相关，其"被两个根本的力量所粉碎，那就是上面的沙皇专制，和下面的蒙昧农众"④。另一方面，与俄国知识分子在精神上的矛盾性直接相关，这种矛盾性使俄国知识分子常常摇摆于痛苦的两极，既珍视个性的自由又重视聚合的群体，既信奉无边的权力又渴望正义的崇高，既寻求尘世的利益又热衷于普世的真理，等等。这最终导致了俄国知识分子在心灵上的分裂，使他们"既不敢拿起野兽的权杖，也不敢把耶稣的轻枷戴起"⑤，他们深陷于无根基的深渊中无法自拔，并最终"凝结"成他们的"特性"！

---

① [俄] 基斯嘉柯夫斯基等：《路标集》，彭甄等译，云南人民出版社1999年版，第80页。

② Бердяев Н. А. Русская идея. Москва: ООО «Издательство АСТ», 2004, С. 34 – 36.

③ [俄] 梅尼日科夫斯基：《重病的俄罗斯》，李莉等译，云南人民出版社1999年版，第28页。

④ Бердяев Н. А. Истоки и смысл русского коммунизма. Москва: ЗАО «Сварог и К», 1997, С. 249.

⑤ [俄] 索洛维约夫等：《俄罗斯思想》，贾泽林等译，浙江人民出版社2000年版，第220页。

第五，俄国知识分子的英雄主义。正如布尔加科夫所指出的那样，俄国知识分子面临着严酷的社会环境，这表现在一方面是与国家的斗争，导致其与现存政权的对立；另一方面是与大众的脱离，导致其实践经验的缺乏。然而也正是由于生存在这种严酷的社会环境中，才激发出了俄国知识分子歇斯底里的英雄主义情怀。他们认为遭受苦难与迫害是成长的必然代价，认为自身有义务去扮演上帝的角色，他们幻想着对全人类——至少是对俄国民众的救赎。当然有不少思想家对俄国知识分子的这种英雄主义情结提出了批判，认为这种缺乏"终极信仰"的英雄主义，不但会导向自我崇拜、浪漫主义，甚至会导向某种极端主义、虚无主义，导致"雅各宾主义"的重现与救赎的自我瓦解。就此诸多思想家对知识分子的这种英雄主义进行了反思，如伊斯柯耶夫指出俄国知识分子特别是青年知识分子总是希望成为圣徒，却很少关注当下的现实，"我们大部分普遍知识分子虽然也活着并且想活下去，但内心深处却认为惟有向往献身才是神圣的。俄国知识分子的悲剧——就在于此。……不弃绝理想的人剩下的路只有——死亡，那份革命工作可以走向这一点"①。与之相比，布尔加科夫基于信仰角度对这种英雄主义的反思表现得更为激烈，指出俄国知识阶层所信奉的这种英雄主义很大程度上受近代西欧启蒙运动的影响，其过于抬高人自身的价值，而贬低神的价值。这种英雄主义将所有的罪恶解释为社会自身的问题，而非人的过失、人的原罪，认为通过社会的完善、通过外在的革命，而非信仰之路便可解决社会自身所存在的问题。在这一运思逻辑中，俄国知识阶层实则是将自身置于上帝的位置，知识阶层在其中扮演着"超人"的、上帝救赎的角色。也由于知识阶层的这种自我崇拜，因而往往不容异见，往往走向某种偏激、狂热的极端主义。也正是基于此，进而指出这种英雄主义常常转向极端主义，"极端主义是知识分子英雄主义的固有特征，这一特征在俄国革命时期尤为明显地表现出来……他在自己的想象中完成了历史的跨越，与此同时，他对进一步跃进的途径丝毫不感兴

---

① [俄]基斯嘉柯夫斯基等：《路标集》，彭甄等译，云南人民出版社1999年版，第110页。

趣,他的目光只是聚焦于历史视界边缘的亮点之上。这种极端主义具有思想抑制和自我催眠的征候,它束缚思想、产生狂热的情绪,并且对生活的声音置若罔闻"①。同时,正是基于对自身赋予角色的认知,基于对罪感与畏惧意识的缺乏,知识阶层往往混淆了目的与手段,往往为了目的而"一切都被允许",从而走向非道德主义、虚无主义。

在布尔加科夫看来,知识阶层这种狂热的英雄主义,实则是一种退化,特别是在年轻知识分子中间,这种"退化"更为明显,在知识阶层中间需要通过"诸如个人的道德、个人的自我完善、个性的培养等"来克服自身的弱点与不足。与知识阶层这种狭隘的英雄主义相比,布尔加科夫指出真正的英雄主义是基督教式的英雄主义(或说成自我牺牲精神)。虽然知识分子的英雄主义从基督教那里借用了很多信条,如价值平等、个性尊严、兄弟之爱等,但两者之间仍有着本质的、不可逾越的鸿沟。在他看来,知识阶层的英雄主义是将自身置于上帝的角色,将人不可能担负的重任全部担负起来,从而必然导致人在重压下的瓦解。与之不同,基督教式的英雄主义则以对上帝的信仰为前提,以对自身责任的确定为界限,以现世的世功去顺从上帝的创造,其"将注意力的中心转向自身和自身的责任;从对未被承认的世界救赎者虚假的自我感觉中解脱出来;并且从与之必然联系的傲慢中解脱出来——所有这一切都促使心灵得以健全,为心灵充实了基督教顺从的健康情感"②。基督教的英雄主义,"基督教的自我牺牲是持之以恒的自省;是与自我卑下、罪孽的斗争;同时也是精神的禁欲。如果说英雄主义以勃发的激情、伟大事业的寻求为特征,那么在此则恰恰相反,过程的持稳、'匀称'、自制、严格的自律和坚忍的耐心则成为一切的标准——这些品质也正是知识阶层所缺乏的。在弃绝自我(即不仅在表层意义上,而且更多的是在深层意义上)将所余的一切全部奉献给上帝之后,认真履行自己的义

---

① [俄]基斯嘉柯夫斯基等:《路标集》,彭甄等译,云南人民出版社1999年版,第36页。

② 同上书,第45页。

务，为每个人背负自己的十字架——这就是真正自我牺牲的特质"①。

第六，俄国知识分子的罪感意识。俄国知识分子的全部禁欲主义与自我牺牲精神，不仅仅是与其宗教性直接相关，而且是与俄国知识分子强烈的罪感意识相关。这种罪感意识不仅仅是面向上帝的忏悔，更是面向"社会的忏悔"，面向民众与无产者的忏悔。俄国知识分子认为自身在民众面前是有罪的，为了实现对民众的救赎，他们选择自我克制、清心寡欲，蔑视物质和自身的肉体。俄国知识分子强烈的罪感意识导致了他们把对平均主义的向往、对民众利益的渴求、对社会公正的斗争，作为压倒一切的"真理"。甚至在民众利益与真理发生冲突时，俄国知识阶层常常为了"维护人民利益和社会公正，却因此而忽视了真理"②，认为"如果真理的毁灭能够给民众带来更加美好的生活，人们的生活将更加幸福美满，那么就让它做出牺牲"③。

尽管如此，俄国知识分子却仍与民众有着不可跨越的鸿沟，知识分子试图启蒙民众，换来的却是人民大众的不理解。思想家 M. 赫尔申宗曾用尖锐的话语与辛辣的嘲讽来描写民粹主义知识分子"到民间去"运动，他指出："近半个世纪以来，我们知识分子的思想完成了什么呢？——在此，我们当然是指整个知识分子群体。少数革命家走家串户，号召人们：'都上街去！呆在家中多么可耻！'因而，所有的意识拥向广场，瘸腿的、瞎眼的，还有断臂的；没有一个留在家中。它们在广场高谈阔论，互相诋毁，折腾了半个世纪。家中贫困潦倒、脏乱不堪，但主人无暇顾此。他们呆在人群中，他们正在拯救民众。"④ 这不仅仅是对民粹派知识分子的讥讽，而且也是对整个知识阶层的讥讽。"到民间去"运动的结果，不仅是民粹派知识分子命运的真实写照，而且也是整个俄国知识分子命运的普遍写照。在 M. 赫尔申宗看来，俄国

---

① ［俄］基斯嘉柯夫斯基等：《路标集》，彭甄等译，云南人民出版社1999年版，第50页。
② Бердяев Н. А. и др. Вехи: Сборник статей о русской интеллигенции. Москва: Издательство «Правда», 1991, С. 17.
③ ［俄］基斯嘉柯夫斯基等：《路标集》，彭甄等译，云南人民出版社1999年版，第7—8页。
④ 同上书，第74—75页。

知识分子试图拯救民众，但实则自身就是病态的、堕落的根源，是情绪失常的、软弱无力的，甚至精神非健全的，这种"非健全"并非是生理意义上的，而是源于失去了自然发展的能力——意志与情感，失去了精神的个性。他们对民众的救赎是柏拉图式的，这一阶层过于注重国家、社会、民众等外在因素，而忽视了内在因素。这种救赎带有幻觉性，而在实践中软弱无力，这一阶层的"个性一分为二：是因为我们失去了自然发展的能力这一发展中意识与意志一起成长；是因为我们的意识如同与车厢脱节的火车头，徒自朝远方疾驶，枉然丢弃了我们情感、意志的生活。……在我们内部，像往常一样烟雾弥漫。我们惶惶不安，为某些盲目的、纠缠在一起的混乱力量所驱使。与此同时，意识则脱离了它所根植的土壤，开放出无实之花"①。

第七，俄国知识分子的道德主义。俄国知识分子具有道德主义倾向，"道德性、道德评价和道德动机，在俄国知识分子的心灵中占据独一无二的地位"②。俄国知识分子的道德主义与罪感意识密切相关，基于民众的苦难，俄国知识分子认为自身在民众面前是有罪的。出于这种道德主义，俄国知识分子虽有高度的宗教性，但更为信仰"人民福利"，认为"服务于这一目的是人的最高的和唯一的义务。而高于此者则来自魔鬼。正因为如此他们不仅否定或不接受其价值，而是憎恨这些价值并直接与此做斗争"③。这也就是说，当民众的现实利益与宗教真理发生冲突时，俄国知识分子常常会为了民众利益而牺牲宗教信仰、宗教真理，为了"服务于世俗需要的宗教"而舍弃"理想价值的宗教"。在弗兰克看来，知识分子的这种信仰实则是将生命价值"平面化""非信仰化"，这种价值观实则是"功利主义的道德主义""虚无主义的道德主义"。而且在弗兰克看来，这种道德主义价值观必然导致知识分子在民众与真理、现实与崇高、世俗与宗教之间的高度分裂，"这种冲突

---

① [俄] 基斯嘉柯夫斯基等：《路标集》，彭甄等译，云南人民出版社1999年版，第65—66页。
② [俄] 弗兰克：《俄国知识人与精神偶像》，徐凤林译，学林出版社1999年版，第48页。
③ 同上书，第52—53页。

在知识分子意识之域必将导致为道德信仰的价值与纯洁性而完全消灭和排除理想需要"①。

基于俄国知识分子的这一特点,弗兰克甚至用了一个看似矛盾的、组合的、反义的词来形容俄国知识分子,即将"古典的俄国知识分子定义为尘世幸福之虚无主义宗教的战斗僧侣"②。之所以用这一定义,是因为这一定义反映了俄国知识分子"灵魂的活的矛盾"、反映了俄国知识分子的典型特征,即一是在"尘世幸福"上,他们关注现实问题、关注政治、关注民众利益与尘世幸福,并为此而战斗(虽然这种战斗往往是软弱无力的)。但无论是他们对现实的理解还是其理论构想,都是与真实的现实相脱节的。他们有着自己的礼节、习惯、文化、信仰,沉醉于特殊的、独立的、虚幻的独立王国之中。二是在"战斗伴侣"上,他们崇尚节制、贫穷、简朴,过着严格的、禁欲的、僧侣式的生活,但他们却完全不同于对现实漠不关心的、隐匿于修道院中的僧侣。三是在"虚无主义宗教"上,他们所灌输的"信仰的内容是建立在无宗教信仰基础上的对尘世物质幸福的神化。这支僧侣大军的一切振奋,其目标都是尘世的物质利益和需要,是建立温饱富足的人间天堂;一切先验的、彼岸的和真正宗教的东西,一切对绝对价值的信仰,对于他们来说都是直接的可憎的敌人。这个僧侣团带着对己对人的严酷的禁欲主义,带着对敌人和不同意见者的狂热的恨,带着教派信仰所造就的残忍和由自己已绝对正确意识所造成的无限专制,致力于满足尘世的、完全是'人的'对'唯一的面包'的关心"③。

当然,俄国知识分子面临着独特的境遇,这种独特的境遇表现为,"迄今为止一直承受着双重的压力:外部既成规范的压力——反对政权;以及内部既成规范的压力——思想情感的保守和怠惰"④。尽管俄国知识分子也有自身的问题,但他们身上有可贵的品质,即"他们总是在寻

---

① [俄]弗兰克:《俄国知识人与精神偶像》,徐凤林译,学林出版社1999年版,第54页。
② 同上书,第71页。
③ 同上书,第72—73页。
④ [俄]基斯嘉柯夫斯基等:《路标集》,彭甄等译,云南人民出版社1999年版,第1页。

找信仰并力图把自己的生命从属于信仰"①。俄国知识分子能在重新评估和克服旧的价值基础之上获得新生,被唤醒后的知识分子将重新担当起自身的使命,并进而最终实现民众的救赎与理想的社会图景,正如梅列日科夫斯基所指出的那样,从"一个黎明到另一个黎明,从日落到日升,从第一次降世到第二次降世的循环往复。这也正是不仅俄国知识分子,而且是全俄国从昔日的基督走向未来的基督之路。当这一情形得以实现时,那么俄国知识分子已经不再是知识分子、单纯的知识分子,人类的、单纯人类的理性,——那时知识分子将变成神人的理性、作为基督的全体基督教会整体之成员的俄国的逻各斯、新的真正的教会,——已非临时的、地方的、希腊—俄国的,而是未来上帝的永恒的、不可分割的和不可融合的三位一体的教会,——不仅是父神和神子的王国,而且是父神、神子及圣灵的王国"②。

总之,作为一个群体的俄国知识分子自形成之初,就表现出了与传统意义上甚至西方意义上的知识分子极为不同的理论特质,如他们强烈的实践关怀与精神取向,他们的无根基性与英雄主义,他们的道德主义与使命意识,等等。正是基于这种强烈的实践意向与使命意识等,俄国知识分子为探求真理与救赎民族,为探索俄国的现实出路而不懈努力,甚至"知其不可而必为之",而这恰恰是知识分子的可贵品格。可以说,面对着现实社会的动荡与时代性精神危机,俄国知识分子并没有选择逃避与退缩,而是力图通过自身独特的理论探索与实践关切,来力图实现对国家与民众的救赎,进而履行历史所赋予的神圣使命。

---

① [俄] 弗兰克:《俄国知识人与精神偶像》,徐凤林译,学林出版社1999年版,第76页。
② [俄] 梅尼日科夫斯基:《重病的俄罗斯》,李莉等译,云南人民出版社1999年版,第35页。

第二章
俄罗斯哲学的典型范式

在对哲学与时代关系的理解上,黑格尔曾言"哲学是思想中的时代",马克思则说"哲学是时代精神的精华"。也就是说,哲学并不是游离于时代之外,而是与时代密切相关的,哲学既是"密涅瓦的猫头鹰",也是"高卢的雄鸡",更是"永远警觉的预言家"。哲学总是对时代性问题的深层反思,总是通过对过去的总结与当下现实的反思,并预测未来。俄罗斯哲学虽形成相对较晚,第一个真正具有俄国特色的哲学体系建基于19世纪70年代,但在此之后如积累上万年的火山熔浆,一经喷发便不可阻挡、遏制。本章则力图通过对几种典型俄国传统哲学建构体系的介绍,以窥见俄罗斯哲学的基本特征及其迷人光芒。

第一节 索洛维约夫的完整知识理论

海涅在描写德国古典哲学的兴起时,曾不无自豪地指出:"德国被康德引入了哲学的道路,因此哲学变成了一件民族的事业。一群出色的大思想家突然出现在德国的国土上,就象用魔法呼唤出来的一样。"[①] 同样,作为由索洛维约夫等所奠基的俄罗斯哲学,以及由此所呼唤出的如别尔嘉耶夫、布尔加科夫、弗兰克、舍斯托夫等一系列闪光的名字,大概也只能用神谕来解说。索洛维约夫(1853—1900)被誉为俄罗斯

---

① [德]海涅:《论德国宗教和哲学的历史》,海安译,商务印书馆1974年版,第115页。

哲学史上最伟大的思想家之一,他在俄罗斯哲学史上建立了第一个大全式的思想体系并将独特的俄罗斯哲学带入世界思维领域的角逐场,为俄罗斯哲学获得了世界性的荣誉。自他以后,俄罗斯哲学进入了一个体系化表达的时代。

人们对于索洛维约夫的迷恋,不仅源于他的成就,他在哲学、诗歌、文学等方面所取得的无可代替的成就;也不仅源于索洛维约夫的创作体验,索洛维约夫的创作道路充满坎坷,他在不断的迷恋与抛弃、癫狂与寂静、激情与迸发、悲观与失望的相互交替中创作;更源于他那圣徒式的生活与容貌,"他身材高大,瘦长,面容像苦行僧,朋友们说他是'活的圣物',他的头像旧约中的先知,长着一双令人羡慕的眼睛,目光总是凝视远方,注视着彼岸的某物。……他浓重的发卷落在肩头,使他酷似一尊圣像。小孩子们说:'这是善良的上帝。'由于助人为乐,慷慨无私,他常常无法离开寓所,因为他把全部衣服都送给了穷人。他是一位真正的朝圣者,既没有永久住处,也不为物质忧虑"①。

索洛维约夫于1853年出生于莫斯科一个虔诚的东正教家庭,自幼受过良好的教育,其父亲谢尔盖·米哈伊诺维奇·索洛维约夫(1820—1879)是莫斯科大学的教授、俄国杰出的历史学家,祖父则是一位虔诚的东正教神父。在索洛维约夫8岁时,他的祖父便把他领到祭台前,并用虔诚的祈祷愿他此生献身于为上帝服务的事业。也正是基于这种家庭环境的教养,索洛维约夫的宗教感情十分强烈,他在童年时就曾过起禁欲生活。索洛维约夫的母亲发现他在冬季不盖被子睡觉,年幼的索洛维约夫想以此来战胜肉欲。但事与愿违,还是在索洛维约夫上中学的时候,就经历了信仰危机,他把圣像扔出窗外,成为一名无神论者。16岁时,索洛维约夫以优异成绩毕业于莫斯科第五中学,进入莫斯科大学自然科学系学习,3年后转入历史—语文系,并于1873年毕业,然后在莫斯科神学院作为旁听生学习一年。在此之后,索洛维约夫深入地研究哲学,而在哲学家中对他影响最大的首先是斯宾诺莎,他认为斯宾诺

---

① [俄]叶夫多基莫夫:《俄罗斯思想中的基督》,杨德友译,学林出版社1999年版,第100—101页。

莎是自己"哲学上的初恋",其次是叔本华、哈特曼、谢林和黑格尔等。由于深入地研究哲学、神学和历史学,索洛维约夫克服了青年时期的虚无主义,并已有意识地回到了"教父的信仰"(宗教信仰)上来,找回了原有的信仰。

1874年索洛维约夫以《西方哲学的危机》通过了莫斯科大学硕士论文答辩,被选为莫斯科大学哲学教研室副教授。1877年,因不喜欢教授圈内的纷争,他离开了莫斯科大学,来到当时的首都圣彼得堡,在人民教育部所属的学术委员会任职,同时在圣彼得堡大学和高级妇女讲习班开办讲座。他在1878—1881年开设"神人类讲座",这一讲座引起了极大的社会反响,首都文化界知名人士包括大作家托尔斯泰和陀思妥耶夫斯基也曾前来听讲。1880年以《抽象原理批判》通过圣彼得堡大学博士论文答辩,获得哲学博士学位。《西方哲学的危机》和《抽象原理批判》这两篇答辩论文,为索洛维约夫赢得了极大的声誉,也奠定了索洛维约夫在俄国哲学界的地位,人们惊呼一位新的哲学天才在俄国诞生。1881年3月1日,沙皇亚历山大二世(1855—1881年在位)被刺身亡后,索洛维约夫在圣彼得堡作了公开演讲,在演讲中触及了死刑问题,指出死刑与基督教道德的不相容性。在演讲结束后,他谴责了杀害沙皇的凶手,呼吁新沙皇亚历山大三世(1881—1894年在位)不要判处凶手死刑,而应以基督精神为准绳原谅他们。他由此触怒了当局,被逐出圣彼得堡。不久,他辞去公职,从此停止在高校教学和公开讲座活动,开始了自由著述的生涯。1891年10月19日,索洛维约夫创作了《论中世纪世界观的衰落》报告,同年被邀请担任布罗克高茨和叶弗龙百科全书哲学部分的负责人。1893年7月到1894年春,他先后到芬兰、瑞典、法国等地旅行,1898年再次去埃及旅行,写了著名的《三次约会》。在生命的最后几年里,索洛维约夫承担翻译柏拉图著作的工作。索洛维约夫一生独身,没有一个安定的生活环境,甚至没有一个固定住所,他总是来去匆匆,或在旅馆,或在朋友家里,他就这样度过了漂泊的一生。索洛维约夫对物质生活和钱财总是极为轻视,他助人为乐、慷慨无私,他常常无法离开寓所,因为他把全部衣服都送给了穷人。哲学家也是索洛维约夫的好友特鲁别茨科伊曾在《索洛维约夫的世界观》一书中说:"我记得在深秋的一天,在莫斯科,我遇到他时他那副因寒冷而瑟索发抖的样子。在他的衣柜里那时只挂着一套薄驼呢料子的西装和一件由更薄的呢料做的灰色斗篷;不久前由于他身无分文而把自己所有毛料和厚实一点的衣服都赠给了需要者,他指望在冬天到来之前来得及挣钱给自己买件皮袄。"①

一 西方哲学危机的实质

早在19世纪70年代,索洛维约夫就指出了西方哲学的危机。索洛维约夫更多的是从俄国哲学所特有的理论视域指认西方哲学的危机,认为西方哲学的危机是知性"抽象的形式主义危机"。西方哲学的危机源于其固有的思维方式,即知性思维方式,这种思维方式从哲学生成之初到柏拉图那里就已奠定,在经院哲学中则独占鳌头,即便经历了笛卡尔的打击也仍占据着优势,"在最初的西方哲学中——在经院哲学中——知性思维独占鳌头。……不论笛卡尔在西方哲学中完成的变革在其他方面有多么伟大的意义,但知性抽象性的形式在近代哲学中始终是占优势的形式。笛卡尔本人承认独立的现实是无限多的单个实体或物,其中一部分仅有广延性,另一部分只是思维着的。可见,经院哲学世界观的根本性质完全保存下来了。所以,尽管经院哲学受到了斯宾诺莎、莱布尼茨、培根和洛克的打击,但在18世纪又通过新的、肤浅的和通俗的形式,即通过沃尔夫的教条主义形而上学,得以复兴"②。在索洛维约夫看来,知性思维的特点在于通过理论抽象把直接的、具体的事物分解为感性因素和逻辑因素、形式因素和内容因素、本质因素与现象因素。但问题在于,这些因素之间本非各自独立存在的,而只有相互结合才能构成现实的世界。

在近代西方哲学发展中,我们看到的是经验论与唯理论两个主要流派的对立与论争。索洛维约夫认为,这种对立和论争早在中世纪的经院哲学中便萌芽,表现为唯名论和唯实论之争。这两个派别争论的焦点就

---

① [俄]洛斯基:《俄国哲学史》,贾泽林等译,浙江人民出版社1999年版,第114页。
② [俄]索洛维约夫:《西方哲学的危机》,李树柏译,浙江人民出版社2000年版,第82—83页。

在于:"究竟共相是在思维主体之外自在自为地存在的实在的东西,独立于个别存在的事物呢,还是只是一个名词,只在主观的表象之内,是一个思想物。"① 他认为在近代哲学中,无论是经验论还是唯理论都无法摆脱自身的知性思维倾向。经验论与唯理论之间的趋同是大于差异的,它们共同体现了近代哲学的理性主义精神,只不过在具体的论证和表达方式中,如知识的来源、真理的标准和认识的方法等有分歧。经验论和唯理论的极端结论,在一个质点上汇合了,这就是"二者同样都否定被认识物和认识者自身的存在,而把全部真理转向认识行为本身。所以,片面的唯理论和片面的经验论,作为两个种,同属一个形式主义的类概念"②。只不过,在作为唯理论顶点的黑格尔那里占据首位的是"逻辑概念",而感性认识是从这些概念中得出的,因此这一体系永远逃不出一般概念的怪圈而达到个别现实;而在经验论的极端约翰·穆勒那里占据首位的是"意识的感觉状态",从中抽象出最高的逻辑观念,因此它也达不到真正的认识所必需的普遍规律。唯理论和经验论作为相互对立的两个派别,其极端结论是相同的——都不承认认识客体和认识主体的存在,并将它们溶解于脱离了具体对象性的认识方式之中。这种由片面的知性思维即抽象分析所最终造成的"抽象的形式主义"是两个派别的共同局限性,体现了西方哲学的限度。

索洛维约夫指出,西方哲学这种片面的知性思维即抽象分析导致了哲学的危机,而黑格尔哲学则是这种知性思维即抽象分析的顶点,它代表了传统哲学的终结。在他看来,黑格尔哲学的问题在于,黑格尔哲学"作为一个体系,在其范围内是绝对的,完全自我封闭的……要想突破它,只有承认它的整个范围或它的原则本身,即孤立的概念原则或纯逻辑范围的片面性和局限性。确实,黑格尔学说刚一得到充分的阐述和理解,立刻就因其绝对性而被一个简单的公理性论断驳倒了:概念并不是一切;换言之,概念本身还不是真正的现实(概念之所以有现实性,仅

---

① [德] 黑格尔:《哲学史讲演录》(第3卷),贺麟等译,商务印书馆1959年版,第306—307页。
② [俄] 索洛维约夫:《西方哲学的危机》,李树柏译,浙江人民出版社2000年版,第118页。

仅因为我想到它了,即是说,因此只有在我的头脑中,主观的现实性才能和独立的现实性区分开来)。可见,作为一种形态的概念需要的是另一种现实"①。概念并不是一切,理论并不等同于真正的现实。在索洛维约夫看来,不仅在黑格尔哲学中,甚至整个西方哲学都一直存在着理论与实践脱节的问题,西方哲学只回答了"是什么"的问题,但与此问题密切相关的还有实践问题,即"应当有什么"。他指出西方哲学这种理论与实践的脱节,甚至一直保留在近代哲学之后,包括在黑格尔哲学那里,"就其本质来讲,理论哲学对该问题不可能做出任何回答,该哲学的最后一位巨匠——黑格尔直接否定该问题,并对其加以嘲笑。他说,存在的一切都是理性的,因此什么也不应当有"②。正是基于作为西方传统哲学顶点的黑格尔哲学所存在的问题,索洛维约夫认为在黑格尔的绝对体系中必然会产生实证主义和意志哲学对传统哲学的反叛。

实证主义认为经黑格尔的充分阐发,纯知性思维的哲学已失去任何实际内容,变为空洞的抽象。这种哲学认为以黑格尔为代表的传统哲学,"两千年前,这种探讨方式所引起的关于外物存在的荒诞疑问基本上依然会存留下去,因为这种方式确实从来没有以任何决定性的论据消除它们。因此,归根结底,我们可以把形而上学状态视作是一种慢性病,那是我们个人或集体从童年至成年的精神演变过程中自然固有的"③。实证主义重视外在经验,要求哲学应当以实证科学为根据,以可观察和实验的事实知识为内容,用实证的知识来代替神学和形而上学。实证主义把科学视为分析活动,将人的认知方式局限于现象和经验范围之内,主张哲学的任务只是描述现象及其相互关系,而不是研究其本质,认为现象和经验是一切知识的来源。索洛维约夫指出,以孔德和斯宾塞等为代表的实证哲学取得了一定的成果,即认为"独立的现实或真正的存在物,第一,不是知性的客体,因为知性的客体也是由知性设定的;第二,不是纯思维过程中的概念本身,因为这种思维不可能突破

---

① [俄]索洛维约夫:《西方哲学的危机》,李树柏译,浙江人民出版社2000年版,第40页。

② 同上书,第101—102页。

③ [法]孔德:《论实证精神》,黄建华译,商务印书馆2009年版,第9页。

自身，因此纯粹的概念只不过是得到解脱的形式，还不是具有现实性的形式；第三，外在经验内容也不具有独立现实性，因为这个内容只是受我们的意识制约的现象"①。

由此，索洛维约夫指出实证主义"除了作为外在事实的可观察现象，对我们来说不存在任何东西，所以对这些现象的相对性的认识，就构成了人类意识的唯一现实内容，其余的一切对实证主义来说都是完全异己的和不可知的"②。因而，这导致了一系列的问题，一是内容与形式相分离。实证主义批判通过内在经验试图认识事物本质的荒谬性，实则通过实证主义所强调的外在经验同样无法认识本质，源于"根本没有完全独立的外在经验……唯一自在的、绝对独立于一切现象和外在于任何现象的本质到底是什么——这样的本质根本不存在，也不可能存在，正如没有也不可能有任何无绝对独立本质的现象一样，因为这种本质的本我就是现象。因为，尽管可以而且应当把现象和显像物区分开来，但区分并非割裂，这正如在一切对象中都应当区分形式和内容，但任何一个头脑健全的人都不能想象，对象的形式能离开内容而自在，自在的内容可以脱离开形式。可见，作为显像者的独立存在物，一般只能通过其表现而被认识"③。二是基于实证主义的基本原则，即只承认观察的外在经验，导致对宗教和形而上学的否定，"他在宗教里只能看到对外在现象的神话解释，而在形而上学中则只看到对现象的抽象解释"④。实证主义认为神学和哲学都过时了，并由此赋予实证科学以特殊的意义，其野心在于追求知识领域的"绝对统治权"，"实证主义在科学与哲学之中诞生之后，便由科学与哲学意识成长为努力以自身破除、取代所有昔日的宗教"⑤。在索洛维约夫等人看来，他们的这一否定是根本站不住脚的，是对神学与形而上学"真正内容一窍不通"，他们"根本没有

---

① ［俄］索洛维约夫：《西方哲学的危机》，李树柏译，浙江人民出版社2000年版，第46页。
② 同上书，第149页。
③ 同上书，第47—48页。
④ 同上书，第149页。
⑤ ［俄］梅尼日科夫斯基：《重病的俄罗斯》，李莉等译，云南人民出版社1999年版，第5—6页。

触动宗教和形而上学哲学的内容本身。很清楚，实证主义充当普遍世界观的野心，完全是无稽之谈"①。总之，在索洛维约夫看来，"实证主义所理解的科学，不回答什么原因、目的何在和是什么的问题，只考虑毫无趣味的存在什么或显现什么的问题，并因此而承认自己在理论上站不住脚，同时承认自己无力赋予人类的生命和活动以崇高的内涵"②。基于实证主义对自身原则与世界观的定位，决定了实证哲学仅重视外在经验与实验观察，而忽视了宗教与哲学更为深层的精神与价值内涵。实证主义实则是对哲学与神学功能的"矮化"，其"绝不可能解决崇高的思想问题，即使提出这些问题都是荒唐的"③。

与实证主义相反，以叔本华和哈特曼等为代表的意志哲学，认为传统哲学的弊病就在于理性的绝对化，因而力图通过将欲望、冲动和意志等非理性因素的加入来解决哲学危机。他们认为，对于"形而上学本质的认识，不可能从一般概念中得出，因为这些概念根本没有任何独立的第一性意义，而只是从外在的或内在的直接观察的资料中抽象出来的"④。他们将人的情感、意志或人的精神活动中的其他非理性因素置于人的理性之上，用以解说人的认知活动和精神现象。生命意志哲学具体表现在将意志、绵延等作为世界的本体和万物的根源，认为世界的本质不是理性而是某种意志等，只有意志等才能表达世界的本质，这种意志并不是专指人的意识活动，而是泛指世界万物本身所具有的内在冲动、情感等。世界不是某种理性的产物，而是生命意志的产物。在认知取向上不是付之于三段论式的逻辑推理和分析论证，而是付之于生命直觉，他们认为不应用理性去认知世界的本质，只能在生命意志的直觉中才能去把握和描述。索洛维约夫认为，以叔本华等为代表的意志哲学，在西方哲学史上完成了一次变革。但他认为在叔本华那里，这种意志"没有任何向往的对象，即没有目的，没有表象的意志（在叔本华那

---

① ［俄］索洛维约夫：《西方哲学的危机》，李树柏译，浙江人民出版社2000年版，第150页。
② 同上书，第183页。
③ 同上书，第25页。
④ 同上书，第60页。

里，表象不是意志的必然属性，而是偶然现象，甚至如他所说，是大脑现象）——这样的意志显然是个空洞辞藻，在康德的'自在之物'或自然科学中的'自然力'面前，没有任何优越之处"①。当然，在他之后，哈特曼通过赋予意志以实际意义以此改造叔本华学说，在一定程度上扬弃了其片面性。

在索洛维约夫看来，西方哲学的缺点在于，经常把一般逻辑概念特殊化和实在化。无论是以叔本华及其后继者哈特曼为代表的意志哲学还是以孔德和穆勒等为代表的实证主义，虽在一定程度上克服了西方传统哲学的局限性，并在认识论意义上实现了唯理论和经验论的调和。但问题在于，意志哲学虽力图脱离理性化的窠臼，避免黑格尔的狂妄的理性，却走向了非理性的极端。而且其对非理性的阐发和洞析自身，不可能完全脱离于理性逻辑自身。而实证主义的错误则在于，只承认相对的现象，把西方哲学的形式主义缺点和思辨思维的真正任务及其本质混为一谈。这也就注定了无论是意志哲学还是实证主义都不可能克服西方哲学的危机。总之，在索洛维约夫看来，这种片面的知性思维即抽象分析所最终造成的"抽象的形式主义"是两个派别的共同局限性，从而导致了西方哲学的危机，而这场危机也标志着作为一种"纯理论性抽象认识意义上的哲学，已经终结其发展，并且永不复返地转入过去的世界"②。

二 完整知识理论的内涵

正如俄国哲学史家津科夫斯基所指出的那样："索洛维约夫哲学的形成，不是由一个，而是由几个根源发展而来的。"③ 索洛维约夫的思想不仅仅受到柏拉图主义、早期斯拉夫主义的影响，而且斯宾诺莎、谢林、黑格尔等都对索洛维约夫哲学体系的形成产生了极大影响。索洛维

---

① ［俄］索洛维约夫：《西方哲学的危机》，李树柏译，浙江人民出版社2000年版，第74页。
② 同上书，第3页。
③ Зеньковский В. В. История русской философии. Москва: Издательство «Раритет», 2001, С. 459.

约夫哲学的理论背景不仅源于俄罗斯在克里木战争失败后所面临的现实危机，从而促进哲学家去探索和发展新的俄罗斯理念（Русская идея），为俄罗斯寻求理论支撑；还源于对西方哲学危机本质的认知，索洛维约夫早在19世纪中期就指出了西方哲学的危机，认为西方哲学的危机是源于其所固有的缺陷，即知性思维方式。索洛维约夫认为知性思维即抽象分析一直在西方哲学中占据着优势，而西方哲学的危机则标志着作为一种纯理论性抽象认识意义上的哲学已经终结了它的发展。他认为对此危机的克服在于建立一种新的哲学体系——"完整知识"（цельное знание）体系。

在索洛维约夫看来，完整知识学不是一个哲学流派或哲学类型，而是代表着整个哲学的最高状态。完整知识学是真正的哲学，是整体性的真理。作为真正的哲学，它不仅包含理论使命，即提供世界的理想模式，而且还包含着实践使命，即要为人的行为提供指针。首先，完整知识是经验主义、唯理主义和神秘主义的有机综合，这种综合实际上是把"西方逻辑思想的完美与东方默想的内容结合起来"[①]，以求实现科学、哲学和宗教的普遍综合。在这种综合中，"神秘主义与神学相应，经验主义与实证科学一致，而理性主义则独具哲学所特有的抽象性质；因为理性主义局限于纯哲学思维，神秘主义在宗教材料中寻求支持，而经验主义则依赖于实证科学材料"[②]。在完整知识或曰自由神智学体系里，三种哲学因素的相互关系，是由上述可比性决定的。神秘主义就其绝对性来讲，具有头等重要意义，因为它决定着哲学知识的最高本原和最终目的；经验主义就其物质性来讲，可充当外在基础，同时是最高本原最大限度的运用或实现；理性主义因素即哲学因素本身，就其以形式为主的性质讲，表现为整个体系的中介或普遍联系。其次，完整知识是理论性与实践性的同一。他认为，真正的哲学应克服理论与实践、思想与现实的相互脱离。最后，完整知识应是真、善、美的统一。在传统西方哲

---

① [俄] 叶夫多基莫夫：《俄罗斯思想中的基督》，杨德友译，学林出版社1999年版，第102页。
② [俄] 索洛维约夫：《西方哲学的危机》，李树柏译，浙江人民出版社2000年版，第211页。

学中，真、善、美通常被作为哲学、伦理学和美学三个领域的对象分别研究，而在索洛维约夫的完整知识中，真、善、美是相互联系不可分割的，三者具有相辅相成的内在联系，其中善是最高目标，真是途径和手段，而美是善的最高表现形式，"善、真和美，是统一体借以向绝对者显现其内容的不同形象或样式，或者，是绝对存在者由以把全部归结为统一体的不同方面……我们可以说，绝对者通过真理在美中实现善"①。

索洛维约夫把完整知识称为"真正的哲学"，这种"真正的哲学"具有完整的逻辑体系，它有自己的认知对象、目的、材料、动因、形式和构造方法等。完整知识的对象是"绝对存在物"，绝对存在物是"存在万物的统一。绝对本原高于现实内容和实在形式，它在决定内容和形式、确立其间的内在联系的同时，与任何规定无关"②。绝对存在物是在与"一切分化了的统一里实现自己，换言之，绝对存在物在他者中找到了自己，或者是永远地向自己复归的存在者，是属于自己的存在者"③，这也就决定了它一方面克服了经验主义、理性主义和神秘主义的片面性，另一方面又吸收了它们合理的、客观的内容。完整知识的目的在于使人摆脱外在性，摆脱和外在性相联系的恶、苦难、压迫与奴役，从而与真正存在物内在地结合并认知真理。这种真理并非是孤立的，它不能脱离于其他精神领域，它本身即是真，又是善和美的。完整知识的材料是由神秘现象、心理现象和物理现象的全部总和共同提供的，其中最为重要的是神秘现象。在此需指出，索洛维约夫认为完整知识并不是一个哲学流派或哲学类型，无论是在整个哲学的三个主要流派——神秘主义、理性主义和经验主义的内在综合里，还是在与神学和实证科学的更为普遍和广泛的联系之中，它同样都代表着整个哲学的最高状态。从历史上看，哲学经历了三个主要阶段：第一个阶段的特点是神秘主义独占统治地位，它在隐秘状态或复合状态下，控制着理性主义

---

① Вл. Соловъев. Сочинуния в 2 т. М., Т. Ⅱ. С. 103 – 104，转引自徐凤林《俄罗斯宗教哲学》，北京大学出版社2006年版。
② [俄] H. O. 洛斯基：《俄国哲学史》，贾泽林等译，浙江人民出版社1999年版，第124页。
③ [俄] 索洛维约夫：《神人类讲座》，张百春译，华夏出版社1999年版，第85页。

和经验主义因素。第二个阶段是这些因素各自独立,哲学分裂成三个单独的流派或类型,即分裂成相互敌对的神学、抽象哲学和实证科学。第三个阶段也是最后一个环节,将是它们趋向内在的自由综合,这种综合所达到的最高形态即是自由神智学或曰完整知识。

总之,作为早期斯拉夫主义追随者的索洛维约夫,他所建立的完整知识体系体现了斯拉夫主义重整体性、有机性的特点,它的完整知识"力图实现理论和生活——实践行为的统一,力图创立生命的哲学而不是经验的哲学"①,从而将"西方逻辑思想的完善与东方默想的内容结合起来"②,并在此基础之上克服西方哲学由于片面强调知性思维所导致的危机。在此之后,索洛维约夫的思想发生了转变并建构了不同的理论学说,如力图通过对"依赖于神的原则的作用力量和人的原则的协调力量"③来建构理想的神权政治社会等,但关注的主题与阐发的方式却具有某种趋同性。索洛维约夫对俄罗斯哲学特有路径的探索,无论是批判对象、理论范式还是建构模式,都为日后俄罗斯哲学尤其是白银时代哲学的发展奠定了理论基调。

三 完整知识理论的后世影响

索洛维约夫是在俄国哲学史上占据着特殊位置的人物,他对俄罗斯哲学的理论奠基、对西方哲学批判性反思对后世影响深远。首先,索洛维约夫基于西方哲学的判定,对日后俄罗斯哲学的影响。索洛维约夫对西方哲学的批判,奠定了日后俄罗斯哲学对西方哲学的基本基调,特别是奠定了从之前的片面崇拜到理性反思的基调。以别尔嘉耶夫等为代表的白银时代哲学家指出了哲学的悲剧性命运,这种悲剧性命运在于它很难保卫自身的自由和独立性,哲学总是遇到来自不同的对立面的威胁。如果说当前哲学试图依赖科学来化解危机,那么在此之前则是试图依赖宗教来化解危机,哲学永远没有获得过自身的独立地位,哲学总是受到

---

① Гайденко П. П. . Владимир Соловьев и Философии Серебряного века, М., 2001, C. 46.
② [俄] 叶夫多基莫夫:《俄罗斯思想中的基督》,杨德友译,学林出版社1999年版,第102页。
③ [俄] 索洛维约夫:《神人类讲座》,张百春译,华夏出版社1999年版,第176页。

来自不同外力的压迫和奴役。在此认知的基础上，这些白银时代宗教哲学家都对西方哲学提出了批判，虽批判的角度略有不同，但在总体的把握上却具有高度一致性，即他们都批判西方哲学过于片面地强调理性功用，从而忽视了哲学的宗教维度、信仰维度。他们指出以黑格尔为代表的西方哲学，其逻辑泛化的最终结果只有一个，即将哲学作为最高的存在与上帝同一，以存在代替上帝，在这小心翼翼的面具之下，实则隐藏着"对《圣经》的仇恨"（舍斯托夫语）。他们指出形而上学的魅力在于，它虽然不能给予人一个圣经中的上帝，但却同样给予人一种精神性的慰藉，但如果认为"形而上学，就是那个寻找上帝、灵魂不朽和意志自由的形而上学"[①]，则是一种虚妄。白银时代宗教哲学家继承了俄罗斯哲学的传统，强调生命经验原则，认为真正的哲学应超越理性思维的局限性，真正的哲学应从"对超理性的实在的生动直觉中吸取营养，追寻着超理性的实在的不可直接理解的本质"[②]。哲学认识应接近生命，并从中汲取认识的经验，揭示存在和生命的奥秘。哲学既不应成为科学，也不应成为宗教的附庸，哲学应当成为它自己。白银时代宗教哲学家指出，西方哲学危机的深层根源就在于脱离了宗教的传统。他们认为宗教是哲学的生命基础，哲学没有宗教将失去活水。哲学不应变成某种独立抽象的、自我沉迷的概念游戏，这将导致可怕的虚无，而且其所建立的体系必然是服从于必然性和决定论的。哲学应同宗教信仰相联系，吸取宗教中的营养，参与教会的奥秘，从而克服自身的危机。

其次，索洛维约夫基于综合创新理论，对俄罗斯哲学的影响。索洛维约夫在建构体系的过程中，无论是早期应对西方哲学危机所提出的"完整知识"建构体系，还是神权政治理论，都不是仅仅通过单一的理论模式或复杂的含混建构予以解决，而是力图在系统的有机综合中实现学说的创新。索洛维约夫的这一强调综合的理论系统对俄罗斯哲学特别是白银时代宗教哲学产生了深远的影响，无论是作为白银时代宗教哲学家的别尔嘉耶夫，还是布尔加科夫、舍斯托夫等，在建立自身的思想体

---

① ［俄］舍斯托夫：《雅典与耶路撒冷》，张冰译，上海人民出版社2004年版，第82页。
② ［俄］弗兰克：《实在与人》，李昭时译，浙江人民出版社2000年版，第57页。

系时都表现出极强的综合色彩。这种综合不仅仅表现在白银时代宗教哲学家力图跨越学科间的樊篱，而且还表现在理论与实践层面的综合。如别尔嘉耶夫、梅列日科夫斯基等所理解的"新基督教"思想，不仅仅表现为哲学与宗教，而且还表现为理论与实践的综合与共融，这种理论建构体系具有极强的实践观照。如在梅列日科夫斯基的新基督教意识中，充满着各种对立与综合："基督与敌基督、精神与肉体、天与地、多神教与基督教、神人与人神，甚至还有圣父与圣子的对立。克服这些对立，只能通过综合。"①

再次，索洛维约夫社会批判模式理论，对俄罗斯哲学的影响。立足于俄罗斯宗教哲学传统，索洛维约夫开创了独具俄国特色的社会批判理论。由索洛维约夫所开创的社会批判理论，虽并没有以霍克海默为代表的法兰克福学派所开创的社会批判理论的那种理论自觉，也没有法兰克福学派的那种批判深度化、视野广度化与学说系统化。但在索洛维约夫所开创的社会批判理论中，对宗教义理的根基性信仰，对人的独特内涵与个体精神价值的守护，却具有十分重要与独特的意义。这种社会批判理论特别是对资本主义社会制度的批判，奠定了日后俄罗斯哲学社会批判的基本批判维度之一。以俄罗斯白银时代哲学为例，我们看到无论是白银时代哲学家对俄罗斯现代化出路探索的马克思主义路向，还是转变后的神学乌托邦路向，其一个潜在的共结点，即对资本主义制度的不认同与尖锐的批判，而这一点不仅仅与俄罗斯文化传统有关，更与作为其"精神导师"的索洛维约夫有着直接的理论关联。索洛维约夫生活的年代正是资本主义大工业蓬勃发展、技术理性无往而不胜的时代，饱经物质困苦与灾荒不断的欧洲人，在以技术理性为主导的工业大革命中看到了解决与拯救的希望。在对为何唯有在欧洲产生了资本主义并实现了"现代化的进程"这一问题上，德国社会学家韦伯曾分析指出，新教伦理是维系现代西方资本主义发展的内在精神气质，他认为由这种新教伦理所导致的入世禁欲主义、责任伦理、天职观等推进了资本主义的发展。这种与宗教的天职和世俗的劳动相结合的新教伦理，一方面认为

---

① 张百春：《当代东正教神学思想》，上海三联书店 2000 年版，第 140 页。

"上帝应许的唯一方式就是要人完成个人在现世所处地位赋予他的责任和义务"①，另一方面又指出"职业是上帝安排的一项任务，或者更准确地说，是上帝安排的唯一任务"②，从而为资本主义的发展提供了源源不断的精神动力。如果说韦伯更多是立足于对资本主义的肯定、立足于对资本主义生成机制的探索，那么索洛维约夫则立足于对资本主义所带来的后果的反思。索洛维约夫认为资本主义的发展是以片面的信仰与崇拜工具理性为核心的，由此所创造的繁荣只是虚假的物质繁荣，最终的结果便是精神维度的丧失与文化领域的深层危机。此外，索洛维约夫对东正教、天主教、新教等进行了批判，指出了东正教的保守性、天主教的集权性与新教的离散性，认为"真正的基督教，是全人类的，不仅仅是在这样的意义上，即它应该靠一个信仰把所有的民族结合在一起，而且主要的是，它应该把人类的所有事业都调节并联合在全人类的一个共同事业之中，没有这个共同的事业，全人类的普遍信仰就只能是抽象的形式和僵化的教义"③。这种对宗教的认知与批判，也成为日后白银时代宗教哲学家体系建构的理论资源与模式批判的重要维度。

最后，索洛维约夫强烈的历史使命意识，对俄罗斯哲学的影响。面对着俄罗斯民族的危机与时代的困顿，索洛维约夫怀有强烈的历史使命意识，力图拯救危机中的俄罗斯。索洛维约夫对俄罗斯出路的探索，对俄罗斯民族使命的寻求，对普世救赎的价值渴求，强烈地感召着白银时代宗教哲学家。在对俄罗斯出路的探索上，索洛维约夫强烈地意识到俄罗斯现代化的出路，既不在于丢弃了传统的西方派，也不在于迷恋于自身的斯拉夫派。他认为，西方派是对俄罗斯文化之根的断裂与历史的遗忘。而与此形成对比的斯拉夫派则和西方派相反，索洛维约夫早年对斯拉夫派曾怀有期待，但很快就发生了实质性的转向。这种转向源于索洛维约夫认为斯拉夫派的理论前提，是"把假设的俄罗斯民族理想作为自

---

① ［德］马克斯·韦伯：《新教伦理与资本主义精神》，彭强等译，陕西师范大学出版社2002年版，第59页。
② 同上书，第63页。
③ ［俄］索洛维约夫：《神人类讲座》，张百春译，华夏出版社1999年版，第225页。

己学说的基础,实际上也就是把事实上历史形成的俄国生活制度理想化"①,"他们使自己和别人相信,这些理想已经被俄罗斯人民在从前的历史上实现了;他们对社会只有一个要求:回到古代,回家。他们对这样一些人能作什么指责呢,这些人听从了他们的召唤回到了古代,回了家,但在这古代的家中既没有找到生活自由,也没有找到博爱的团结一致,而在此只看见了伊凡雷帝,他们就怀着信仰和爱崇拜他了"②。索洛维约夫指出,斯拉夫派是在想象中言说着俄罗斯的普世价值,并将这种想象中的普世性价值推移到俄罗斯的历史之中。正是基于这种想象,斯拉夫派的理论学说才日益变异,从崇拜民族美德到崇拜民族力量,并最终发展到崇拜民族野蛮性,这是堕落与日益荒谬性的标志。索洛维约夫反对狭隘的民族主义与爱国主义,反对不分黑白地把俄罗斯的东西都说成是好的,他认为真正的民族主义与爱国主义应是符合基督教精神的。由此,索洛维约夫指出,俄罗斯的历史道路并不是建立在牺牲、压迫其他民族利益的基础之上的,而应建立在对自身命运与意识的理论自觉基础之上。俄罗斯民族的历史使命应扎根于重新阐发了的基督教,在这种不断的扎根与阐发中实现俄罗斯自身的历史使命与对全人类的救赎。

此外,索洛维约夫对神人性、末世论的理解,对人道主义精神的强调等,都对俄罗斯哲学家产生了深远的影响。1900年7月31日,索洛维约夫病逝在他朋友特鲁别茨科伊公爵家中。他的一生是在"黑暗之中寻求光明"的一生,面对着哲学的危机,索洛维约夫像康德一样,认为应当通过对传统哲学地基的清理,来建构一种新的哲学进而克服之。索洛维约夫认为这种新的哲学并非对历史上的基督教所存在的传统、学说、圣传等的片面回归,"它的目的在于把基督教的永久内容引入到与它相适应的、理性的、绝对的形式之中"③。

---

① [俄]索洛维约夫:《俄罗斯与欧洲》,徐凤林译,河北教育出版社2002年版,第224页。
② 同上书,第233—234页。
③ Гайденко П. П.. Владимир Соловьев и Философии Серебряного века,М.,2001,C. 46.

第二节　别尔嘉耶夫的历史哲学理论

近年来，国内外学界对历史哲学的研究呈不断升温之势，就历史认知的前提、历史的普遍规律、历史研究的客观性、历史的本质、历史哲学的研究方法、历史哲学的内涵等焦点性问题进行了深入探索。尽管以E. H. 卡尔、布罗代尔、沃尔什、雅各布·坦纳、克里思·洛伦茨、海登·怀特、安克斯密特等为代表的学者进行了诸多探讨，但这些探索并未使本身充满争议性与含糊性的历史哲学问题获得最终的解决，反而衍生出了诸多新问题。而别尔嘉耶夫则立足于俄国独特的历史哲学传统，对历史哲学中的诸多问题进行了有益的、独特的探索。别尔嘉耶夫的历史哲学理论并非是一种纯粹的理论学说，而是有着强烈的实践指向性，是基于时代性危机的产物。在他看来，时代性危机源于客体化，并就客体化的根源、实质、特征、表现形态等进行了分析。他通过分析力图指出，现代社会客体化的渗透、侵袭已无所不在、无孔不入，人类社会已处于前所未有的异化与奴役状态。基于人类社会所面临的前所未有的深层危机，基于已处于即将迸发的火山之口的危机时刻，力图通过历史哲学的建构为人类的未来指明出路。之所以对历史哲学充满期待，是因为在他看来历史哲学是通向终结、通向末世的，通过历史哲学的理论建构能最终终结客体化、克服恶。总体而言，别尔嘉耶夫的历史哲学体系建构及所期许的现实指向是与民众、现实相脱节的，具有明显的乌托邦色彩，更多地呈现为一种精神意义上的自我救赎。

可以说，俄罗斯有着深远的历史哲学传统，自19世纪以来俄罗斯思想涉及最多的便是与个体、民众、社会和世界"具体命运"密切相关的历史哲学问题，"我们的哲学首先将是历史哲学"①。历史哲学之所以成为其所关注的焦点问题，是因为"俄罗斯、俄罗斯的历史命运这个谜，曾几何时正是历史哲学之谜。……构筑宗教历史哲学乃是俄国哲学

---

① Бердяев Н. А. Русская идея. Москва: ООО«Издательство АСТ», 2004, С. 40.

的使命"①。同时也基于19世纪末以来俄罗斯及人类社会所面临的深层危机，以梅列日科夫斯基、弗兰克等为代表的别尔嘉耶夫同时代俄国思想家都对这场危机从不同角度进行了勾勒、分析与出路探索。别尔嘉耶夫的理论体系正是在这一背景下展开的，和波德莱尔、西美尔、本雅明等一样，他更多地依托天才的敏锐与特有的直觉从个体的生存体验中感知现代社会的危机，并力图通过历史哲学的建构来自觉地回应这一时代性危机。在他看来，现代社会的危机实则是一种比政治、经济等领域更为深层、更为可怕的精神危机、文化危机、信仰危机。这种危机直接表现为拒斥理想、信仰、崇高，最终将导向对虚无主义的信仰，导致一个"群魔乱舞"的虚无主义时代的来临。

一 历史哲学与时代性危机

别尔嘉耶夫的历史哲学是基于时代性危机的产物，认为时代性危机源于客体化，在客体化中"一切生命都将死亡，存在会消失。……客体化就是毁灭……客体化永远是真正认识的死亡"②。客体化理论在他的思想体系中占据着重要地位，甚至如他所言构成了"体系的基石"。基于客体化理论的重要性，在对客体化的研究中，他不但对客体化成因、实质、特征及表现形态等进行了分析，而且指认出客体化并非当下而是从来就有的，但在当下社会表现得更为深层化、全面化。

在对客体化的理解上，别尔嘉耶夫明确指出被马克思称为异化的东西他则称之为客体化。但在对客体化成因等的理解上，则与马克思有着本质的不同。别尔嘉耶夫更多立足于基督教视域，认为客体化的根源在于恶。可以说恶的问题不仅是基督教，而且是任何宗教所关注的核心问题，"渴望从世界生活之恶中、从存在苦难中得拯救产生了所有的宗教"③。但在对恶的理解上，他认为以往宗教中的一元论和二元论都无

---

① ［俄］别尔嘉耶夫：《历史的意义》，张雅平译，学林出版社2002年版，前言，第1页。
② ［俄］别尔嘉耶夫：《论人的使命》，张百春译，上海人民出版社2007年版，第13—14页。
③ ［俄］别尔嘉耶夫：《自由精神哲学》，石衡潭译，上海三联书店2009年版，第117页。

法解释恶的深层根源。源于纯粹的一元论把恶理解为善的潜在、善的未展开,理解为莱布尼茨意义上的局部的、相对之恶,而整体则是善。这种理解实则消解了恶,恶变成了善的部分,恶的终极内涵与善是相等同的。而与之相对的二元论则错误地承认恶的独立性,认为恶的根源在另一种与神相对应的"恶神"中,这在摩尼教、诺斯替教中都有所体现。在这种理解中,恶被看作与上帝相等同的本原性、决定性力量。而在他看来,恶实则是非存在、幻影、谎言、欺骗。恶的象征形态——蛇,以人能成为神来诱惑人,"恶的道路是以幻影手段追逐幻影,就是偷换、伪造、变存在为虚构"①。在他看来,恶的根源不在神之中,也不在"与神并列的肯定存在之中,而在深渊的、非理性自由之中,在纯粹的可能性中,在处于黑暗深渊的潜能中,它先于存在的任何肯定定义,比任何存在更深"②。恶并非是一种实存的"实在",恶的诱惑形式是"幻影"。恶的可怕性在于常常以善的名义出现,法利赛主义、浮华的说教和历史乌托邦等都与此有关,都允诺一个理想的天堂,而最终却可能将人带入地狱之中。

别尔嘉耶夫在对客体化根源探讨后,指出客体化的实质是精神的客体化,精神的客体化是象征、符号,而非真正的实在。别尔嘉耶夫对精神内涵的理解充满着深奥性、神圣性、体验性,强调精神不是"物质"的副产品,而具有真正的实在性。这种实在性虽不同于客观的、物质的、自然意义上的实在性,却是真实存在的,而非主观的构想。对精神实在性的理解,不能指望像自然界的物体一样,像"石头、树木、桌子、椅子一样按照逻辑规律从外给予我们。精神生命中的实在是由精神力量本身决定的。在精神之中没有从外而来的实在,一切都是从精神本身内部而来的"③。精神是人身上的神性因素,"精神是自由,而不是自

---

① [俄]别尔嘉耶夫:《自由的哲学》,董友译,广西师范大学出版社2001年版,第112页。
② [俄]别尔嘉耶夫:《自由精神哲学》,石衡潭译,上海三联书店2009年版,第122页。
③ 同上书,第11页。

然。精神不是人的本质的组成部分,而是最高的质的价值"①。只有具有精神性,人才能成为上帝的形象和样式,在精神中包含着对现实世界的改变性、解放性力量。但精神的悲剧性命运在于,精神不能始终在自身中存在,精神不得不走向他者、走向客观世界。在精神的这种出走中,则意味着精神的客体化,精神与自身的异化。而精神的客体化,同时也是"精神的社会化。精神的社会化最终使精神服从社会日常性"②。在客体化世界中,重奴役而轻自由,重物质而轻精神,因而"物质比上帝更有力量","上帝之子被钉死了。苏格拉底被毒死了。先知遭石头乱打"③。

别尔嘉耶夫明确指出时代性危机源于客体化,在对客体化成因与实质探讨基础上,进一步从主体的自我体验出发,对客体化特征进行了分析。他指出客体化具有四方面特征:一是客体与主体关系的异化,作为"真正存在"的主体被客体所压迫与奴役;二是不可重复的个性被一般、普遍、类所压迫与吞噬;三是必然性和因果律对自由的决定与压制;四是适应"中等人"的庸常世界的生成,"中等人"是趋向大众、趋向集体的无个性、无精神性的人,类似于海德格尔意义上的"常人"。他还从多个层面对时代性危机的表现进行了分析,这种分析既包括从微观视域对自我中心主义、爱欲等的批判,也包括从宏观视域指出以国家、民族主义、集体主义等为代表的宏大叙事对人的压迫与奴役。例如,在对自我中心主义的批判上,指出自我中心主义是幻想的、歪曲的普遍主义,不但将自我的标准投射于他者,而且还自我封闭、破坏个性。自我中心主义无法走出自身、无法实现个性的完满,"自我中心主义是人的原罪,是对'我'和'我'的他者、上帝、世界及其中的人之间的真正关系的破坏,是对个性和宇宙之间的真正关系的破坏"④。自我中心主义者受双重奴役,不但"受自己的奴役,受自己僵化的自性

---

① [俄]别尔嘉耶夫:《神与人的生存辩证法》,张百春译,上海人民出版社2007年版,第389页。
② [俄]别尔嘉耶夫:《精神与实在》,张百春译,中国城市出版社2002年版,第54页。
③ [俄]别尔嘉耶夫:《论人的奴役与自由》,张百春译,中国城市出版社2002年版,第74页。
④ 同上书,第154页。

的奴役,还受世界的奴役,这世界完全变成了客体,从外部强迫人。自我中心主义者是奴隶,他与一切'非我'的关系是一种奴性关系。他只知道'非我',但不知道另外一个'我',不知道'你',不知道从'我'的出路中有自由"[1]。自我中心主义者偏执于抽象的、狭隘的、缺乏人性的人,远离活生生的、丰富的、具体的人。别尔嘉耶夫通过对时代性危机表现形态的分析,力图指出客体化在现代社会已无所不在、无孔不入,整个人类社会已处于全面的异化与奴役状态。在这种全面的、深层的异化之中,人之形象也被不断地、彻底地瓦解。

为指认在时代性危机中人之形象的逐步、彻底瓦解,别尔嘉耶夫不但从对西方哲学的考察中,指出作为人文主义顶峰的尼采与马克思,虽在价值理念上毫无共同之处,甚至构成了对立的两极。但他们却不约而同地指出了西方人文主义精神的终结,指出了人之形象的瓦解。这标志着自文艺复兴以来所不断铸造的人文主义精神正在走向衰落,"人文主义的危机正在完结。文艺复兴时代生活感受的快乐,同人类生活的这一自由时期、同自由的炽热的力量竞赛相联系,这种快乐正在消失,已经没有年华去寻找了"[2]。不仅在马克思、尼采,也不仅在现象学、存在主义、实证主义等哲学流派,实则在其他艺术流派中,同样可见人文主义精神的终结与人之完整性的瓦解、支离破碎、猥琐庸俗。如在未来派艺术中,作为艺术最伟大的主题——人消亡了,"人已经没有了,人被撕得粉碎。在一切中开始包括一切。世界上一切实在都以自己的个体的地点移动。在人身上开始包括实物,灯、沙发、街道,从而破坏人的实体、人的形象、人的独特面貌的完整性。人消失在周围的实物世界里"[3]。又如在处于立体主义时期的毕加索的绘画中,同样可见人之完整形象被"分割、拆散、用立体派手法一层一层揭开来的过程,看到人被分解为各个组成部分"[4]。在这种解构中,不但对人之完整形象的探

---

[1] [俄]别尔嘉耶夫:《论人的奴役与自由》,张百春译,中国城市出版社2002年版,第46页。
[2] [俄]别尔嘉耶夫:《历史的意义》,张雅平译,学林出版社2002年版,第127页。
[3] 同上书,第138页。
[4] 同上书,第139页。

索已消失，而且丧失了这种探索的感知能力，人的形象正在走向瓦解与死亡。通过对哲学、文学、艺术等领域的指认，别尔嘉耶夫指出当代各流派都从不同角度体验到了深层的危机、内心的不安、窒息的绝境。这意味着，近代以来所展现的人文主义精神的最初意图、幻想以失败而告终，"无论在认识领域——在科学和哲学中，无论在艺术创作领域，无论在国家生活领域，这些意图没有一个见诸实现。人的那些曾经使他在这一文艺复兴时期展翅翱翔的崇高的夙愿，统统化为泡影。人变得平庸。人不得不以某种特殊的方式苟且偷安"①。人文主义不断地走向自身的反面，走向创造力的枯竭，走向对人自身的否定。

总之，在别尔嘉耶夫看来，客体化世界不是真实的世界，而是符号与象征，是将人向外抛，是瓦解与异化的世界。客体化世界是适应中等人的、常人的世界，在这一世界中一切都被平面化、一般化了。在这一世界中，既没有向上之路的创造与超越，也没有向下之路的彻底沉沦，有的只是精神火焰的熄灭。反对客体化的斗争是"本体"反对"现象"的斗争，"本体"是精神、个性、自由、创造。面对着客体化、面对着现代社会的危机，他认为历史应走向终结，源于终结意味着客体化统治的终结。而这一终结，只能在末世论、在历史哲学的背景下理解与实践。在此需注意的是，在对客体化批判的同时，别尔嘉耶夫也看到了客体化问题的复杂性，这一复杂性表现为客体化具有肯定与否定层面的双重内涵。肯定层面在于，精神的客体化在堕落的世界中建立联系，"客体化制定概念，把现实理性化……客体化制定国家、法制、家庭的形式……在道德生活里，客体化制定规范……在宗教生活里，客体化制定教义，教规和建制"②，等等。否定层面则在于，客体化意味着堕落、隔绝、奴役、服从、束缚，意味着原初精神与个性的消失。精神的客体化意味着对异化状态的服从，意味着社会日常性的胜利。

二 历史的本质与意识的觉醒

历史问题在别尔嘉耶夫的整个思想体系中占据着特殊的位置，正如

---

① ［俄］别尔嘉耶夫：《历史的意义》，张雅平译，学林出版社2002年版，第143页。
② ［俄］别尔嘉耶夫：《精神与实在》，张百春译，中国城市出版社2002年版，第60页。

津科夫斯基所指出的那样:"处在别尔嘉耶夫整个世界观及其全部创造性著作中心的是历史问题;由此可以更好地理解别尔嘉耶夫思想的演变,以及他的世界观的一般基础。"① 为了更好地理解与把握别尔嘉耶夫的历史问题,特别是历史哲学问题,则需对其关于认识历史的前提、历史意识的觉醒、历史的本质等进行明晰化考察。因为某种意义上说,对历史之前提、本质等理解的不同,也就决定了对历史哲学之内涵与本质理解的不同。

在别尔嘉耶夫看来,人是历史的存在物,历史存在于人之中,人也在历史中实现自己,不能将人与历史分离开来。那么在论述历史、历史哲学之前,首先应对何为"历史的东西"进行分析,源于"历史的东西"对理解历史有着决定性意义,是历史哲学"最根本的先决条件"。隐秘、沉淀于表象之外的"历史的东西",不是虚假的现象,而是包含着现实世界的最深层的本质、奥秘。"历史的东西"是活生生的、具体的,存在于现实生活之中的特殊的"现实"存在,不能把它看成是生理学、地理学的或物质性的东西。通过对"历史的东西"的揭示,能揭示世界最深层的本质、揭示作为世界命运中心的人的命运。而"历史的东西"包括神话、传说等,此中隐藏着历史的真正秘密。别尔嘉耶夫强调原初神话、传说等的作用与价值,认为这对理解历史具有重要意义。② 如在对神话的理解上,指出神话不但象征地联系两个世界,而且给予宗教、历史、哲学营养。完全脱离于神话的纯粹的理性抽象,得到的只能是死"知识",而神话则总是以具体的、活生生的方式表达生活,总是在"自然中描绘出超自然,在感觉中描绘出超感觉,在肉体生活中描绘出精神生活。神话象征地连接两个世界"③。在原初的神话、传说中,因未被理性所分割,因而保存着人类精神的完整性、保存着人

---

① [俄]津科夫斯基:《俄国思想家与欧洲》,徐文静译,上海三联书店2016年版,第216页。

② 在对神话与历史关系的理解上,别尔嘉耶夫与黑格尔存在着很大的分歧,别尔嘉耶夫重视神话的作用,而黑格尔则否定神话对历史的作用,指出"历史乃是记载叙述,神话传说算不得历史"。([德]黑格尔:《历史哲学》,王造时译,上海书店出版社2006年版,第105页。)

③ [俄]别尔嘉耶夫:《自由精神哲学》,石衡潭译,上海三联书店2009年版,第52页。

类的奥秘。

在揭示了"历史的东西"对历史、历史哲学所具有的重大意义的同时,别尔嘉耶夫对启蒙①依托理性之手杀死了"历史的东西",杀死了神话、传说等进行了批判。在启蒙时代,人将理性置于直接的奥秘之上,试图用渺小的理性来评判世界和历史的奥秘,导致人脱离于历史的真实存在。而且启蒙时代往往是否定"历史的东西"的时代,是运用理性对历史进行分解的时代,启蒙使历史不再拥有"原初的完整的现实"。他甚至认为这种对"历史的东西"的理性分割,在希腊时期就曾发生过,希腊的启蒙时代破坏了"历史上的神圣的东西,破坏了传统文化、历史传说,正如18世纪启蒙时代所起的作用一样"②。进而,他指出"历史哲学"这一术语虽产生于18世纪的启蒙运动,实则这一时期是最为反历史的,这一时期试图仅仅通过理性认知到"历史的东西"、历史的奥秘。实则,这种理性所知甚少,"内在地与大部分历史生活的奥秘相当疏远。'启蒙'理性因其盲目地我肯定、自我满足,从而不仅把整个人类的东西划归自己统辖,而且把属性上超人类的东西也划归自己统辖,这使得它受到内在的惩罚"③。在他看来,唯有通过神话、传说、信仰才能接近历史的本质、历史的奥秘,而非启蒙时代所强调的理性。随启蒙时代所诞生的历史科学,虽在对历史主体与客体的认识,对历史资料的搜集、整理等方面取得了很大成就,但无助于认知"历史的东西",历史的本质、历史的奥秘。对理性传统片面信仰的所谓"历史科学",研究的最终结果不可能洞察到"历史的东西"的秘密,而只能"得到一些历史碎片,而且历史上一些神圣事物也接连不断地

---

① 别尔嘉耶夫对启蒙的理解很有意思,他所理解的启蒙不仅指称一般意义上的启蒙运动,而且指谓更为广泛意义上的文化"复兴"时期。在他看来,任何时代、任何民族的文化都要经受一个独特的"启蒙时代",包括古希腊文化也有一个"启蒙"时期,"'启蒙'时代在每个民族的生活中乃是这样一种时代:人固有的自信的理智把自己看得比存在之奥秘、生活之奥秘还要高。于是在'启蒙'时代,人类理智开始被置于生活这些直接的奥秘之外或者之上。试图用渺小的人类理性评判世界奥秘和人类历史的奥秘是这一时代的特点"。([俄]别尔嘉耶夫:《历史的意义》,张雅平译,学林出版社2002年版,第4页。)
② [俄]别尔嘉耶夫:《历史的意义》,张雅平译,学林出版社2002年版,第4页。
③ 同上书,第5页。

被揭示出来"①。

在对历史问题的研究中,别尔嘉耶夫强调历史意识觉醒的重要性,但在对古希腊与印度的考察中,指出两者都没有实现历史意识的觉醒。在希腊人那里,包括在伟大的哲学家柏拉图和亚里士多德那里,没有历史意识,没有历史完成的概念,也找不到历史哲学,希腊文化、希腊世界、希腊意识与此形同陌路。之所以如此,与希腊人的处世态度和感知世界的方式相关,希腊人以美的、静观的方式感知世界,他们将过去甚至当下的世界看成是和谐的宇宙,是不需要超越的,"古希腊人的黄金时代是在过去,他们的神话创造天赋就与此相关。他们没有指向未来的伟大期盼"②。希腊人所信奉的是循环史观,历史过程无起源、终结、基础,一切都处于永恒的循环往复之中。这种循环史观不是面向未来,而是面向过去,无历史完成的意识。同样,在印度教中所有最深刻的东西也与历史无关,印度精神生活的所有伟大之处仅仅表现在作为个体的精神深度上。他甚至认为,印度教意识是世界上所有意识中最反历史的,"印度教为保持其意识的纯洁性而割裂和分离历史现实与历史命运,因为任何纠缠都会使精神变得暗淡无光。这种使'历史的东西'与形而上学的东西互不联系的观点导致了把历史仅仅看成是若干毫无内在计划和内在意义的表面现象的聚集"③。实则,不仅别尔嘉耶夫,黑格尔从对历史哲学理念的独特理解出发,同样认为印度无历史,指出印度虽有诸多的宗教古籍和灿烂的诗歌作品,但"使我们人人所惊诧不置的,就是当我们开始领略印度文献无数宝藏的时候,我们发现这一个地方这样富于精神的、富于深湛的思想的产物,但是却没有历史"④。在黑格尔看来,那里没有对"历史的思想的考察",没有对历史的理性反思,没有历史意识的觉醒,有的仅仅是事实性描述。

在别尔嘉耶夫看来,历史意识在犹太人那里才开始觉醒。实则不止

---

① [俄]别尔嘉耶夫:《历史的意义》,张雅平译,学林出版社2002年版,第7页。
② [俄]别尔嘉耶夫:《末世论形而上学》,张百春译,中国城市出版社2003年版,第208页。
③ [俄]别尔嘉耶夫:《历史的意义》,张雅平译,学林出版社2002年版,第24页。
④ [德]黑格尔:《历史哲学》,王造时译,上海书店出版社2006年版,第57页。

别尔嘉耶夫，诸多史学家都认同这一判断，指出"犹太人以及犹太人之后的基督徒引进了一个崭新的因素，假设历史进程不断向一个目标前进——历史中的目的论。历史因此获得了意义和目的"[①]。犹太民族所信奉的犹太教在历史意识的觉醒方面扮演着极其特殊的角色，犹太教否定历史是循环的、封闭的，而期待在某一历史事件中历史走向终结。这种期待与其现实境遇特别是遭受的苦难密切相关，面对着民族与个体的苦难与不幸，面对着个体有死的必然结局，犹太民族期待救世主弥赛亚的降临，期待末日审判，期待在末日审判中终结当下受压迫、受奴役的历史。然而，当基督降临时，犹太人却无从认知真正的弥赛亚，因为他们无法容忍弥赛亚在人间不是以"统治者胜利的形象出现，而是以痛苦和被钉在十字架上的形象出现"[②]。尽管犹太人没有认知真正的基督，但仍有重大的作用，它承担了其他民族所不曾被赋予的那种对弥赛亚降临的等待。在别尔嘉耶夫看来，如果说历史意识的觉醒及历史哲学的可能性只在犹太民族中被意识到，那么现今的历史哲学则仅为基督教世界、基督教意识所特有，源于基督教"融合了希腊世界和犹太世界的所有启示……基督教与历史之间有一种在任何宗教、任何世界精神力量中都不具有的联系。基督教带给历史以动力，即历史运动的特殊力量，并为历史哲学创造了可能性"[③]。基督教不仅创造了那种在信仰意义上的"基督教历史哲学"，如奥古斯丁等的历史哲学，而且后来的一切历史哲学，包括马克思的历史哲学都基于基督教的创造，"马克思连同其固有的历史动力论也是基督教历史时期的特有的。基督教带来了动力论，因为它带来了一次性的即事物不可重复的思想，这是多神教世界所做不到的"[④]。基督教意识到历史运动中的一次性、不可重复性，意识到历史将走向终结、走向耶稣基督，这是基督教最深层的历史动力。而且在他看来，基督教中所包含的历史意识是其他意识所不具备的，唯有基督

[①] [英] E. H. 卡尔：《历史是什么?》，陈恒译，商务印书馆2009年版，第214页。
[②] [俄] 别尔嘉耶夫：《末世论形而上学》，张百春译，中国城市出版社2003年版，第211页。
[③] [俄] 别尔嘉耶夫：《历史的意义》，张雅平译，学林出版社2002年版，第25页。
[④] 同上书，第26页。

教承认人类的普遍目标并意识到人类在终极目标上的统一性，真正的、救赎的历史哲学只能是基督教的。

在对"历史的东西"、历史意识觉醒等问题思考基础上，别尔嘉耶夫进一步思考了历史的本质问题。关于何为历史，以奥古斯丁、康德、黑格尔、罗素、汤因比、狄尔泰、西美尔、李凯尔特等为代表的思想家都从不同角度给予了独到的解答。而别尔嘉耶夫同样提供了独特的理论洞见，认为历史不仅仅是简单的文献记录、简单的资料分析，而是活生生的回忆，并通过这种回忆唤醒存在的奥秘。他反对对历史的一种现代的、流行的理解，即认为历史是过去的、已死的、僵化的、无法从内部认知的存在，认为这是反历史的、是对"历史的东西"的不理解。他认为真正的历史事实上由两种因素构成，即保守成分和创造成分，没有其中任何一种成分的参与，历史过程便不可能。所谓历史的保守因素是在精神上与过去的联系，是内部的传说，是对过去神圣事物的接受，而历史的创造因素则是动态的、连续的、面向未来的。这也就是说，"既应有与过去的内在联系，即深切关注以往的遗产，又应有创新精神，二者缺一不可——排除保守成分和动态的创造成分，等于取消历史的存在"①。别尔嘉耶夫进而指出，历史发展的动力不是黑格尔所说的恶，也不是由单一成分构成的，而是保守成分和创造成分的混合，是走向耶稣基督再次降临这一事实。历史发展的最终任务，"不在于战胜苦难和不幸（结果），而在于创造性地战胜恶和罪（根源）"②。

在别尔嘉耶夫看来，历史之所以有意义源于历史是有界限的、走向终结的，历史的意义在历史之外。历史的意义并不在于建构完满的制度、巩固当下的世界，而在于加剧世界的悲剧、加剧世界的终结，在于创造性地战胜恶的根源、战胜客体化。而对于世界与历史的终结，实则我们在极端的体验中，如在重大的灾难、战争、革命、变故中能体验到。而历史终结后的救赎，不仅是个体而且是整个世界的拯救。救赎并非是死亡，而是生的事业，并非仅仅意味着世界的终结，而且意味着世

---

① ［俄］别尔嘉耶夫：《历史的意义》，张雅平译，学林出版社2002年版，第30页。
② ［俄］别尔嘉耶夫：《自由的哲学》，徐黎明译，广西师范大学出版社2001年版，第129页。

界的改变，这一改变只能在末世论背景下实现。在此需指出的是，某种意义而言，别尔嘉耶夫与布罗代尔在对历史本质的"长时段"认知上有相似之处。在布罗代尔看来，传统史学总是强调"短时段历史"，关心的是"短时段、个人和事件。长久以来，我们已经习惯了它的那种匆匆的、戏剧性的、短促的叙述节奏"①。实则，这种历史观往往是就事论事的，往往过于关注琐碎的事情，过于关注一次经济危机、一次利率变化、一次意外事故、一次重大犯罪、一场突发战争、一场沙龙活动与剧场演出等对历史的影响。这种历史观极具变化性、欺骗性、戏剧性，与"短时段历史"相比唯有通过"长时段历史"才能更为准确地把握真实的历史、历史的本质。而我们看到，别尔嘉耶夫在对人类原罪的回塑、对耶稣降临的叙述、对总体救赎的渴望等认知上，都体现了对这种"长时段历史"观的认同。

三 历史哲学的体系建构

别尔嘉耶夫所追求的历史哲学，并不是把历史作为客体和认知对象加以叙述，"历史形而上学乃是对历史及其内在本质的深入，是对历史本身、历史的内在生命、内在剧、没在运动和完成的揭示；它与主体和客体都有关"②。历史哲学并不揭示所谓僵死的、决定论的"客观事实"，历史哲学揭示历史命运、揭示内在精神的历史。同时，历史哲学也是一种预见，预见性地揭示过去洞察未来。可以说，他对此种历史哲学有着很高的期许，这种期许不仅体现在理论层面的建构上，体现在将历史哲学作为整个理论体系的基础上，而且也体现在实践层面上，历史哲学是具有明确的实践指向性的，力图通过历史哲学的建构来最终战胜恶、战胜客体化，克服时代性危机。同时我们在对别尔嘉耶夫的文本研究中也诡异地看到，尽管其对历史哲学有着很高的期许，但并未就历史哲学的内涵、体系架构等作明确的说明。之所以如此，一方面源于他的创作特点，"不光源于他身上有诸多矛盾之处，及他本人对哲学体系性

---

① ［法］费尔南·布罗代尔：《论历史》，刘北成等译，北京大学出版社2008年版，第29页。

② ［俄］别尔嘉耶夫：《历史的意义》，张雅平译，学林出版社2002年版，第32页。

的极端鄙视态度，还源于他的思维方式，按他的自白是'格言警句式'和片段式的"①。另一方面则与俄罗斯哲学轻体系建构的特征相关，这种特征既与俄罗斯哲学成熟较晚相关，也与俄罗斯哲学的表达与思维方式相关。基于此，导致了对其历史哲学阐述的难度。而我们则力图通过对别尔嘉耶夫历史哲学之前提、本原、基础，历史哲学与基督教、末世论等关系的描述，来勾勒出历史哲学体系建构之内涵、特征。

在别尔嘉耶夫看来，历史哲学是时代或者更确切地说是时代性危机的产物。在人类精神完整而有序的发展阶段，往往生发不出历史哲学问题。历史哲学的兴起，往往伴随着人类历史最为惨痛的、沉重的、灾难的、动荡的历史时刻。在这一悲壮的时刻，历史生活与人类意识开始出现分化，"出现二元性的东西，从而有可能使历史的客体与主体出现矛盾现象；必须有一种主观反射出现，历史认识才能开始，历史哲学的建立才成为可能"②。也正是在这一特殊时刻，往往引起历史哲学领域的普遍思考，引起人们去追寻历史背后的意义，促使人们构建这种或那种历史哲学。在他看来，人类最早的历史哲学著作《但以理先知书》与犹太民族最为悲惨的时刻相连，作为基督教历史哲学最具代表性的著作《上帝之城》则与罗马被异教徒攻陷相关，而法国大革命和拿破仑战争同样引起了人们对历史哲学领域的普遍思考。实则不仅别尔嘉耶夫，众多思想家都指出了重大灾难与历史之间的密切关系，如汤因比指出了灾难与历史之间的挑战—应战模式，指出"回顾一番伟大历史学家的心路历程，我们就会发现，在大多数情况下……最能激发历史学家做出完美回应的莫过于历史上发生的重大灾难，因为这些大灾难挑战了人类天生的乐观主义"③。布罗代尔同样指出了巨大的灾难往往引起人们对人类命运、对历史的深层思索，指出"巨大的灾难或许并不必然产生真正的革命，但是却准确无误地预报革命，使人们感到有必要对宇宙进行思

---

① Зеньковский В. В. История русской философии. Москва: Издательство «Раритет», 2001, С. 720.
② [俄]别尔嘉耶夫：《历史的意义》，张雅平译，学林出版社2002年版，第2页。
③ [英]汤因比：《历史研究》（下卷），郭小凌等译，上海人民出版社2010年版，第936—937页。

考，更确切地说，是重新思考。法国大革命多年来一直是世界上最富戏剧性的事件，这一革命风暴孕育了圣西门伯爵的思索，然后是他的门徒和敌人奥古斯特·孔德以及蒲鲁东、马克思的思索。这些思考迄今尚未停止折磨人的心灵和理性"①。而别尔嘉耶夫的历史哲学，同样产生于这样一个充满着变动不安的历史大变革时期，在这一时期"历史发展的整个节奏正在彻底改变。它已不再是世界大战开始以前和追随过世界大战的俄国和欧洲革命以前那样，而完全成了另一种节奏，这种节奏只能称作极危险的节奏，不可能被称作别的。火山的根基原来是在历史的底层土壤中，一切都动摇了，我们得到的是'历史'极紧凑极剧烈变动的印象"②。在这样一个世界历史的时针正在指示着"不祥的时间"的特殊历史时期，人们开始思考民族、文化及个体的历史命运问题，开始严肃地思考历史哲学问题。

别尔嘉耶夫的历史哲学与基督教有着密切的关系，这种密切性首先体现在他认为"天国的历史"是历史哲学的基础。天国的历史和天国的命运决定着人在尘世的命运和历史，天国的历史是"历史的真正的形而上学的基础。天国和孕育了历史过程的天国生活，乃是极深层的内在的精神生命，而不是什么别的。因为天国不仅高高在上，处在离我们的某个地方，作为一种超验的范围，几乎不可企及，天国还是我们精神生命的最深处。当我们从表层走到这种深处，事实上我们就在与天国生活进行交汇。在这深处沉积着与尘世现实生活迥然不同的生活体验，这精神体验扎根至存在既深覆盖且广，其乃为历史之源"③。在"天国的历史"中，不仅蕴含着历史之源，而且蕴含着历史的最终归途。其次体现在对历史哲学的前提的理解上，认为"历史哲学的前提在基督教中得到孕育，没有这一前提，历史哲学便根本不可能"④。历史哲学在基督教中孕育的这种前提，既包括历史对恶的克服及其历史的意义只能在基督

---

① [法] 费尔南·布罗代尔：《论历史》，刘北成等译，北京大学出版社2008年版，第6—7页。
② [俄] 别尔嘉耶夫：《历史的意义》，张雅平译，学林出版社2002年版，第2页。
③ 同上书，第34页。
④ 同上书，第97页。

教而非进步观念中。基督是历史的中心,除基督教意义外,历史不可能有别的意义。同时也包括历史对作为人之独特体现的个性的加工,只有在基督教中才逐步地、真正地完成。正是基督教将人从自然的统治下解放出来,使人克服并摒弃愚昧的自然状态及其诱惑,走向内心的精神生活,从而造就人的新形象。当然,这种对人之个性的锤炼与加工,是一个极其漫长的过程。最后则体现在对历史哲学最终归宿的理解上,在他看来历史哲学的最终目标不在于战胜苦难与不幸,源于这仅仅是恶带来的结果。历史哲学的最终目标在于战胜恶、战胜客体化、战胜死亡,在于不断地走向上帝之国的运动,这一运动的实现也即意味着历史的终结。在这一意义上,甚至"全部世界历史的失败乃是历史最重大的成功,因为历史的目的不在于是否成功,而在于跨越历史的界限"①,在于最终走向救赎后的上帝之国。

与西方相比,俄罗斯思想中普遍弥散着强烈的末世论情调,正如津科夫斯基所指出的那样,俄罗斯思想"始终与宗教自发势力、与宗教土壤密切相关,俄罗斯哲学思想在发展进程中所呈现出的基本特点及复杂化进程的主要根源皆与此相关"②。这一末世论情调也渗入俄罗斯思想家对哲学,特别是对历史哲学的理解中。别尔嘉耶夫的历史哲学同样充盈着末世论色彩,他的历史哲学是与末世论密切相关的,而且他认为"历史哲学就其历史起源来说,与末世论有不解之缘……历史就其实质而言是末世论的"③。就此而言,我们甚至应将他的历史哲学准确地称为"末世论视域下的历史哲学"。之所以这样说,一方面源于别尔嘉耶夫有着强烈的末世论情怀,这种末世论情怀既与个人体验、个体经历、精神类型、心理结构有关,也与时代的动态密切相关。另一方面则源于作为历史哲学中最为核心的范畴,如自由、时间、创造、精神等,只能在末世论背景下才能给予准确的理解与定位。更重要的原因则源于,别

---

① Булгаков С. Н. Свет невечерний. Москва: Издательство "Республика", 1994, С. 317.

② Зеньковский В. В. История русской философии. Москва: Издательство «Раритет», 2001, С. 39.

③ [俄]别尔嘉耶夫:《历史的意义》,张雅平译,学林出版社2002年版,第24页。

尔嘉耶夫认为历史的意义在历史之外，历史不可能无限地延伸下去，无限延伸的历史将是黑格尔意义上的"恶"无限。无限延伸的历史将使罪恶与悲剧永存，将使历史失去意义。因而，历史应走向终结、走向末世论，对历史的理解也只能是末世论的。在他看来，所有旧形而上学的缺点即在于它们不是末世论的，而"真正的历史哲学是末世论的历史哲学，它把历史的进程放在终极的世界中来理解"①。历史的终结是对精神外化、对客体化的终结，"摆脱了客体化的真正的历史哲学，是救世主义的和预言性的，也即是精神性的"②。

在别尔嘉耶夫看来，历史有三种本原，即必然本原、自由本原和神赐本原。在这三者中，自由是历史哲学的第一基础，没有自由就没有历史。承认自由或更准确地说承认恶的自由本原是历史的基础，"因为真正的自由本原就是承认恶的自由的本原，排除这种自由，历史过程不可能被认识。排除这种自由，历史过程只能在时间上、在建立这种或那种法律的意义上被认识，但不能达到认识历史形而上学，不能达到历史最深层"③。历史哲学是关于终结的哲学，历史哲学的目标在于通过对历史过程、历史走向的洞察，最终走向上帝之国。而这种走向是以人的自由为前提的，仅有上帝对人的启示，而无人对上帝启示的自由回应，是不可能实现历史哲学的最终目标的。倘若历史无人的自由而只有神的启示，只存在善的自由而无恶的自由，"那么世界过程就不可能存在。正是由于善恶自由、脱离高级的神的生命本源的自由和重新皈依于它的自由成了世界过程和历史过程的基础，这些过程才得以存在。这种恶的自由乃是历史的真正基础"④。不仅有善的自由，也有恶的自由；不仅人需要自由、上帝也需要自由。而上帝之所以需要自由，是因为对人的爱只有在自由中才有意义。自由之所以必要，是因为不让善成为一种强制，人既可以选择走向上帝、走向善，也可以选择远离上帝、远离善。

---

① ［俄］别尔嘉耶夫：《自我认知》，汪剑钊译，上海人民出版社2007年版，第230页。
② ［俄］别尔嘉耶夫：《精神王国与恺撒王国》，安启念等译，浙江人民出版社2000年版，第11页。
③ ［俄］别尔嘉耶夫：《历史的意义》，张雅平译，学林出版社2002年版，第60页。
④ 同上书，第61页。

同样，也正是由于人有选择的自由，有选择不走向上帝，走向善的自由，"因此要有神赐，他表示自由与必然的冲突会通过自由与神的天命之间某种什么的和解得到解决"①。神赐与自由并不矛盾，通过神赐战胜恶，通过神赐神人关系才变得现实，悲剧才得以最终解决。

总之，在别尔嘉耶夫看来，人的命运只有通过历史哲学才能得到正确而全面的揭示，"源于一切生存的东西都是历史，动态过程和命运——人是历史，世界是历史，上帝是历史，是正在进行的悲剧。……一切都应该从历史哲学的角度来研究"②。尽管别尔嘉耶夫从未使用过"现代性"一词，但他的整个理论探索实则是基于现代性危机的产物。面对着现代性危机，如果说同时代的哲学家，如西美尔从主观与客观文化、韦伯从工具与价值理性间的冲突等指认出现代性危机的实质，那么别尔嘉耶夫则立足于独特的理论视域，对现代性危机的生成机制、基本特征、表现形态等进行了探索，并力图通过历史哲学的建构予以指明克服的路径。

不可否认的是，尽管与西方主流对历史哲学的理解相比，别尔嘉耶夫的历史哲学确有独到之处，并以其鲜明的独特性、时代性、民族性，不仅在俄国而且在世界范围内占据着特殊的位置，但也存在一定的问题。这些问题突出表现在以下几个方面：首先，理论内部的矛盾性、含糊性，其并未就历史哲学给出一个明确的定义，而且在历史基本原则、历史哲学的基础等问题的理解上，也常常呈现出矛盾性。其次，过于夸大基督教的作为，认为历史哲学只能是基督教，甚至个性的铸造也只能在基督教背景下完成。最后，强烈的乌托邦色彩，导致尽管其理论有明确的现实指向性，有对时代性危机及其民众"救赎的渴望"。但他的理论与俄国的民众、与社会现实是相脱节的，因而更多地作为一种理论学说停留于文化阶层、处于"地下状态"，更多地呈现为一种精神意义上的自我救赎。可以肯定的是，尽管他的历史哲学理论有这样那样的问题，但确实有独到之处，他所思考的问题仍然是我们今天需认真面对与

---

① ［俄］别尔嘉耶夫：《历史的意义》，张雅平译，学林出版社2002年版，第48页。
② ［俄］别尔嘉耶夫：《神与人的生存辩证法》，张百春译，上海人民出版社2007年版，第303页。

无法逃避的根基性问题。

第三节 梅列日科夫斯基的第三约理论

梅列日科夫斯基作为俄国思想家的杰出代表,在文学、诗歌、宗教、哲学等领域都有所贡献。基于多种原因,无论是在梅列日科夫斯基生前还是死后,似乎并不被人所理解,人们对他的思想充满争议。以至于我们看到,别尔嘉耶夫、弗洛罗夫斯基、津科夫斯基、米尔斯基、罗森塔尔等在对他的评价中呈现出极端复杂、对立甚至迷幻性色彩。既有人认为在他的理论中,充满着矛盾、空洞、混乱、模棱两可,认为他始终是一个门外汉,也有人认为他创作手法独特,他的理论直面人类重大问题,是继尼采后最伟大的文学批评家、心理学家、思想家。① 就此,梅列日科夫斯基也曾在《未来的小人》一书中,无奈地指出:"在俄国我没有受到爱戴和责骂;在国外我则受到爱戴和夸赞;但不管是在哪里都同样地不理解我的一切。我体验过令人感到恐怖的孤独时刻;有时好

---

① 如别尔嘉耶夫认为梅列日科夫斯基是站在欧洲文化高度思考的作家,但对他的神秘主义与自我中心主义充满反感,同时认为他缺乏正规的哲学训练,作品中经常出现"华丽辞藻掩饰下的空洞;不同思想的混淆;玩弄词的组合而忽视真实内容"(Бердяев Н. А. Русская идея. Москва: ООО«Издательство АСТ», 2004, С. 219);弗洛罗夫斯基则同别尔嘉耶夫一样,指出在其理论中充满着迷惑人的"混合、模棱两可"、欺骗人的"混乱、淫荡的欲火和诱惑",充斥着仅有形式而无内容的对立,指出其"病态般地痴迷于逻辑框架和最强烈的反差——不是辩证法的对立,却正是审美的反差,这些反差在综合中无法得到解决"([俄]弗洛罗夫斯基:《俄罗斯宗教哲学之路》,吴安迪等译,上海人民出版社 2006 年版,第 523 页);津科夫斯基则指出他虽才华出众,有过人的文学才能且浏览和钻研过无数书籍,但"被他在一生中毫不间断地不断加以补充的广泛的知识素养,竟然并未使其成为一个学者,而只造就了一个门外汉"(Зеньковский В. В. История русской философии. Москва: Издательство «Раритет», 2001, С. 713);米尔斯基同样对他的创作手法及内容等批评有加,指出其作品缺乏穿透力、创造性,如果说其早期作品是用"整洁"的理性手法写作而成,那么自 1905 年起则"逐渐形成一种语言的歇斯底里,这使得他之后的所有文字均难以卒读。他的每部著作和每篇文章皆为机械的对立命题之跷跷板,自始至终均充斥着歇斯底里的假声"([俄]米尔斯基:《俄国文学史》(下卷),刘文飞译,人民出版社 2013 年版,第 163 页);而布留索夫则对他赞誉有加,认为他是俄国文学的里程碑,他的作品是研究现代人心灵的"一部手稿";罗森塔尔认为他"不仅仅是俄国的世纪末范例;他也是一位真正有深远影响的思想家"([美]罗森塔尔:《梅列日科夫斯基与白银时代:一种革命思想的发展过程》,杨德友译,华东师范大学出版社 2014 年版,第 13 页)。

像觉得，或者我是哑巴，或者大家是聋子。"① 这令他时常感到绝望、悲凉与无奈。尽管存在着种种争论，但毋庸置疑，梅列日科夫斯基在对时代性危机的判断与解决方案上是有独到之处的。梅列日科夫斯基使用"庸俗习气的胜利""小市民文化的胜利""失落崇高的现实主义危机"等不同术语，表达了共同的指向性，指出这是一个庸俗习气弥散，一个通过平庸对崇高的消解而造成时代性特别是精神性危机的时代。

一 庸俗习气的持续弥散

梅列日科夫斯基目睹了现代文明中人类内在和谐的失落，灵魂的孤寂，精神的漂泊和此起彼伏的社会、政治危机，特别是整个时代充斥着的不断弥散的"庸俗习气"。尽管他与别尔嘉耶夫在对宗教等的理解上有很大差异，但在对时代性危机特别是对庸俗内涵的理解上，则有着高度的一致性。别尔嘉耶夫指出，"庸俗不可避免地威胁着日常世界。在庸俗的世界里所发生的对恐惧的摆脱不是通过向上的运动，而是通过向下的堕落。庸俗是彻底地堕落到低级平庸之中，在这里不但不再有对高尚世界的忧郁和在先验世界面前的神圣敬畏，甚至不再有恐惧。高山从地平线上彻底消失，只剩下无限的平原"②。庸俗就是关注日常、关注表层、关注此世、关注当下，而遗忘了深度与崇高、遗忘了神圣世界。梅列日科夫斯基很大程度上也是在这一意义上理解庸俗的，指出庸俗习气是最可怕的，它导致了精神的败坏与文化的危机。拥有庸俗习气特质的人在某种意义上就是魔鬼，这种鬼"已非旧的、幻想的，而是新的、真实的鬼，真正可怕的、比其小鬼更可怕的鬼，——未来的魔鬼、未来的贱民"③。

赫尔岑早在1864年一篇名为《终结与开端》的文章中，就曾痛心疾首地预言庸俗习气将会并应当得胜。梅列日科夫斯基认为时代的发展

---

① ［俄］梅列日科夫斯基：《未来的小人》，李莉、杜文娟译，云南人民出版社1999年版，第80页。
② ［俄］别尔嘉耶夫：《论人的使命》，张百春译，上海人民出版社2007年版，第181页。
③ ［俄］梅尼日科夫斯基：《重病的俄罗斯》，李莉等译，云南人民出版社1999年版，第33页。

确实被赫尔岑言中了，其所处的时代已是庸俗习气、小市民文化取得胜利与失落崇高的时代。俄国正在坠入深渊之中，正教正在走向瘫痪，专制政权走向解体，而任何"政治革命只会放出野兽最危险的一面——小市民习气。……小市民习气是对未来的威胁"①。在他看来，庸俗习气的小市民主要有三副"面孔"，第一副是现在的面孔，是专制制度的面孔，是对僵死、刻板的实证主义信仰的面孔，是将俄国民众与知识分子、对教会隔离开的面孔。在此梅列日科夫斯基不但对专制制度、对俄国民众与知识分子、对教会的隔离进行了批判，还特别对实证主义的信仰进行了尖锐的批判。源于在他看来，实证主义构成了"所有欧洲文化的决定性界限"，体现了"庸俗习气的小人"的典型哲学观、世界观。在他看来，实证主义只承认感觉经验世界，否定任何超感觉世界。这种实证主义最终会导致对宗教和形而上学的双重否定，源于实证主义"在宗教里只能看到对外在现象的神话解释，而在形而上学中则只看到对现象的抽象解释"②。而且这种实证主义有着充当普遍世界观的野心，幻想取代传统宗教的地位。基于这种实证主义在当下所获得的地位，俨然已成为一种"新宗教"，这是一种"没有上帝的宗教，'地上的、非天上的宗教'……对于彼岸世界没有任何秘密、任何深入和渴望。一切都简单、一切都平凡。……拥有的便是现有的，别无他物，也别无他求。这里的世界——就是一切，除了这里的世界外没有彼岸的世界"③。这种实证主义仅相信当下、此世，没有终结、上帝与未来，信仰的不是上帝之国，而是充满庸俗习气的尘世王国。

第二副是过去的面孔，它为恺撒创造了上帝的面孔，把宗教变成了服务于世俗权力、专制制度的奴隶，把信仰与精神变成了物质的奴隶。梅列日科夫斯基指出，俄国教会的历史在某种意义上是拜占庭教会历史之浓缩，即如同拜占庭时期教会时期一样对世俗权力的屈从达到了无止

---

① [美]罗森塔尔:《梅列日科夫斯基与白银时代：一种革命思想的发展过程》，杨德友译，华东师范大学出版社2014年版，第214页。
② [俄]索洛维约夫:《西方哲学的危机》，李树柏译，浙江人民出版社2000年版，第149页。
③ [俄]梅尼日科夫斯基:《重病的俄罗斯》，李莉等译，云南人民出版社1999年版，第6页。

境的、奴性的、卑贱的程度，这一教会在某种意义上已非真正的基督教会。也正基于此，他反对一些学者认为彼得改革导致教会瘫痪的观点，认为彼得改革无论是对于基督教还是俄国自身而言都有着重大意义，一方面，对宗教的改革是将东正教中已过时的、僵死的东西剔除掉，在一定程度上克服了东正教的保守性、形式化弊端，适应了时代的新发展。他形象地指出这一改革仅仅是砍伐掉已干枯的、不结果实的树木，而栽上了新树。在批判传统教会因循守旧的同时，他也批判了教会对民众的漠不关心。如针对作为古老风俗之遗迹的、骇人听闻的农奴制，长期以来知识分子对此进行了忘我的、英雄主义的斗争。由此，这也导致了知识分子遭受到国家政权的逮捕、流放甚至绞刑等迫害。而作为东正教尘世代表的教会，"仍旧是这一斗争的消极观众，可以说，教会未作举手之劳，以帮助俄国知识分子。当顽石也鸣不平的时候，教会却默不作声，仅仅教导统治者们要温和，奴仆们要忍耐"①。另一方面，彼得所施行的改革使俄国开始全面接触西欧文化，不仅对俄国的历史、文化等形成重大影响，最为重要的是对基督教形成了不可估量的影响。我们知道基督教的最终使命是实现全人类的联合与救赎，而非仅仅是个体的救赎事业。彼得改革不但使俄罗斯从本民族封闭的文化圈子中走出来，加速了俄罗斯世界化、历史化进程，而且使俄罗斯融入到西欧、融入到更大的基督教文化圈中，为最终的全人类联合与救赎做了准备。在这一意义上，彼得的事业即是真正的基督教事业。也是在这一意义上，针对以往人们甚至将彼得定性为"反基督"的言论，他认为是"撕下这一幻影的时候了；是该以坚定不移的决心说：彼得的事业——就是基督的事业"②。

第三副是未来的面孔，这是三副面孔中最可怕的，与之相对应的将是由流氓习气、无业游民和不学无术之人所构成的"虚假"的社会群体。在梅列日科夫斯基看来，这三副面孔的联合，将反对俄罗斯原有精神基础，即反对土地、民众——活生生的肉体，反对教会——

---

① [俄] 梅尼日科夫斯基：《重病的俄罗斯》，李莉等译，云南人民出版社1999年版，第46页。
② 同上书，第44页。

活生生的灵魂，反对知识分子——活生生的精神。而且，这一庸俗习气的时代，不但在俄罗斯逐步生成，而且一直以来作为俄罗斯榜样与路标的欧洲，也同样在此的侵蚀下变得日益丧失共同的信仰与神圣的东西。梅列日科夫斯基从宗教维度指出，不但过去的天主教即便新教也同样开始走向腐烂与没落，整个社会充满着文化危机与庸俗气息。在他看来，现代欧洲的宗教"不是基督教，而是庸俗习气。从明理的饱食之庸俗习气到失去理智的饥饿的兽性之间只有一步之隔。不仅人对人，而且民族对民族——都是狼。抑制相互吞食的只有相互畏惧，对于狂暴的野兽而言，笼头是太无力了。不是今天，便会是明天，它们便会扑向对方，开始空前的大屠杀"①。这种庸俗习气取代原有宗教而成为新的宗教的直接证明，便是高雅文化仅在单独的个体如尼采、易卜生、福楼拜、歌德等文化精英身上得到体现。但即便是这些欧洲文化精英，当他们从个体的小圈子走向社会群体时，也一样会被庸俗习气所感染，进而"丧失自我的高雅，变得庸俗、肤浅、就象沙漠里的河流一般枯竭"②。实则，同时期生活在巴黎的别尔嘉耶夫也指出，欧洲这种庸俗习气最早发酵于象征着整个人类"心脏"的"新巴比伦"——巴黎，并开始向整个欧洲蔓延。在庸俗习气的侵蚀下，法兰西不但失去了好战的英雄主义传统，而且给人一种精疲力竭、敏感、过于被小市民气腐蚀的感觉。他认为这种"自我满足的小市民家庭是封闭的基本单位，个人的自我中心主义"③，小市民习气将导致比肉体的死亡更为可怕的灵魂的死亡。

总之，梅列日科夫斯基指出了庸俗习气的三副面孔，指出庸俗习气不但是无爱的，而且有着巨大的破坏力。庸俗习气是对精神的折磨，最终会导致人本质的毁灭。梅列日科夫斯基之所以如此深刻地、激烈地对庸俗习气展开批判，一方面与时代性危机相关，另一方面则很大程度上与个体经历相关。就此，罗森塔尔曾试图从精神分析学角度予以"诊

---

① ［俄］梅尼日科夫斯基：《重病的俄罗斯》，李莉等译，云南人民出版社1999年版，第19页。
② 同上书，第20页。
③ ［俄］别尔嘉耶夫：《俄罗斯的命运》，汪剑钊译，译林出版社2011年版，第136页。

断",指出梅列日科夫斯基的自我中心主义、拒斥权威,特别是对庸俗习气、小市民习气的反感与批判,在很大程度上与童年的经历,特别是与其父亲的影响密不可分。童年时期,梅列日科夫斯基的住所破旧、阴冷,像坟墓一样,家庭成员间冷漠、严厉、吝啬、没有温暖。而他的父亲则是一个野心大、重物质、讲究实际的官僚。他一直没有从童年的经历中,从"这种冰冷的、毫无生气的、没有出路的绝望中恢复过来,那些岁月,'没有一天不是在苦涩中度过','甚至死亡都不是可怕的威胁'。……生活阴冷而凄凉"①。

二 时代性危机的多重镜像

梅列日科夫斯基在分析了时代性危机的根源后,进而耸人听闻地指出这种庸俗习气的小人甚至是反基督、是魔鬼。反基督的可怕之处在于,它在一切方面都与基督相似。反基督不是靠真理,而是靠谎言诱惑人,而且常常以谎言充当真理。魔鬼善于伪装自己,它的主要力量就在于能够显得"非其所是",它总是处于两极中间,"时而是反抗圣父和圣灵的圣子—肉体,时而是反抗圣子—肉体的圣父和圣灵;是造物,却显得是造物主;是黑暗,却显得是朝霞;是因循守旧的,却显得是自由开放的;是可笑的,却显得是嘲笑者"②。魔鬼并非离我们遥不可及,实则就隐藏于我们生活之中。某种意义上说,无论是海德格尔的"常人",还是阿伦特的"平庸之恶",都与梅列日科夫斯基关于魔鬼特性的典型描述有相似性,都是"未来的小人""庸俗习气的小人""失落崇高的小人"的代名词。进而,梅列日科夫斯基通过对俄罗斯文学作品中人物的分析,生动地刻画出了作为反基督形象的、拥有庸俗习气的小人的具体镜像。

景观一,梅列日科夫斯基通过对"黄金时代"以来俄罗斯文学的纵向分析,指出俄国思想界正在走入一个日益远离上帝、日益弥散着庸俗习气氛围的时代。在他看来,从普希金到莱蒙托夫时代,是信仰上帝、

---

① [美]罗森塔尔:《梅列日科夫斯基与白银时代:一种革命思想的发展过程》,杨德友译,华东师范大学出版社2014年版,第37页。
② [俄]梅列日科夫斯基:《果戈理与鬼》,耿海英译,华夏出版社2009年版,第4页。

寻求上帝的时代。在莱蒙托夫的作品中体现出的是对上帝的无意识寻求，无论是诗歌《天使》，还是小说《当代英雄》，都体现了人追寻崇高、寻求上帝的主题。而自1880年以来，俄国文学则不再奔向而是漠视上帝，从契诃夫、高尔基到安德烈耶夫登上了一个"形而上学的阶梯"，文学主题不再是人与上帝而是人与人，其从"讨论脱离上帝的人，演变成讨论没有上帝的人，最后是反对上帝的人。现代作家的目标都是要证实人能够制定自己的律法，决定自己的命运，变成自己的上帝"[1]。契诃夫位于这一"形而上学的阶梯"的下端，尽管强调人身上还具有神性、宗教性，但其文学主题更多地谈论的是"人"而非"人和神"。在他的作品中，全部人物都是不幸的，都陷入"无边的荒野"和"生活的平庸"之中，"没有一个人为一个高尚的理想努力；烦闷和听天由命的态度是他们最明显的特征。没有点滴的创造性或者激情减轻他们淡淡的悲哀，甚至连大自然也是无精打采的"[2]。高尔基则位于"形而上学的阶梯"的中间，他主张通过对抗"低级社会"走向"高级社会"，认为"对社会的抗击能够使人得到解放；人会成为神，制定自己的法律。高尔基的流浪汉完全没有理想"[3]。高尔基笔下所描写的典型流浪汉形象，虽没有理想、貌视资产阶级道德，但对一切的评价却仍以上帝为隐形的依据，认为上帝是存在的。而安德烈耶夫则位于这架梯子的最高点，他小说中的主人公大多表现出前所未有的颓废、徒然、迷茫、无理想、无意义，他们仅通过残酷的破坏或肉体欲求的满足获得慰藉。在他那里已看不到上帝的影子，人已变成没有也无须上帝庇护的、靠本能欲望生存的野兽。

　　景观二，梅列日科夫斯基通过对果戈理作品的分析，指出庸俗习气的小人既是魔鬼、敌基督，并进而刻画出了庸俗习气的小人的典型形象，即虚无、沉闷、庸俗、毫无个性、没有灵魂、没有信仰、否定上帝。他之所以以果戈理为分析对象，很大程度上源于果戈理在俄国文学

---

[1]　［美］罗森塔尔：《梅列日科夫斯基与白银时代：一种革命思想的发展过程》，杨德友译，华东师范大学出版社2014年版，第224页。
[2]　同上书，第225页。
[3]　同上书，第225页。

史、思想史上的地位。① 在梅列日科夫斯基看来，果戈理第一个揭开了魔鬼的神秘面纱，并看到了魔鬼面孔的可怖。这种可怖并非源于他的非凡、奇异，而是使之认知到"魔鬼的面孔并非遥远的、陌生的、怪异的、虚幻的，而正是身边的、熟悉的、现实的'人的，太人的'的面孔，众人的面孔，'就像每人拥有的'面孔，几乎就是我们自己在不敢成为自己且情愿成为'像众人'一样时的面孔"②。在果戈理的宗教观念中，魔鬼集中了对上帝、无限的否定，魔鬼善于冒充无始、无终，实则是有始的、未完成的。魔鬼并非瞬间的、暂时的现象，而是在任何时间、地点、环境，任何民族、国家、历史中都可以"观察到的'人的永恒的鄙俗'，无条件的、永恒的和全世界的恶的现象，永恒状态的鄙俗"③。这一魔鬼形象，实则也即梅列日科夫斯基所预言的，失落了崇高的、充满着庸俗习气的"未来的小人"的形象。

梅列日科夫斯基谈到在读果戈理的《死魂灵》与《钦差大臣》作品时，常常感到某种巨大的、阴森的、无以言说的恐惧，源于此中包含着庸俗习气的小人、包含着魔鬼的形象。在他看来，果戈理两部作品中《死灵魂》的主角乞乞科夫与《钦差大臣》的主角赫列斯塔科夫，表面看充满差别，甚至对立。乞乞科夫是纯粹的现实主义者，他贪图财富，在一切场合都保持着异常的稳重、清醒，思维有理有据，从不为激情、理想所动。他自认为是启蒙的代表，实则毫无信仰，唯一的追求是财富与实用。可以说，乞乞科夫是"果戈理那些主观化漫画中最伟大的一幅，他即'庸俗'之化身，其心理主线即自得，其几何式表达即圆滑，

---

① 不仅梅列日科夫斯基，津科夫斯基、叶夫多基莫夫、米尔斯基等都对果戈理予以极高的评价，如津科夫斯基不但认为果戈理是天才的作家、俄国近代文学的奠基者之一，而且认为他是俄国"第一个回归完整宗教文化的预言家，是东正教文化的预言家"（[俄] 津科夫斯基：《俄国思想家与欧洲》，徐文静译，上海三联书店 2016 年版，第 62 页）；叶夫多基莫夫则认为果戈理是天才的精神分析家，指出他深入地"分析了人类的种种苦难和活的灵魂向死灵魂的蜕变"（[俄] 津科夫斯基：《俄国思想家与欧洲》，徐文静译，上海三联书店 2016 年版，第 62 页）；而米尔斯基则认为如若仅以创造力为评判标准，那么"果戈理即为最伟大的俄国作家。在这一方面他甚至不逊于莎士比亚，可以坦然地与拉伯雷比肩。无论普希金还是托尔斯泰，均无这样的想象创造力火山"（[俄] 米尔斯基：《俄国文学史》（上卷），刘文飞译，人民出版社 2013 年版，第 205 页）。
② [俄] 梅列日科夫斯基：《果戈理与鬼》，耿海英译，华夏出版社 2013 年版，第 5 页。
③ 同上书，第 3 页。

他是一位中庸之人"①。而赫列斯塔科夫则是世俗的个人主义者、自由主义者,表面充满着"诗意的激情""狂妄的陶醉""异常的敏捷",实则活在自己的理想世界中欲望十足,并能为一己私利破坏一切传统。在梅列日科夫斯基看来,两者有着相同的本质,代表着魔鬼的两副面具,是"同一种力量的两级,是孪生兄弟,他们是俄罗斯中间阶层的子嗣,是十九世纪的俄罗斯的子嗣,是各个时代中间的、资产阶级的子嗣、两者的实质均是永恒的中庸,'非此非彼'——彻底的庸俗"②。他们都代表着最大的恶——"庸俗之恶",都不仅仅通向虚无,而且通向无底的深渊、通向魔鬼之域。

充满庸俗习气的小人只注重当下的、现实的、物质的、庸俗化的真理,他们消解一切崇高的、神圣的维度。这在乞乞科夫对子嗣的渴求上可见一斑,他渴望通过子嗣的不断延续达到对当下、财富、庸俗王国的永恒占有。在这种子嗣生生不息的无限延续中,"不是人类在上帝之中,而是上帝在人类之中。人类自己就是上帝,没有其他上帝。虽没有个人的不死,但有人类的永生。每一代都为后代'经营'、'赚钱';没完没了地赚钱、积蓄死的资本——'死灵魂'的财富,从不破费"③。因而,当危机来临时,乞乞科夫恐惧的不是死亡,而是自己还没有子嗣以及财富、地位的延续。在乞乞科夫看来,生活的终极意义不在于末世背景下终结当下的恶,以期待上帝之国的来临,而认为"一个人的生命,只有在家庭中、在家族中、在民族中、在国家中、在人类中才有意义,就像水螅虫、蜜蜂、蚂蚁只有在珊瑚丛、在蜂巢、在蚂蚁窝中才有意义一样"④。正如梅列日科夫斯基一针见血地指出的那样,乞乞科夫需要"太太和小乞乞科夫们",以便让别人知道他真正存在过,他不是"影子""幽灵""水中的泡泡"。而乞乞科夫对此的渴望,也正是"小鬼儿——所有幽灵中最虚无的幽灵——对

---

① [俄]米尔斯基:《俄国文学史》(上卷),刘文飞译,人民出版社2013年版,第211页。
② [俄]梅列日科夫斯基:《果戈理与鬼》,耿海英译,华夏出版社2013年版,第25页。
③ 同上书,第35页。
④ 同上书,第36页。

'地上现实'的渴望。大法官所预言的'此世王国','千百万幸福的孩童'——不是别的,正是无数小实用主义者……正是千万百幸福的'小乞乞科夫',在他们身上,像太阳映射在'太平'洋上一样,重现着这一王国的唯一'奠基人',死灵魂的永生的'主人',本体乞乞科夫的影子"①。总之,在梅列日科夫斯基看来,在辽阔的俄罗斯大地上只诞生了两位"当代英雄"、两个"老朽、面目狰狞"的幽灵——以机巧的赫列斯塔科夫和精明的乞乞科夫为代表的庸俗习气的小人。他们将带领俄罗斯走向无底的深渊、走向虚无主义、走向否定宗教的死路,"当下——现实的庸俗,未来——空想的庸俗,这就是俄罗斯两个同样悲哀的终点,两条同样可怕的道路——走向'魔鬼',走向虚空,走向'虚无主义',走向无"②。果戈理两部伟大作品所表达的主题不仅是俄罗斯的,而且是全世界的,是全世界所面临的危机的"象征"或"缩影",即魔鬼伪装成人,甚至是救世主。以乞乞科夫等为代表的充满庸俗习气的小人,即是不断变幻着面孔而一再重现的"敌基督",是永恒的世界之恶。

景观三,梅列日科夫斯基通过对作为俄罗斯文化顶点的陀思妥耶夫斯基与托尔斯泰的分析,指出他们分别洞察了"灵"与"肉"的奥秘。在他看来,托尔斯泰洞察了"肉体"的奥秘。托尔斯泰之所以否定教会,是因为对基督教三个奥秘的不同体认:道成肉身、圣餐礼、肉体复活的奥秘。托尔斯泰认为这三个奥秘是妖术、魔法,是对肉体的神化,认为肉体是"某种粗野、罪恶、肮脏、僵死、没灵魂的东西,他不相信圣体,只相信没有实体的神圣。上帝是灵——这一点他理解,从全部的历史的基督教中,他仅仅就理解了这一点;然而,在这一点上,他甚至似乎比历史的基督教本身更具历史精神和'基督教精神'。……他把历史基督教的禁欲主义、对肉的否定、没有实体的灵推向了最后的逻辑的界限,到了自我否定、毫无意义的程度"③。托尔斯泰对"纯粹的灵"

---

① [俄]梅列日科夫斯基:《果戈理与鬼》,耿海英译,华夏出版社2013年版,第37页。
② 同上书,第24页。
③ [俄]梅列日科夫斯基:《托尔斯泰与陀思妥耶夫斯基》(卷二:宗教思想),杨德友译,华夏出版社2009年版,第13—14页。

的追寻与对"肉体"的极端反对，最终将导致对基督教的反对，导向虚无主义。这种虚无主义作为当下基督教世界所面临的诸多病症中的一种，是"无实体之灵的疾病，它仅仅是没有灵魂之肉体的面具，是仅仅作为唯物主义面具的唯灵论的疾病"①。基于托尔斯泰及其追随者对教会的否定，当今正在形成俄国文化界与民众间的悲剧性分裂。与之相比更为可怕的是，针对托尔斯泰及其追随者所可能导致的严重后果，却听不到任何反对的声音，整个知识阶层沉默不语，陷入无声的寂静之中。实则不仅梅列日科夫斯基，而且弗洛罗夫斯基也同样指出了托尔斯泰所存在的问题，指出尽管"人们听到他号召忏悔，仿佛敲响良心的警钟。但是，他的全部局限性和软弱性恰恰最突出地表现在这一点上。托尔斯泰不能解释现实生活中这种肮脏和谎言的根源；他仿佛没有认识到经验的邪恶的全部根源"②。托尔斯泰没有找到恶的根源，而是幼稚地试图用不理智、愚昧、欺骗、谎言等解释这一切。托尔斯泰对问题的解决仍是立足于西方启蒙、立足于理性主义立场，这一立场是无法解决时代所面临的现实问题的。

陀思妥耶夫斯基对俄罗斯有着特殊的意义，他的创作揭示了俄罗斯灵魂的基本特征，反映了俄罗斯精神的所有矛盾，"完成了人类精神的地下火山爆发。就像长期积蓄而来的革命精神能量，这块土壤变得越来越像火山，而在外表和表面上，精神处在合乎一定限度和规范的静止稳定状态。最后终于骤然爆发，炸弹爆炸"③。不但如此，作为东正教文化先知式的人物，他看到了作为先进文化代表的欧洲文化的没落，"欧洲对他而言仅仅是一块墓地：对他而言欧洲文化外表上还是活的，内部已经是死的了"④。正是基于陀思妥耶夫斯基这种先知式的洞察力及巨大影响，决定了对他的研究有着特殊的意义。在梅列日

---

① ［俄］梅列日科夫斯基：《托尔斯泰与陀思妥耶夫斯基》（卷二：宗教思想），杨德友译，华夏出版社 2009 年版，第 13 页。
② ［俄］弗洛罗夫斯基：《俄罗斯宗教哲学之路》，吴安迪等译，上海人民出版社 2006 年版，第 473 页。
③ ［俄］别尔嘉耶夫：《文化的哲学》，于培才译，上海人民出版社 2007 年版，第 10 页。
④ ［俄］津科夫斯基：《俄国思想家与欧洲》，徐文静译，上海三联书店 2016 年版，第 205 页。

科夫斯基看来，如果说托尔斯泰洞察了肉之深渊，那么陀思妥耶夫斯基则洞察了灵之深渊，他们"一位追求肉的灵魂化，另一位追求灵魂的肉体化。也正是在这一点上，即他们是两个人，他们又在一起，这一情况中，蕴藏了我们最后的、最伟大的希望"①。如果说在托尔斯泰那里对"肉的宗教"的观察是俄罗斯文化的正题，在陀思妥耶夫斯基那里对"灵的宗教"的观察是反题，那么最终这两个主题将走向辩证的统一。源于"纯粹的"灵与肉在最终真理上是不可分的，其已经融合在耶稣基督那里。在托尔斯泰与陀思妥耶夫斯基那里，作为俄罗斯文化的两极达到了顶点，自此之后俄罗斯文化出现急剧衰落与断裂的现象。在这种欧洲所未经历过的文化衰落中，我们成了"穷人中的穷人，饥饿者中的饥饿者（尽管我们似乎没有感受到精神的饥饿：这种饥饿，在上面被肉体的饱食所淹没，在下面，也被肉体的饥饿所淹没）"②。在他看来，尽管在托尔斯泰和陀思妥耶夫斯基之后，俄罗斯文化有时呈现出某种复兴景观，某种类似于"彼得堡的解冻现象"，大雪逐步消融、地面变得松软。但这种现象是否意味着俄罗斯文化得到复兴，俄罗斯文化的春天正在来临呢，"谁知道，这稀泥也许绝对不是春天的，而只不过是彼得堡暂时性的雨雪交加，这现象常发生在最为严寒的隆冬，这时候从海岸上吹过来腥臭的西风，而大地冻得十分结实，地面一片干冷"③。

总之，在梅列日科夫斯基看来，面对着庸俗习气的小人、面对着魔鬼的形象，无论是作为所处时代俄国文化顶峰的陀思妥耶夫斯基与托尔斯泰，还是作为西方文化顶峰的尼采，都对出路进行了探索。在托尔斯泰和陀思妥耶夫斯基那里，已对灵与肉、人神与神人、基督与反基督的主题进行了彻底探索。而在尼采那里，在对西方传统文化进行深入探索的基础上，同样指出路已走到尽头，"路已走完，路已没有"。尼采预见到基于"上帝死了"，传统的一切价值都坍塌了，由此将导向虚无主

---

① ［俄］梅列日科夫斯基：《托尔斯泰与陀思妥耶夫斯基》（卷一：生平与创作），杨德友译，华夏出版社2009年版，第301页。
② 同上书，第303页。
③ 同上书，第302—303页。

义。尼采清醒地意识到他自己所处的时代是一个走入虚无主义的时代，他预言虚无主义将是"今后两个世纪的历史"①。尼采的全部学说，试图克服虚无主义占支配地位的病态的世界。尽管如此，梅列日科夫斯基认为尼采所探求的各种出路包括超人路向，同样是通向死亡的道路，源于超人是具有"愤怒孤寂、离群索居之个性永恒根源的欧洲哲学伟大山脊的极点，最突兀的顶峰。没有更多可去的地方，历史之路已经走完，往后就是悬崖和深渊，或是堕落，或是飞跃，是超历史之路，是宗教"②。超人的出路或是堕落走向死亡，或是超越历史之路，回归宗教，走向永生。可以产生陀思妥耶夫斯基与尼采从两个极端的、对立的方向分别探索了人类未来的出路，这种探索标志着东方和西方"全部的路都已走完，历史的途径已经完结，再远则无路可走；但是我们知道，在历史终结之时，正是宗教起始之日。在深渊的边缘，会必然又自然地出现关于羽翼、飞翔、超历史途径的宗教的观念"③。正是在这种探索的两极，在这种历史的终结之中可能预示着某种开端，终结之处便是开端之始。

三 第三约理论的执着追寻

作为"肉"之洞见者的托尔斯泰和作为"灵"之洞见者的陀思妥耶夫斯基，在对俄罗斯及欧洲危机的洞察上达到了惊人的相似，"陀思妥耶夫斯基说：'在欧洲，好像一切的下面都被挖开，塞进了炸药，就等着第一颗火花了。'托尔斯泰说：'火始于火花，不到把一切都烧光之时，火不会熄灭'"④。在梅列日科夫斯基看来，面对着俄罗斯乃至整个世界的时代性危机，面对着正在走向衰落的文化与坍塌的精神信仰，俄罗斯不应绝望、退缩、回避，而应踏上一条布满荆棘与崎岖的道路，勇毅地担当起自己的责任。为克服庸俗习气与虚无主义的侵袭并最终战

---

① [德] 尼采：《权力意志》，孙周兴译，商务印书馆2007年版，第732页。
② [俄] 梅列日科夫斯基：《托尔斯泰与陀思妥耶夫斯基》（卷一：生平与创作），杨德友译，华夏出版社2009年版，第6页。
③ 同上书，第7页。
④ 同上书，第305页。

胜魔鬼,果戈理告诫我们"不要成为死魂灵,而要成为活灵魂"。在他看来,果戈理的这一遗训是通往真理之路的,为了克服危机与战胜魔鬼,仍需要信仰、需要基督。面对着庸俗习气的未来小人、面对着魔鬼,唯有基督才能彻底战胜它。没有基督、没有信仰的生活,是喧嚣过后的黑暗与光明的彻底丧失。唯有通过对"第三约"的追寻与信仰方能重新找寻到光明,最终战胜庸俗习气、战胜魔鬼。对"第三约"的追寻不仅关涉到俄罗斯,更关涉到欧洲乃至整个世界最终是被救赎,还是被无可挽回地抛弃。

正如А. И. 尼科留金所指出的那样,梅列日科夫斯基的第三约——圣灵王国,是"构成全部叙事的精神和道德的基础"①。面对着时代性危机,梅列日科夫斯基最终将希望寄托于"新宗教意识"的生成,寄托于"第三约"的建构。在他看来,如果说在父神的最初王国《旧约》中启示了作为真理的上帝的权力,在神子的第二王国《新约》中启示了作为爱的真理,那么"在圣灵的第三及最后王国中展示了作为自由的爱。并且在这最后的王国里将会发出并能听到最后的、任何人从未说过、也从未听到过的未来的神的名字:解放者"②。梅列日科夫斯基对"第三约"的降临充满了渴望,认为只有在圣灵王国的降临中人类方能获得最终的救赎。他相信在圣灵王国降临之时,"天堂,大地和万物向初升的太阳唱着无言的歌:'光明必定战胜黑暗……基督必定战胜反基督'"③。在他看来,"第三约"作为未来基督教构想的最高真理,是全人类的、普世的、统一的真理,这种统一不仅仅是东西方教会,也是精神与肉体、天上与地上真理的统一。在此须注意的是,清晰地区分"第三约"与"敌基督"、与世俗国家间的关系,是理解"第三约"内涵的重要条件。我们知道,梅列日科夫斯基在写《基督

---

① [俄] 梅列日科夫斯基:《拿破仑传》,杨德友译,生活·读书·新知三联书店2014年版,"前言"第7页。
② [俄] 梅尼日科夫斯基:《重病的俄罗斯》,李莉等译,云南人民出版社1999年版,第17页。
③ [俄] 梅列日科夫斯基:《反基督:彼得和阿列克塞》,刁绍华等译,北方文艺出版社2002年版,第520页。

与敌基督》① 三部曲之初，认为存在着两个真理，即作为基督教的"天上的真理"和作为多神教的"尘世的真理"，并且认为这两个真理在未来的理想宗教中将走向结合。我们看到在《基督与敌基督》中，梅列日科夫斯基反复重复着那段意味深长的诗句："天空在上方，天空也在下方；星辰在上方，星辰也在下方；在上方的一切，也都在下方。"② 但到后期，他清楚地意识到，意图把"基督和敌基督团结的希望是亵渎神灵的谎言"③。源于他认识到，作为"天上的真理"和"尘世的真理"之结合的完备的、大全式的真理，已经融合在上帝之子、耶稣基督身上。而在"第三约"与国家关系的理解上，梅列日科夫斯基同样经历了从最初对与国家联合的渴望，到走向反对这种联合的探索历程。源于在他看来，作为"第三约"的圣灵王国与国家、与世俗政权之间不可能有实质性的联合。圣灵王国与世俗国家间是相对立的，这种对立正如真理与谎言间的对立一般不可调和。也正是在这一意义上，他认为以索洛维约夫等为代表的俄国思想家所欲建构的神权政治社会，是一种幼稚的、不切实际的、充满冒险的幻想。

梅列日科夫斯基反复强调作为基督教未来形态之"第三约"的重要性与现实性，指出"我们种白菜，是为了自己，而种树，则是为了子孙后代。我把我的劳作、我们的劳作，奉献给这样的一代俄国人：他们能够理解，基督教不仅过去存在，现在存在，而且将来也必定存在；基督不但是完备的真理，而且是可以不断完善、不断发展、永无止境的真理；俄罗斯的解放、世界的解放，只能奉基督之名实现，岂有他哉"④。而且他认为作为"第三约"所通向的天国并非在彼岸，而就在此岸。他相信在此岸实现天国的可能性，指出"历史走向它的目标，那就是上

---

① [俄] 梅列日科夫斯基的主要著作共有三个"三部曲"，分别是《基督与敌基督》、《野兽的王国》和《三的秘密：埃及与巴比伦》。其中《基督与敌基督》是梅列日科夫斯基"三部曲"中的第一部，由《诸神之死：判教者尤里安》《诸神复活：列昂那多·达·芬奇》和《彼得和阿列克塞》三部著作构成。

② 转引自 [俄] H. O. 洛斯基《俄国哲学史》，贾泽林等译，浙江人民出版社1999年版，第433—434页。

③ [苏] 赫克：《俄国革命前后的宗教》，高骅等译，学林出版社1999年版，第153页。

④ [俄] 梅列日科夫斯基：《托尔斯泰与陀思妥耶夫斯基》（卷一：生平与创作），杨德友译，华夏出版社2009年版，"《梅列日科夫斯基全集》序言"第4页。

帝之国,它不在彼岸,而在此世大地上。大地已做好准备变成为'新的大地',这一转变提出了与上帝之国本身不可分的有关天国正义的社会问题"①。但诡异的是,梅列日科夫斯基并未就"第三约"的基本内涵展开详细论证。尽管如此,他还是十分明确地指出了作为"第三约"三个重要构件的基本原则,即理性、自由、爱。

由此,我们可通过其所强调的三个重要构件,来窥见"第三约"的基本内涵。首先,在对理性的理解上,梅列日科夫斯基反对近代哲学中的"白板说",认为这种学说否定人的自由意志,使人成为环境的消极接受者;同时也否定达尔文主义者将理性理解成"必然性的、铁的规律",认为这种学说同样否决人的自主权,将人降低成动物。在他看来,"理性"本质上是自由意志,是人在"上帝和秩序"或"无政府现象和混乱"之间作选择的能力,"理性如果服从于某种更高的法则,神性的理性,理性就能够重新获得"②。其次,在对自由的理解上,他认为自由是"自愿接受上帝的律法;消除时间限制的目的是给予人跟随上帝的自由。……认为小市民习气是自由的大敌"③。最后,在对"爱"的理解上,他反复强调"爱"的重要性,认为作为"基督'三件礼物'中最重要的一件,爱使人达到内外的和谐,协调个人的自由和社会的认同,助人战胜死亡。爱是'绝对的力量'和'绝对的自由'。爱不是智慧的信念,而是存在的一种状态。知道真理是不够的;人必须在真理之中,爱就是真理"④。他反对巴枯宁关于如果上帝存在,人永远是奴隶的言论。在他看来,上帝不是权力而是爱,上帝是爱人的,爱的力量不是权力而是自由。他在《地狱中的同情》中指出,唯有有爱的人才活着,爱是灵魂的力量,是"灵和肉在个性的完美统一之中的真正的复活。爱不是从这个世界到那个世界的

---

① [俄]叶夫多基莫夫:《俄罗斯思想中的基督》,杨德友译,学林出版社1999年版,第137页。
② [美]罗森塔尔:《梅列日科夫斯基与白银时代:一种革命思想的发展过程》,杨德友译,华东师范大学出版社2014年版,第223页。
③ 同上书,第224页。
④ 同上书,第228—229页。

道路，爱是那个世界在这个世界的完满启示——是两个世界的完美统一。爱不是关于上帝的知识，爱就是上帝……爱是到地狱的旅行，是克服地狱和死亡的胜利，是复活"①。

总之，表面上看，梅列日科夫斯基的全部著作给人以松散之感，不像其他思想家那样结构严谨、逻辑清晰，有时甚至还自相矛盾。但实则对人类未来，对基督教实质及其命运的探索，始终是他思考的主题与核心。面对着时代性危机，面对着四处弥散的庸俗习气的未来小人，他寄希望于"第三约"来战胜恶、战胜敌基督。但基于多种原因，梅列日科夫斯基的"第三约"理论归于失败，这种失败一方面源于他的"第三约"理论"是一种典型的宗教浪漫主义，是一种有着非常鲜明的'革命神秘主义色彩'的宗教浪漫主义"②，这一理论太具个体性、秘教性质。因而这种新宗教建构始终处于"地下状态"，影响小、信众极少，以流亡在外的少数俄侨知识分子为主体，很难达到其所期许的那种广泛的社会影响与实践建构。另一方面则源于面对着不断变换的节律与危机四伏的时代，不仅梅列日科夫斯基，而且以他为代表的整个白银时代思想家所提出的理论往往是不合时宜的，是与社会现实相脱节的，这也就决定了其悲剧性命运，"白银时代的浪漫空想家准备不足，不能对付战争与建设问题。他们除去了理性与客观性；他们基本的精神的和审美的方针没有导向组织蓝图"③。但正如罗森塔尔所言，虽然他们的构想没有实现，其所思考的问题仍具有现代意义，仍然是现代人所面临的无法逃避的基本问题。诚然梅列日科夫斯基有这样那样的问题，但面对着时代性危机始终努力探寻着个体与民众的救赎之路，尽管这条道路孤寂、无人理解、充满艰辛，他却勇毅前行。可以说，梅列日科夫斯基所

从事的事业，实则是"'在冰火中，索取火焰'，直到自己最后的日子，

---

① ［俄］梅列日科夫斯基：《地狱中的同情》，转引自罗森塔尔《梅列日科夫斯基与白银时代：一种革命思想的发展过程》，杨德友译，华东师范大学出版社 2014 年版，第 231 页。

② Зеньковский В. В. История русской философии. Москва: Иэдательство «Раритет», 2001, С. 715.

③ ［美］罗森塔尔：《梅列日科夫斯基与白银时代：一种革命思想的发展过程》，杨德友译，华东师范大学出版社 2014 年版，第 268 页。

他都没有放弃这个希望。今天,新的一代又一代的人正在寻求新的理想,'火焰'正在'熔化'坚冰"①。

---

① Е. А. 安德鲁钦科在《梅列日科夫斯基的探秘》,转引自[美]罗森塔尔《梅列日科夫斯基与白银时代:一种革命思想的发展过程》,杨德友译,华东师范大学出版社2014年版,第349—350页。

第三章
白银时代哲学与马克思主义

马克思曾指出:"无论哪一个社会形态,在它所能容纳的全部生产力发挥出来以前,是决不会灭亡的;而新的更高的生产关系,在它的物质存在条件在旧社会的细胞里成熟以前,是决不会出现的。所以人类始终只提出自己能够解决的任务,因为只要仔细考察就可以发现,任务本身,只有在解决它的物质条件已经存在或者至少是在生成过程中的时候,才会产生。大体说来,亚细亚的、古代的、封建的和现代资产阶级的生产方式可以看作经济的社会形态演进的几个时代。资产阶级的生产关系是社会生产过程的最后一个对抗形式。"① 随之而来的将是社会主义社会。而这一社会是建立在"以每个人的全面而自由的发展为基本原则的社会形式"②。社会主义社会将消灭资本主义社会制度、消灭异化,将实现人的全面解放。在这一社会中,取代异化的人将是"总体的人",人将成为完整的人,将全面占有自己的本质。与此同时,马克思也强调指出社会主义"不是应当确立的状况,不是现实应当与之相适应的理想。我们所称为共产主义的是那种消灭现存状况的现实的运动"③。而以别尔嘉耶夫、布尔加科夫、弗兰克等为代表的白银时代哲学家,面对着世纪之交社会的动荡、时代的转换、精神的危机与价值的虚无,力图为危机四伏的俄罗斯探索出一条独特的现代化出路。在对俄国现代化

---

① 《马克思恩格斯选集》(第 2 卷),人民出版社 1995 年版,第 33 页。
② 同上书,第 239 页。
③ 同上书,第 87 页。

出路的早期理论探索中，他们大都在马克思主义学说中洞察到了真理，并力图通过将俄国文化传统与马克思主义学说相结合的方式来探索俄罗斯的现代化出路。在白银时代哲学家看来，这种将俄国文化传统与马克思主义学说的有机"结合"是具有合理性的，是对马克思主义应有之义的合理延伸，是"正统"与"合法"的马克思主义。

第一节　对马克思主义的精神继承

俄罗斯白银时代哲学家对马克思主义的探索，很大程度上基于对马克思主义所含真理的认知与认同，这种认知包括对异化理论、社会批判理论、人道主义精神等的认同。也正是基于这种认同和对马克思主义精神实质的判定，他们在对马克思主义学说的进一步理解与探索中，基于俄国文化底色建构了形态各异的理论体系，并逐步形成了具有自身特色的马克思主义观。白银时代哲学家的马克思主义观包含着他们对马克思主义学说中基本精神与理论实质的认同、继承与探索。他们所持的这种马克思主义观并非是阶段性产物，而是贯穿于他们的整个理论生涯始终的，尽管在此中间发生了理论转向，但马克思主义学说中诸多合理性内核已被内化到他们的理论体系之中。

一　异化理论的继承与探索

我们知道，异化理论是马克思主义学说中的重要构件，对异化理论的不同理解不但呈现出"青年马克思"与"晚年马克思"、马克思与恩格斯理论差异的争论，甚至日后关于"人本主义的马克思主义"与"科学主义的马克思主义"的争论都与此相关。可以说，无论人们对异化理论的理解呈现出怎样的差异、争论、对立甚至冲突，其在马克思主义学说中的"基础"与"焦点"地位是不容置疑的。而对马克思异化理论的认同、继承与探索，同样构成了俄罗斯白银时代哲学家视野中的马克思主义观的重要内核。就词源学而言，异化一词源于拉丁文，有转让、疏远、疏离、脱离等含义。可以说，在中世纪神学思想中就已蕴含着异化理论的萌芽，主要用以揭示精神与肉体的脱离和罪人与上帝的疏远。自文艺复兴以来，异化作为一个哲学概念被逐渐凸显出来。而异化一词作为一个明确的哲学概念，最早是由霍布斯提出的，经卢梭的社会契约论（其更多是在权利转让的意义上使用异化概念），到德国古典哲学家黑格尔那里才被真正提高到了哲学的高度，并具有了现代意义上的丰富内涵。可以说在《精神现象学》一书中，黑格尔对异化理论的阐述达到了高峰，其用异化理论意在阐明主体与客体的分裂、对立，及自然、社会、历史等领域发展变化的深层原因。黑格尔将异化归结为"自我意识"的异化，而"自我意识"在社会历史领域中最终将外化为绝对精神，绝对精神的生成与运动就是"自己变成他物，或变成它自己的对象和摒弃这个他物的运动"①。在黑格尔那里，虽指出了异化是自我意识的异化、是精神的自我运动与外化，并通过对异化的研究指出了人的实践活动具有自觉性、目的性和非任意性等特征，但其并没有意识到异化与对象化两者之间的差异。

马克思的异化理论则是建立在对费尔巴哈特别是黑格尔异化思想的扬弃基础上形成的，它构成了"青年马克思"人本主义异化史观的理论基石。就总体而言，马克思的异化理论有一个逐步发展、完善的过程，如果说在1842—1843年所写的《论犹太人问题》《黑格尔法哲学批判》等著作中，马克思尚停留在研究宗教、精神、政治等领域中异化问题的阶段。那么在《1844年经济学哲学手稿》中，马克思则明确提出了异化劳动的观点，并对此问题进行了集中的探讨。在《德意志意识形态》中，马克思则主要揭示了作为资本主义社会及之前社会的主要异化形式，即国家统治的异化和劳动的异化。而在《经济学手稿（1857—1858）》和《资本论》等著作中，马克思则以分析资本主义生产关系为基础进一步阐明了异化的本质，在这些著作中，他明确地揭示了异化问题的实质，并依此理论对资本主义社会进行了具体的、实证的、深刻的分析与批判。

在马克思看来，异化现象虽早在原始社会末期就已出现，但把这种

---

① [德]黑格尔：《精神现象学》（上卷），贺麟、王玖兴译，商务印书馆1979年版，第23页。

现象提到理论高度则是近代的事情。马克思不但指出异化提示了资本主义社会最一般的、深刻的社会关系,而且在资本主义社会异化达到了前所未有的程度。马克思在《1844年经济学哲学手稿》中指出,异化不仅仅意味着被异化者的劳动成为对象,"成为外部的存在,而且意味着他的劳动作为一种与他相异的东西不依赖于他而在他之外存在,并成为同他对立的独立力量,意味着他给予对象的生命是作为敌对的和相异的东西同他相对立"①。而且在资本主义社会,异化使劳动成为一种强制而非自由性的活动,以至于工人在自己的生产实践中不是肯定而是否定自己,"不是感到幸福,而是感到不幸,不是自由地发挥自己的体力和智力,而是使自己的肉体受折磨,精神遭摧残"②。在这种情形下,劳动已变成一种异己的、摧毁人与奴役人的方式,从而使人们就像"逃避瘟疫那样逃避劳动"③。由此,马克思进一步指出了异化的四重规定性,即劳动产品的异化、劳动活动的异化、人的类本质同人的异化以及人与人之间的异化等。马克思通过对异化劳动规定性的论述,深刻地揭示了私有制与人的本质之间的对立关系,指出只有扬弃异化劳动、消灭私有制,才能最终实现人的解放。

以别尔嘉耶夫、布尔加科夫等为代表的白银时代哲学家,对马克思的异化理论是高度认同的。在这种认同、接受与继承的基础上,他们依据自身的文化传统,在一定程度上对马克思的异化理论进行了"发展",特别是进行了极具民族化特征的解读。如别尔嘉耶夫在继承马克思异化理论的基础上,提出了客体化思想,并明确指出客体化也即异化,指出"在资本主义经济里被马克思称为人的本质的异化的东西,我则称之为客体化"④。由此,别尔嘉耶夫进一步指出了客体化的特征,如客体对主体的压迫和奴役、普遍性的类概念对个性的否定、决定论的必然性对自由的先在等。在此基础上,别尔嘉耶夫进一步指出了客体化

---

① 马克思:《1844年经济学哲学手稿》,人民出版社2000年版,第52—53页。
② 同上书,第54页。
③ 同上书,第55页。
④ [俄]别尔嘉耶夫:《精神与实在》,张百春译,中国城市出版社2002年版,第187页。

对人与世界的全方位统治与奴役,这种统治与奴役不仅仅表现为以外化了的王国、革命、战争、民族主义、集体主义等宏大叙事的方式对人压迫与奴役,而且还从日常生活等微观视域呈现出对人深层的、无所不在的奴役与统治。与此同时,作为白银时代哲学另一重要代表的布尔加科夫也同样指出:"一句话,我们应毫不犹豫地指出,社会主义的真理在于对资本主义的批判。"① 布尔加科夫在对马克思主义异化理论认同的基础上,把马克思主义的异化理论应用于社会实践领域,并用此理论进一步分析了俄国当前的现实,分析了俄国的农业、经济等问题。在此分析的基础上,布尔加科夫指出了俄国社会所面临的深层危机及其理论出路。

　　白银时代哲学家不但继承和探讨了马克思的异化理论,而且还对异化产生的根源进行了探索。我们知道,在马克思看来异化产生的直接原因在于分工。就此,马克思在《德意志意识形态》中曾指出:"私有制,就它在劳动的范围内同劳动相对立来说,是从积累的必然性中发展起来的。起初它大部分仍旧保存着共同体的形式,但是在以后的发展中越来越接近短缺的现代形式。分工从最初起就包含着劳动条件——劳动工具和材料——的分配,也包含着积累起来的资本在各个所有者之间的劈分,从而也包含着资本和劳动之间的分裂以及所有制本身的各种不同的形式。分工越发达,积累越增加,这种分裂也就发展得越尖锐。劳动本身只能在这种分裂的前提下存在。"② 分工意味着资本的积累、资本与劳动的分离,"当分工一出现之后,任何人都有自己一定的特殊的活动范围,这个范围是强加于他的"③。而且在马克思看来,"只要分工还不是出于自愿,而是自然形成的,那么人本身的活动对人来说就成为一种异己的、同他对立的力量,这种力量压迫着人,而不是人驾驭着这种力量"④。这就是说,以社会发展为基础的分工,既促进了私有制的产

---

① Булгаков С. Н. Христианский Социализм. Издательство Новосибирск 《 Наука 》 Сибирское Отделение, 1991, C. 225.
② 《马克思恩格斯选集》(第1卷),人民出版社1995年版,第127页。
③ 同上书,第85页。
④ 同上。

生与社会的发展，同时也导致了人自身完整性的解体与丧失。在分工出现之后，人只能在特殊的领域从事相应的生产活动，随着分工的日益发展人的完整性则日益丧失，分工构成了异化劳动产生的直接原因。与此同时，分工出现的过程也是私有制形成的过程，在马克思看来分工和私有制是一体两面的、是相等的表达方式，两者就同一件事情来说，"一个是就活动而言，另一个是就活动的产品而言"①。

在此需强调指出的是，虽白银时代哲学家认同马克思主义学说中的异化理论，但在对异化产生根源的理解上则与马克思主义学说存在着较大的差异。以布尔加科夫、别尔嘉耶夫、弗兰克等为代表的白银时代哲学家，他们更多地是从宗教（特别是东正教）视域出发，对异化产生的根源进行了"独特"的探索。白银时代哲学家从宗教视阈出发，指出异化是以一种异在的方式闯入世界之中的，异化闯入的深层根源在于人的原罪。他们指出，正是由于人的原罪"歪曲了劳动的使命。于是发生了相反的劳动的非人化的过程，发生了人的本质在劳动那里的异化"②。在这种异化的劳动中，人"成为需求与利益的奴隶，而与创造性和灵感相排斥"③。由此，白银时代哲学家进一步指出了劳动的双重性，指出劳动是带有"灰色魔法"成分的。劳动中既包含人的解放与救赎，又包含人的原罪与被奴役的命运。在此基础上，白银时代哲学家通过对异化产生机制的分析，进一步指出对异化的克服不仅仅在于马克思所理解的消灭分工与私有制，更在于宗教维度的介入，唯此才能从根本上彻底克服异化现象的存在。由此可见，白银时代哲学家虽从特有的宗教视域出发，对异化劳动的表现形式、产生机制、克服路径等进行了独特的理论探索，但这种探索就总体而言仍存在着一定的问题，而这种问题的出现又集中表现为对现实生活的漠视和对宗教维度的过多的、虚幻的期许。

---

① 《马克思恩格斯选集》（第1卷），人民出版社1995年版，第84页。
② ［俄］别尔嘉耶夫：《论人的奴役与自由》，张百春译，中国城市出版社2002年版，第259页。
③ Булгаков С. Н. Свет невечерний. Москва: Издательство "Республика", 1994, C. 305.

二 批判理论的继承与探索

由马克思所开创的马克思主义批判理论,特别是对资本主义社会制度的批判,不仅构成了马克思主义学说中的重要组成部分,而且也对20世纪初叶以来众多的社会思潮与实践运动产生了深远的影响,并为他们所继承与发展。就俄罗斯白银时代哲学家而言,他们不但继承了马克思主义批判理论,而且对马克思主义关于资本主义社会批判的正确性是毋庸置疑的。可以说,关于马克思主义批判理论尤其是其对资本主义社会的批判,同样构成了白银时代哲学家马克思主义观的重要内容与探讨主题。在对资本主义社会性质的总体理解上,白银时代哲学家与马克思持相同的立场,他们既看到了资本主义社会在人类发展史上所创造的空前的物质财富,同时也看到了资本主义社会给人所带来的剥削与奴役,以及由此所带来的无法驱除掉的"幽灵般"的耻辱。

就总体而言,白银时代哲学家对马克思关于资本主义社会的批判立场是高度认同的。就此方面而言,诸多思想家都进行了相应的"表态"与"阐述",如别尔嘉耶夫就曾指出:"我过去和现在都认为马克思是一个天才人物。我毫无保留地接受马克思对资本主义的批判"①;而布尔加科夫也同样指出:"一句话,我们应毫不犹豫地指出,社会主义的真理在于对资本主义的批判。"② 在白银时代哲学家看来,对资本主义社会批判的合理性在于整个资本主义社会是一个虚假的、奴隶人的社会。白银时代哲学家以资本主义社会中的"主体"与"代表"资产阶级为批判对象的标靶,指出作为资本主义社会代表的资产阶级永远是奴隶的象征,其是自身财产的奴隶、是金钱的奴隶、是政治的奴隶、是社会舆论的奴隶、是文化的奴隶、是社会地位的奴隶、是社会生活的奴隶,不但如此,甚至连同他们所建立的王国也一并构成了由虚假的物所支配的奴隶王国。

在白银时代哲学家看来,这个由资产阶级所建立的虚假王国的典型

---

① [俄]别尔嘉耶夫:《自我认知》,汪剑钊译,上海人民出版社2007年版,第92页。
② Булгаков С. Н. Христианский Социализм. Издательство Новосибирск «Наука» Сибирское Отделение, 1991, C. 225.

特征即在于对"资本"以及"资本逻辑"的绝对信仰,这一王国是虚假的、奴役人的"资本王国"。这个由资产者所建立的瓦解真实世界的"资本王国"是最为虚幻与非现实的,甚至"在自己的非现实性方面是最令人厌恶的。在这个金钱王国里一切现实的实质都消失了,但是这个金钱王国拥有可怕的强力,对人的生活的可怕的统治力量;它能扶持和推翻政府,发动战争,奴役工人群众,导致失业和贫困,使在这个王国里走运的人的生活成为越来越虚幻的。……金钱的王国是无个性的极限,它也使财产自身成为虚幻的"①。在这个金钱的王国里,没有精神独立的个体,有的只是数字、账本、纸币、黄金。在这个虚假的"资本王国"中,人们"已经搞不清楚,谁是所有者,是对什么的所有者。人越来越从现实的王国转向虚幻的王国。金钱王国的恐惧是双倍的:金钱的统治不但是对穷人的欺侮,而且还使人的生存陷入到虚幻之中,陷入到幻想之中。资产者的王国将以虚幻对现实的胜利而告终。虚幻是人的生存的客体化的极端表现"②。

面对着资本主义社会对人的剥削与奴役,白银时代哲学家同马克思一样,认为应彻底埋葬资本主义社会制度。但在白银时代哲学家看来,这种埋葬并不是一场简单意义上的社会斗争,它更是一种深层意义上的精神斗争。源于在白银时代哲学家看来,资本主义及其社会制度可以被消灭和克服,但作为资本主义形象的代言者的资产阶级则是具有永恒性的,资产阶级"是这个世界上的永恒形象,它不一定非与某种制度相关,尽管在资本主义制度里它能获得自己最清楚的表现和最出色的胜利。无产者和资产者是相关的,一个可以变成另一个。……要使无产者自己不成为资产者,不应该有社会上的对立,只需要精神上的对抗。反对资产阶级王国的革命是精神革命"③。这也就是说,资产阶级的形象是具有永恒性的,它不会因资本主义社会制度的灭亡而灭亡。这源于资产阶级的存在不仅仅是一个社会结构问题,更是心理结构与精神结构问

---

① [俄] 别尔嘉耶夫:《论人的奴役与自由》,张百春译,中国城市出版社2002年版,第218页。
② 同上书,第220页。
③ 同上书,第215—216页。

题。当然，白银时代哲学家对资产阶级永恒性形象的强调并不是要否认社会制度的变革，而是认为对于资本主义制度的永恒性消灭，并不能仅仅通过对制度本身的消灭而一劳永逸，与此相比更为根本的则在于精神领域的深层革命。资本主义制度连同其体现者资产阶级的最终消灭，在于精神领域的深层革命，在于新人的生成与塑造。在这一点上，白银时代哲学家与以卢卡奇、葛兰西等为代表的西方马克思主义者是具有共性话语的，他们也同样强调了阶级意识与文化领导权革命的重要性。

从某种意义上说，白银时代哲学家在对马克思关于资本主义社会批判理论继承的同时，也在一定程度上同西方马克思主义者一道发展了马克思的社会批判理论。在白银时代哲学家看来，马克思主义的产生并不是孤立的社会现象，而是与"19世纪的资本主义经济联系在一起的，没有19世纪的资本主义经济，马克思主义就不能存在。它是对资本主义经济的反映"[①]。马克思主义的合理性不仅仅在于对异化的理解、对资本主义社会制度的批判、对人类理想图景的构想等，更在于马克思主义理论自身所具有的那种对一切不合理的社会现象和社会制度进行彻底否定与无情批判的精神。也正是源于对此种批判精神的认同，他们深刻地指出那些反对马克思主义学说的基督徒，"在咒骂共产主义之前，基督徒自己应该意识到本身的罪过，应该在他们视为敌对力量的共产主义之中去发现含有的真理……一百年前创立的马克思主义有许多观点依然是一种有爆炸危险的力量。马克思主在批判资本主义世界方面是正确的……基督徒目前具有的道德与精神水准，还没有高到敢去否定和谴责马克思主义者。他们往往躲在精神价值的背后以维护谎言"[②]。与基督教及一切宗教的态度相比，马克思主义理论则不同，它并不是躲在宗教圣像的背后默默祈祷，从而对现实世界漠不关心，而是以一种颠覆性的力量对一切虚假的社会制度与社会现象进行无情的批判，并力图通过这种批判来实现人自身的最终解放，从而建构一个在《共产党宣言》中

[①] ［俄］别尔嘉耶夫：《精神王国与恺撒王国》，安启念等译，浙江人民出版社2000年版，第90页。

[②] ［俄］别尔嘉耶夫：《俄罗斯灵魂》，郑体武等译，学林出版社1999年版，第144—145页。

所构想的"这样一个联合体,在那里,每个人的自由发展是一切人的自由发展的条件"。

三 人道精神的继承与探索

不仅对异化理论和资本主义社会的批判,而且对人道主义精神和理想社会图景等的认同、继承与发展,同样构成了俄罗斯白银时代哲学家马克思主义观的重要维度。我们知道,俄罗斯有着深远的人道主义理论传统,而这一传统在白银时代哲学家那里体现得尤为明显。在对马克思主义的理论探索过程中,无论是布尔加科夫、弗兰克还是别尔嘉耶夫等,都偏重和强调应把马克思主义的主体精神定位于自文艺复兴甚至古希腊以来所强调的人道主义精神。白银时代哲学家认为人道主义精神构成了马克思主义学说中的精神实质,认为马克思在对资本主义社会的无情批判中,包含着极强的人道主义精神及其对人自身价值的肯定。依此理解,白银时代哲学家认为马克思本人世界观的"根源是人道主义"①,这种人道主义源于对资本主义社会对人的压迫和奴役的反抗。在资本主义制度下,人的个性遭到压迫与扭曲,这种压迫与扭曲不但使人丧失了应有的本质,而且处于前所未有的、极端的异化奴役之中。而马克思则力图通过对资本主义社会的全面批判,从而将人所丧失了的本质归还给人自身。在白银时代哲学家看来,马克思主义学说是"对人性本善的人道主义信仰、对永恒人权的信仰、对人类能够通过各种手段构筑人间天堂的信仰"②。由此,他们进一步指出由马克思主义学说所建构的"社会主义是人道主义最有影响的变种"③。

正是基于对马克思主义人道主义精神的认同与判定,从而使白银时代哲学家更为重视和认同马克思的早期思想,这与以德拉·沃尔佩等为代表的"实证主义的马克思主义"、阿尔都塞等为代表的"结构主义的

---

① [俄]别尔嘉耶夫:《神与人的生存辩证法》,张百春译,上海人民出版社2007年版,第328页。

② [俄]弗兰克:《社会的精神基础》,王永译,生活·读书·新知三联书店2003年版,第6页。

③ Булгаков С. Н. Христианский Социализм. Издательство Новосибирск «Наука» Сибирское Отделение, 1991, C. 220.

马克思主义"等对马克思的理解正好相反。白银时代哲学家认为马克思的人道主义精神"在他青年时代的著作中明显可见。他反抗资本主义，是因为他在其中看到了非人道以及工人的人的本质的，看到了物化。他认为应该把完整的人的本质归还给工人和一切人"①。在此我们看到，白银时代哲学家同以霍克海默和阿多诺等为代表的法兰克福学派、以萨特等为代表的"存在主义的马克思主义"、以弗洛姆等为代表的"弗洛伊德主义的马克思主义"，以彼得洛维奇、马尔科维奇、弗兰尼茨基、科西克、沙夫、赫勒、马尔库什等为代表的东欧新马克思主义一样，都强调和重视马克思早期著作的价值，强调马克思的异化理论、实践学说和人道主义精神，认为"马克思青年时代的著作比晚年著作更有教益。人道主义也是他思想起源，他为人的解放而斗争。他的反对资本主义的斗争奠基于这种认识：在资本主义社会中产生出工人的人的本质的异化、他的人性的丧失、人性的物化。马克思主义的全部道德激情都以反对这种异化和非人化的斗争为基础，马克思主义要求充分恢复人的本质。马克思的青年时期著作预定了存在主义的社会哲学的可能性。马克思把僵化了的资产阶级古典政治经济学的范畴溶化了"②。我们看到，这种对马克思早期思想的片面强调，有将马克思完整思想割裂为早期与晚期、"萌芽"与"成熟"的潜在可能性。这种解读与理解确实存在着一定的问题，没有从整体上把握住马克思及马克思主义学说的问题意识。但与此同时，在这种理解中确实客观地反映了白银时代哲学家自身的理论偏爱及当时所面临的时代主题，也确切地呈现出他们对马克思主义学说的认知与解读是有一个隐形的、潜在的尺度与坐标的，这一尺度与坐标便是以宗教（特别是东正教）为理论底色的。但我们也应看到，不论白银时代哲学家对"青年马克思"与"晚年马克思"学说实质与精神差异的论争是否合理，他们在自身的理论建构过程中确实或隐或显地重视和继承了马克思主义中的人道主义精神。白银时代哲学家在自身的体系建构中，虽经历了一系列的复杂转变过程并在不同时期建构了形

---

① ［俄］别尔嘉耶夫：《俄罗斯灵魂》，郑体武、陆肇明、东方珏译，学林出版社1999年版，第199页。

② Бердяев Н. А. Русская идея. Москва: ООО«Издательство АСТ», 2004, С. 98 – 99.

态各异的理论体系，但在这些形态各异的理论体系中始终充盈着人道主义精神，始终强调人的独特内涵与精神价值。

　　白银时代哲学家不但重视和继承了马克思主义学说中所包含的人道主义精神，而且还重视和继承了马克思主义学说中对理想社会图景的寻求思想。我们知道，马克思通过对资本主义社会制度的激烈批判，揭示了资本主义社会是以"每一个毛孔都渗着血"的残酷性而进入这个世界的。也正是基于此，马克思主张在推翻资本主义社会的基础上最终实现人的解放，并建立一个自由人联合体的共产主义社会。马克思在《共产党宣言》中指出，在共产主义社会中将消灭私有制，消灭资本主义生产关系，而"它在消灭这种生产关系的同时，也就消灭了阶级对立的存在条件，消灭了阶级本身的存在条件，从而消灭了它自己这个阶级的统治。代替那存在着阶级和阶级建立的资产阶级旧社会的，将是这样一个联合体，在那里，每个人的自由发展是一切人的自由发展的条件"①。马克思在《德意志意识形态》中曾对共产主义社会图景作了一翻田园诗式的描写，指出在共产主义社会里"任何人都没有特定的活动范围，每个人都可以在任何部门内发展，社会调节着整个生产，因而使我有可能随我自己的心愿今天干这事，明天干那事，上午打猎，下午捕鱼，傍晚从事畜牧，晚饭后从事批判，但并不因此就使我成为一个猎人、渔夫、牧人或批判者"②。

　　而白银时代哲学家也同样继承和重视马克思所欲实现的共产主义图景建构，在他们看来这种理想社会图景不但为人类社会的未来建构形态指定了某种方向，而且这种理想社会图景与当下社会现实之间所形成的某种合理的张力意识将有助于推动人类社会自身的发展。正是在对这种张力意识的超越中，人类才会不断地打破当下社会现实的限度，从而最终将理想社会图景变为"未来"的现实图景。从某种意义上说，马克思的共产主义理想图景对白银时代哲学家的影响是贯穿始终的，无论是早年的马克思主义阶段还是转变后的神学乌托邦路向，他们无不在寻求

---

① 《马克思恩格斯选集》（第1卷），人民出版社1995年版，第294页。
② 同上书，第85页。

这样一种理想社会图景。而这种对理想社会图景的寻求，在白银时代哲学家那里则集中反映为贯穿终始的乌托邦情怀，就此点西方学者曾指出："白银时代文化中的启示录式想象，从小说中的启示录形式到救世计划，其中艺术与宗教和政治联手形成了拯救个人的可行性方案并描绘了未来世界的乌托邦蓝图。"①

可以说，以布尔加科夫、弗兰克、别尔嘉耶夫等为代表的俄罗斯白银时代哲学家，他们从来都不是"正统"意义上的马克思主义者，但却始终是马克思主义学说的积极探索者。虽然他们在对俄罗斯现代化出路的进一步探索中，最终脱离了早年的马克思主义路向，并进而转向了神学乌托邦体系建构。在白银时代哲学家所建构的这种神学乌托邦体系中，他们不但"始终强调东正教的根基性作用，而且强调文化观建构的重要性，力图通过新文化观的建构来实现对虚无主义的消解和俄罗斯自身的救赎"②。但尽管如此，我们应看到白银时代哲学家对马克思主义学说及其早年所形成的马克思主义观始终是高度认同的，他们对马克思主义学说中所包含的异化学说、资本主义批判理论、人道主义精神、理想社会图景建构等内涵始终是高度认同的。作为一个非马克思主义者，他们对马克思主义学说始终抱有另一种意义上的"终生的认同与信仰"，这种认同与信仰并不因日后学说体系的转变而改变。

第二节 别尔嘉耶夫对马克思主义的探索

从某种意义上说，别尔嘉耶夫从来都不是正统意义上的马克思主义者，但却始终是马克思主义学说的积极探索者。别尔嘉耶夫在进入大学前就接触到了马克思主义学说，并深深地被马克思主义学说中所包含的对资本主义制度的深刻批判、对世界历史的独特认知、对人类前景的宏伟描述所震撼，认为在马克思主义学说中可能包含人类未来历史道路的真理。在对马克思主义学说的理论探求中，他始终是"一名批判的马克

---

① 林精华编译：《西方视野中的白银时代》（下卷），东方出版社 2001 年版，第 11 页。
② 周来顺：《对抗虚无主义与寻求拯救之途——白银时代哲学家对俄罗斯文化观的重构》，《求是学刊》2011 年第 6 期。

思主义者"①。即便在转向之后，他虽对马克思主义学说及社会主义实践多有批判，却始终认为社会主义是最符合人类尊严、道德与理想的社会类型。整体而言，别尔嘉耶夫对马克思主义的理论探索大体上经历了三个阶段。第一个阶段为19世纪末至20世纪初，"别尔嘉耶夫和其他俄罗斯马克思主义者一起成了超验唯心主义的追随者，他很长时间都将超验唯心主义和马克思主义的社会纲领结合起来"②，即尝试性地将新康德主义与马克思主义进行结合。对于这段独特的经历，别尔嘉耶夫在自传《自我认知》中曾指出，他接触马克思主义不同于大部分左翼知识分子那样通过黑格尔接触马克思，而是通过"康德和叔本华、陀思妥耶夫斯基和托尔斯泰、尼采和易卜生才接触它的"③。《社会哲学中的主观主义与个人主义》是别尔嘉耶夫的第一部著作，也是别尔嘉耶夫将新康德主义与马克思主义进行结合的一次全面探索。但由于别尔嘉耶夫看到了这种结合所建立的马克思主义是以康德的先验逻辑来确证真理的，这种真理是阶级高于一切的独立价值，由此将导致与马克思主义本身的分裂。④

正是在为社会主义寻求新的哲学基础上，别尔嘉耶夫受梅列日科夫斯基等的影响，试图将基督教与马克思主义相结合，从而为社会主义建立更为坚实的哲学基础。在第二个阶段，即"基督教的社会主义"探索阶段，别尔嘉耶夫一方面试图将社会主义中的经济因素与基督教相结合，以社会主义的经济因素促进社会的发展，以基督教的精神因素来为社会主义寻求精神指引，另一方面别尔嘉耶夫则"对社会主义与基督教的有效范围进行界定，坚定抵制社会主义对基督教僭越"⑤。在此需指出，别尔嘉耶夫试图将基督教与马克思主义相结合所建立的学说，与布

---

① ［俄］别尔嘉耶夫：《自我认知》，汪剑钊译，上海人民出版社2007年版，第92页。
② Зеньковский В. В. История русской философии. Т. Ⅰ, С. 342.
③ ［俄］别尔嘉耶夫：《自我认知》，汪剑钊译，上海人民出版社2007年版，第109页。
④ 在这种理解中，我们已看到别尔嘉耶夫对马克思主义存在的误解，即认为马克思主义学说是把阶级看作一个更高的"群体"而存在的。实则，这是不符合马克思主义学说的基本精神的。
⑤ 张桂娜：《别尔嘉耶夫人格主义社会主义观透析》，中山大学，博士学位论文，2008年，第60页。

尔加科夫的"基督教的社会主义"思想相比,无论是理论的成熟性还是体系的完整性来说,都显得过于生硬、幼稚(对此,我们将在下节中对布尔加科夫的"基督教的社会主义"思想展开论述)。在经历过这两个阶段后,别尔嘉耶夫建立了更为成熟的马克思主义思想体系,即"人格主义的社会主义"(персоналистический социализм)。

别尔嘉耶夫的"人格主义的社会主义"并不仅仅是思想家头脑中的自我想象,而是在对时代危机的深刻认知基础上建构形成的。别尔嘉耶夫在其所处的时代,看到了世纪之交的社会动荡,看到了由此所导致的革命、变革、战争与暴力的不断交错,所导致的对人的肉体的摧残;同时也看到了,世纪之交的社会动荡,所导致的信仰的迷失与价值的空无,所导致的对人更为深层的精神的折磨。别尔嘉耶夫由此开始反思造成这些问题的成因。在对这一成因的理论反思中,别尔嘉耶夫并非仅仅停留于对某种制度的批判性反思,也并非仅仅停留于对某种学说的解构与重建,而是力图从根本上反思造成人之受奴役与压迫的深层原因。别尔嘉耶夫在对人之受奴役与压迫的原因的理论探索,受到马克思的极大影响。别尔嘉耶夫认为,人之受压迫与奴役的深层原因是源于人的客体化,他对客体化内涵的理解与马克思的异化概念有很大的相似性。正如他所指出的那样,"在资本主义经济里被马克思称为人的本质的异化的东西,我则称之为客体化、变成客体"[1]。

在别尔嘉耶夫看来,客体化的奴役是全方位的,不仅仅包括作为宏大叙事的民族、国家等观念,也包括作为独特存在的人的客体化。面对着客体化的奴役,别尔嘉耶夫提出了"人格主义的社会主义"思想,人格主义的社会主义"是别尔嘉耶夫社会思想成熟的标志,意味着他终于为自己的社会理想寻找到了坚实的精神基础,这也是他一直坚持到晚年的社会理想"[2]。人格主义的社会主义思想是别尔嘉耶夫所终生坚持的,虽他后来发生了思想的转变,但对于人格主义的社会主义思想中的

---

[1] [俄]别尔嘉耶夫:《精神与实在》,张百春译,中国城市出版社2002年版,第187页。
[2] 张桂娜:《别尔嘉耶夫人格主义社会主义观透析》,中山大学,博士学位论文,2008年,第81页。

基本精神内涵是坚定不移的，正如别尔嘉耶夫所指出的那样："在社会哲学领域里，我的思想是能够自成体系的。我回到了青年时期我就开始信奉的社会主义的这个真理，但我所依据的却是我一生中所携带的观念和信仰。我称其为人格主义的社会主义，它彻底地区别于以社会先于个性为基础的社会主义的占主导地位的形而上学。人格主义的社会主义的出发点是个性先于社会。"①

别尔嘉耶夫的人格主义的社会主义是依托"个性"建立起来的，他对个性有着自身独特的理解，他认为人最大的特征就在于人是个性的存在。别尔嘉耶夫指出，理解什么是个性，很重要的一点在于理解个性与个体的区别。他指出个性是不同于个体的，"个体是自然主义的、生物学和社会学的范畴。个体相对于某个整体而言是不可分割的，是原子。个体不仅可以成为类或社会，以及整个宇宙的一部分，而且它必然被思考成整体的一部分，在这个整体之外，它就不能被称为个体。……个体与物质世界有非常密切的联系，它是由类的过程产生的……没有类就没有个体，没有个体也没有类"②。个体是一个自然的、生理的范畴，不仅动物有，甚至植物也有。而个性则不同，"个性则是一个精神范畴，而不是自然范畴，它属于精神层面，而不属于自然层面，它的形成是精神突入自然的结果。若没有精神对人的灵魂和肉体构造进行加工，就不会有个性"③。个性不是自然主义的范畴，而是精神的范畴，个性不是相对于整体而言的不可分割的东西，个性不是部分而是整体。个性既不依赖于人的自然、生理属性，也不依赖于社会和国家，它是从自身内部出发和决定的。个性是主体，而不是客体，个性根植于存在的内部，根植于精神的世界，根植于自由的世界。

在这里我们可以看到，别尔嘉耶夫的个性与莱布尼茨的单子具有某种相近性。莱布尼茨在论述单子时曾指出，单子是"组成复合物的单纯

---

① ［俄］别尔嘉耶夫：《论人的奴役与自由》，张百春译，中国城市出版社2002年版，第14页。
② 同上书，第36—37页。
③ ［俄］别尔嘉耶夫：《精神王国与恺撒王国》，安启念等译，浙江人民出版社2000年版，第226页。

实体；单纯，就是没有部分的意思……在没有部分的地方，是不可能有广延、形状、可分性的"①。这也就是说，单子是无限多的、永恒的、相互独立的，单子是有质的区别的、自因性的精神实体。别尔嘉耶夫也强调个性的质的、自因性的、永恒性的特征等，但个性又不同于封闭的单子，个性是动态的、敞开的，个性不是绝对，个性要求"另外一个个性。没有爱和牺牲，不走向他者、朋友和所喜爱者，就没有个性。封闭在自身中的个性将毁灭。个性不是绝对。作为绝对的上帝不是个性。作为个性的上帝则要求自己的他者，另一个个性，这个上帝就是爱和牺牲"②。个性是超民族、国家、人类和自然界的价值的，个性是精神意义上的价值，是人身上的神性，是"微观宇宙，是完整的宇宙"③。实则在这里，别尔嘉耶夫将个性理解为一种具有神性的、超验的精神性存在。在他看来，个性既是人区别于其他存在物的精神性存在，也是人身上的神性因素。

在这里我们也应进一步指出，以海德格尔、萨特等为代表的存在主义的马克思主义虽然也同样强调个性与自由，但从总体上看，这与以别尔嘉耶夫等为代表的白银时代宗教哲学家的理解却具有本质上的不同。这种不同不仅仅表现在对个性、自由等的具体理解上，更表现在对存在主义的总体理解上。如果说在个性、自由等的理解上，以萨特等为代表的存在主义的马克思主义者，更为强调个性、自由等的"现实的""实践的"根基，那么以别尔嘉耶夫等为代表的白银时代宗教哲学家则更为强调个性与自由的先验性，强调个性与自由的神秘主义色彩与基督教底色。别尔嘉耶夫等对个性与自由的这种强调，就是要将个性与自由从非神学的理解中超拔出来，认为那种理解仍可能将个性与自由客体化，仍无法为个性与自由建构"真正"的理论根基。而从学说倾向上来看，别尔嘉耶夫虽也被西方一些思想家划为存在主义的哲学家，但他对存在

---

① 北京大学哲学系外国哲学史教研室编译：《西方哲学原著选择读》（上卷），商务印书馆1987年版，第476页。
② ［俄］别尔嘉耶夫：《论人的使命》，张百春译，上海人民出版社2007年版，第77页。
③ ［俄］别尔嘉耶夫：《论人的奴役与自由》，张百春译，中国城市出版社2002年版，第20页。

主义的理解与海德格尔、萨特等的理解有着巨大的差异。别尔嘉耶夫对以海德格尔和萨特为代表的存在主义是多有批判的,在他看来,以海德格尔和萨特为代表的"存在主义者们看到了生命的这种荒谬性和无意义性"①,但他们却"认为人的优点在于无畏地把死亡作为最后的真理来接受"②。别尔嘉耶夫认为,在这些存在主义哲学家中虽有对个性与自由的肯定,有对死亡的坦然,但这种存在主义却是"精神的失败,是颓废和对死亡的膜拜"③。这种存在主义虽认识到了生命的荒谬与无意义,但却并没有找到摆脱这一迷宫的路向。别尔嘉耶夫认为真正的存在主义是为了战胜荒谬与死亡,而不是认同荒谬与死亡。别尔嘉耶夫认为,"真正的存在主义哲学是精神哲学"④,而且只能是以宗教为根基的精神哲学。

依托个性建立起来的人格主义承认"精神不是使人一般化,而是使人个性化,它不建立理想的,在人之外的和一般的价值世界,而是建立带有质的内容的个性的世界,并塑造个性。精神原则的胜利并不意味着人服从普遍,而是在个性中揭示普遍"⑤。这种人格主义主要表现为以下特征:一方面,人格主义不同于个人主义。⑥ 别尔嘉耶夫指出,人们常常把个人主义与人格主义相混同,实则两者具有本质的区别。个人主义来源于"个体"而不是个性一词,它具有肯定与否定两个方面。个人主义的肯定方面表现为它肯定自我的独特性,否定性表现为封闭性。但从整体上看,由于个人主义在对周围世界的反抗中,过于强调个体的自由与感受,导致它的重心在自然属性的个体上,而个体则是从属于社会的、类的。这也就决定了这种个人主义仍可能走向客体化,这种个人主义并不意味着"个性在上升,或者这只是意味着用词不准确的结果。

---

① [俄]别尔嘉耶夫:《精神王国与恺撒王国》,安启念等译,浙江人民出版社2000年版,第13页。
② 同上书,第12页。
③ 同上。
④ 同上书,第15页。
⑤ 同上书,第29页。
⑥ 别尔嘉耶夫认为,个人主义的极端表现是自我中心主义,自我中心主义自我封闭、专注于自身,无法走出自身,它阻碍个性力量的实现与个性生命的完满,是对个性的破坏。

个人主义是自然主义哲学，人格主义则是精神哲学。使人摆脱受世界的奴役，摆脱受世界外在于人的力量的奴役，就是使人摆脱受自己的奴役，摆脱自己的'我'的奴役力量，即摆脱自我中心主义。人应该同时成为精神上内倾的、内化的和外倾的，在自己的创造积极性里应该走向世界和人"①。另一方面，人格主义也不同于集体主义。在别尔嘉耶夫看来，人的存在的全部意义就在于将人从具有集体与类的特征的"世界、国家、民族、抽象思想的桎梏下解放出来"②，人格主义本身便是反集体主义、反类原则的。但这并不意味着人格主义否定共性原则，依托人格主义所建立的理想社会，将是以人之个性独立为前提的集合体。人格主义具有强烈的精神性特征与末世论指向。别尔嘉耶夫强调人格主义所具有的精神属性，认为"在世界上应该形成精神性，基督教的精神性，这个精神性可以被称为社会主义的，共通性的，但它首先是人格主义的，因为它的基础是人与人，与近人，与一切具体的人的个性关系"③。别尔嘉耶夫指出，精神对客体化的克服可能是革命的末世论的，它意味着精神向生存内部的返回，意味着自由和创造对必然的胜利，意味着精神向世界的渗透。精神性王国的实现"不是把精神理解为与世界的隔绝和逃避世界，这种逃避使世界原封不动地存在，而是把精神理解为对世界的精神上的征服，对世界的实在的改变，但不在世界给定性里把精神客体化，而是使世界服从内在的生存，这个内在的生存总是深刻的个性的，破坏'一般'的标志，即实现人格主义的革命"④。

别尔嘉耶夫依托马克思主义所要建构的是"人格主义的社会主义"，正如他自身所指出的那样，"我是社会主义的拥护者，但我的社会主义是人格主义的，不是专制的，不是允许社会凌驾于个性之上的，

---

① [俄]别尔嘉耶夫：《论人的奴役与自由》，张百春译，中国城市出版社2002年版，第162页。
② [俄]别尔嘉耶夫：《精神王国与恺撒王国》，安启念等译，浙江人民出版社2000年版，第238页。
③ [俄]别尔嘉耶夫：《精神与实在》，张百春译，中国城市出版社2002年版，第188页。
④ 同上书，第173页。

是从每个人的精神价值出发的,因为它是自由的精神、个性、上帝的形象"①。别尔嘉耶夫之所以提出人格主义的社会主义,是因为他认为在他所处的时代,马克思主义学说的理论实践都是失败的,失败的原因在于没有将马克思主义学说与西方的文化根基——基督教进行有机结合,这些学说的理论根据"要么是社会主义,要么是精神自由、人类的良知自由"②,而这两者都具有片面性。在别尔嘉耶夫看来,真正的社会主义应是"以人的自由和上帝的恩赐的作用为前提实现人与人之间的兄弟关系"③,真正的社会主义应是"人格主义的社会主义"。人格主义的社会主义是人格主义与社会主义的有机结合,这种社会主义强调将社会主义的制度建构与人格主义的精神向度进行有机的结合,以社会主义的制度建构为理想社会实现的目标,以人格主义的精神向度为理想社会实现的精神指引。在别尔嘉耶夫看来,这种精神维度的坐标则在于基督教,认为"基督教将个人的生命理解成为超个性的目的服务,不是为自己,而是为伟大的整体服务,在共产主义中有着与此完全一致的健康合理的一面"④。别尔嘉耶夫认为基督教和社会主义是完全可以联合起来的:"对我来讲,基督教是和这样的体系可以联合起来:我将它称为人格主义的社会主义体系,它将作为最高价值的个性原则和人与人之间的兄弟般共怀的原则结合起来。"⑤

别尔嘉耶夫依托马克思主义学说所建构的"人格主义的社会主义",一方面,批判资本主义社会制度,认为资本主义社会所建立的是"金钱王国,这个王国是最虚假的、最不现实的,在自己的非现实性方面是最令人厌恶的。在这个金钱王国里一切现实的实质都消失了,但是这个金钱王国拥有可怕的强力,对人的生活的可怕的统治力量;它能扶持和推翻政府,发动战争,奴役工人群众,导致失业和贫困,使在这个王国里走运的人的生活成为越来越虚幻的……金钱的王国是无个性的极

---

① [俄]别尔嘉耶夫:《自我认知》,汪剑钊译,上海人民出版社2007年版,第183页。
② Бердяев Н. А. Смысл Творчества. Москва,2004. С. 617.
③ Бердяев Н. А. Истоки и смысл русского коммунизма. Москва: ЗАО «Сварог и К», 1997. С. 410.
④ Тамже,С. 380.
⑤ Тамже,С. 410.

限,它也使财产自身成为虚幻的"①。在资本主义社会,金钱成了统治一切的力量,在这个金钱的王国中,人是一种异化的存在。但在别尔嘉耶夫看来,金钱统治下的资本主义社会的斗争,不可能简单地通过推翻资本家就能达到革命的任务,而在于从精神深处进行革命,这种精神深处的革命只能是激发人的激情、爱、创造、责任、自由的人格主义哲学。别尔嘉耶夫认为社会主义在与金钱王国的斗争中,如果"社会主义与精神和精神性隔离开来,那么它不可避免地将导致金钱的王国。金钱的王国是此世魔鬼的王国,是资产阶级的王国"②。如果社会主义不与精神性,不与自由、爱、意义相结合,那么社会主义在战胜资产阶级的金钱王国后,所建立的仍是金钱的王国、恺撒的王国、魔鬼的王国。别尔嘉耶夫指出,社会主义只有和人格主义相结合,才能激发出人身上的自由、创造、爱的激情,也只有和人格主义相结合,才能摆脱对金钱与个人主义的迷恋,从而克服物欲横流的资本主义社会制度,最终实现人的解放。

另一方面,别尔嘉耶夫的人格主义的社会主义,也是对时代认知的反思。别尔嘉耶夫看到在世纪之交的各种理论思潮与社会运动中,以各种主义与集体来压制个性。别尔嘉耶夫认识到了以这种主义或那种集体所建构的各种集体主义的弊端,认为无论是作为典型现代集权主义特征的法西斯主义,还是其他类型的集权主义,之所以能周期性地出现,是因为其以集体主义的名义,"充满激情地高唱:'由兴高采烈的、游手好闲的、沾满鲜血的双手,为了爱情的伟大事业,引导我走向死亡的营地。'他们向远方走去,带着可怕的祭品,去献出自己的生命。但现在他们胜利了,在举行庆典。不久,他们很快就转化成'兴高采烈的、游手好闲的、沾满鲜血的双手'。不久,又会出现一些新人,希望走向'死亡的营地'。历史的悲喜剧就这样没完没了地重演"③。别尔嘉耶夫

---

① [俄]别尔嘉耶夫:《论人的奴役与自由》,张百春译,中国城市出版社2002年版,第218页。

② [俄]别尔嘉耶夫:《精神与实在》,张百春译,中国城市出版社2002年版,第186页。

③ [俄]别尔嘉耶夫:《自我认知》,汪剑钊译,上海人民出版社2007年版,第185页。

认为这种集体主义是以牺牲人的个性存在，牺牲人类的精神性维度为代价的。

总之，别尔嘉耶夫依托马克思主义学说所建构的"人格主义的社会主义"，是一种理想的社会类型，在这一理想的社会类型中，将实现精神与物质、自由与价值、个性与共性等的统一。别尔嘉耶夫认为，人格主义的社会主义将最终实现人的解放，认为也"只有人格主义的社会主义才是人的解放。集体主义的社会主义是奴役"①。从总体上看，别尔嘉耶夫对马克思主义学说的理解，虽在不同的时代有所变化，但始终对马克思主义饱含热情，正如其自身所言："我终生对马克思主义都怀有特殊的感情。至今依然如故。我非常了解马克思主义，因为我了解的不仅是它的表象，而且是它的内涵。"② 他也始终认为，马克思所建构的社会主义学说可能是目前人类出路的最好方式。但与此同时，在别尔嘉耶夫看来，马克思主义所建构的学说也存在某种限度，如缺乏精神性的内涵等。因而在早期对俄罗斯现代化出路的探索中，别尔嘉耶夫力图将马克思主义与人格主义相结合的方式来探索俄罗斯的现代化出路。

第三节 弗兰克对马克思主义的探索

С. Л. 弗兰克（1877—1950）于 1877 年出生在莫斯科一个犹太知识分子家庭。青年时期，弗兰克就开始阅读米海洛夫斯基、皮萨列夫、拉甫洛夫等激进社会思想家的作品，并在此影响下加入了马克思主义小组。1894 年进入莫斯科大学法律系后，他积极参加有关政治经济学和社会主义问题的讨论，并从事马克思主义思想的研究和宣传工作。由于他对马克思主义思想的宣传和实践活动，在 1899 年的全国学潮中被捕，并被判处流放到下诺夫哥罗德。到 20 世纪初，弗兰克开始发生思想转向，但这种转向并非意味着他对马克思主义学说划界，实则他对马克思主义学说中的异化理论等，始终是高度认同的。弗兰克一生著作颇多，

---

① ［俄］别尔嘉耶夫：《论人的奴役与自由》，张百春译，中国城市出版社 2002 年版，第 246 页。
② ［俄］别尔嘉耶夫：《自我认知》，汪剑钊译，上海人民出版社 2007 年版，第 105 页。

主要著作有《马克思的价值理论及其意义》（1900）、《偶像的毁灭》（1926）、《生命的意义》（1926）、《马克思主义的基础》（1926）、《唯物主义是世界观》（1928）、《社会的精神基础》（1930）、《上帝和我们在一起》（1946）、《实在与人》（1956）等。在弗兰克的理论生涯中，始终不懈地探索人道主义的问题及其实质，特别是对中世纪、近代的人道主义思想进行了探讨。而在对马克思主义的探索与建构中，弗兰克也是以人道主义为切入点的。

一 人道主义的社会主义之问题探源

如何理解马克思主义学说，是否有"两个马克思"，是否存在着"统一的马克思"等问题，一直是20世纪以来马克思主义研究者们所关注的理论热点，在这些问题的背后，实则隐匿着一条核心暗线，即马克思主义理论中是否具有人道主义因素。在20世纪的"新马克思主义"思潮中，就马克思主义是否是一种人道主义，曾进行了极为广泛、深刻的争论。如在西方人本主义马克思主义的众多流派中，以萨特等为代表的存在主义的马克思主义、以霍克海默和阿多诺等为代表的法兰克福学派、以弗洛姆等为代表的弗洛伊德的马克思主义，还是在以沙夫、赫勒、彼得洛维奇、科西克等为代表的东欧新马克思主义中，大都强调马克思主义学说中所折射出的人道主义精神，都强调马克思的早期著作，特别是《1844年经济学哲学手稿》，并把早期的马克思看作"真正的马克思"。

在这方面的论述中，弗洛姆就对马克思主义学说持人道主义的理解，认为未来社会是建立一个"人道主义的社会主义"，指出："马克思主义的目的在于建立一个超越资本主义社会的人道主义社会，一个以全面发展人的个性为宗教的社会"，"这个人道主义的社会主义既不同于苏联的共产主义，又不同于资本主义"[①]。在弗洛姆欲建构的理想的人道主义社会图景中，是以"爱"为基础的"健全的社会"，因为"只

---

① ［美］弗洛姆：《在幻想锁链的彼岸》，张燕译，湖南人民出版社1986年版，第149页。

有当人的爱和理性得到前所未有的发展,只有当他能在人类休戚相关和正义的基础上建立一个新世界,只有当他感到有赖于普遍友爱的存在,他才会发现一具崭新的人类生存基础,他才能够把现存的世界改造成一个真正的人类家园"①。在这里将摆脱经济决定论的枷锁对人的束缚,从而实现社会的健全,实现人的精神解放与个性自由。而布洛赫也同样指出马克思主义会"导向一个人道的世界"②。从整体上看,这种对马克思主义是一种人道主义的强调,一方面与20世纪以来人类所遭遇的悲剧性命运相关,另一方面也与马克思主义理论自身的学说基点有密切的关系。

而与此相反,在西方科学主义马克思主义的流派中,以德拉-沃尔佩、科莱蒂等为代表的实证主义的马克思主义和以阿尔都塞等为代表的结构主义的马克思主义,他们虽然也"反对传统辩证唯物主义和历史唯物主义(特别是斯大林主义)的形而上学和独断论特征"③,但他们的理论路径却是"力图按照现代科学的精神重建马克思主义"④,他们大多重视以《资本论》等为代表的成熟期的马克思主义的著作,反对"高扬人之主体性的人道主义(人本主义)立场"⑤。在这其中,尤以阿尔都塞等为代表的结构主义的马克思主义对人道主义的批判最为激烈。阿尔都塞强调,在马克思学说进程中存在着从意识形态到科学的"认识论断裂",认为他的早期学说带有意识形态成分,是不成熟的,由此阿尔都塞确立了"理论的反人道主义"。阿尔都塞认为"理论的人道主义"就是假定一种抽象的人的本质作为历史和政治理论的基础,以此来推出社会发展的必然性,而马克思本人在理论上是反人道主义的,认为马克思主义是哲学上的非人道主义,认为马克思不是从抽象的人的本质中推导出社会和历史的必然性的,而且成熟时期的马克思与任何时期的

---

① [美]弗洛姆:《健全的社会》,欧阳谦译,中国文联公司出版社1988年版,第29页。
② [德]布洛赫:《一个马克思主义者无权成为悲观主义者》,梦海译,《世界哲学》2007年第4期。
③ 衣俊卿:《人道主义批判理论:东欧新马克思主义述评》,中国人民大学出版社2005年版,第6页。
④ 同上。
⑤ 同上。

人道主义相决裂。阿尔都塞认为，"必须把人的哲学神话打得粉碎。在此绝对条件下，才能对人类世界有所认识。援引马克思的话来复辟人本学或人道主义的理论，任何这种企图在理论上始终是徒劳的。而在实践中，它只能建立起马克思以前的意识形态大厦，阻碍真实历史的发展，并可能把历史引向绝路"①，认为"人道主义的本质是意识形态"②。

由此可见，即便在20世纪以来，关于是否存在着"人道主义的社会主义"也同样存在着争论。在这种争论中，我们看到上述思想家们并不排斥马克思主义学说中具有人道主义精神，而在于如何定位这种人道主义精神。作为"人道主义的社会主义"的反对者们，他们认为过于从人道主义角度阐释马克思主义学说，有将马克思主义学说退回到费尔巴哈的人本学路向的可能性，而这与马克思、恩格斯所建构的科学社会主义学说是相违背的。

二 对马克思主义探索的理论成因

上述对马克思主义学说的理解与分歧，在白银时代哲学中也同样存在。19世纪末20世纪初的俄罗斯白银时代哲学家，在对马克思主义理论的探索中，以弗兰克为代表的思想家指出了马克思世界观根源于人道主义，并提出了要建构一个"人道主义的社会主义"（гуманистический социализм）的理论图景。就总体而言，这种"人道主义的社会主义"，是以东正教神学为理论底色的人道主义。无论是别尔嘉耶夫、布尔加科夫还是弗兰克，都偏重于把马克思主义理解为人道主义，并且认为"在当今，可以说社会主义是人道主义最有影响的变种"③。

弗兰克对人道主义有着自身独到的见解，他认为欧洲人道主义的思想源头并非在文艺复兴，实则在古希腊的神话传说中已有所呈现。弗兰克就此曾指出："古希腊罗马世界就是'人道主义'的真正故乡，是最

---

① ［法］阿尔都塞：《保卫马克思》，顾良译，商务印书馆2006年版，第226页。
② 同上书，第227页。
③ Булгаков С. Н. Христианский Социализм. Издательство Новосибирск «Наука» Сибирское Отделение, 1991, С. 220.

早认识并以高尚形式逐渐阐明人的尊严、人形象之美和意义的地方。"①弗兰克认为，在东方的雕塑还存在着人兽形象混杂在一起之时，在希腊的雕塑中则已出现了对人正面形象的揭示。他指出："对欧洲而言，希腊人道主义依然是高度的人类文化的永恒体现。"②这种人道主义思想在智者学派那里奠定了基础，而苏格拉底、柏拉图、亚里士多德，以及晚期希腊哲学中的伊壁鸠鲁学派和斯多葛派等，则进一步发展了这一人道主义思想。而在文艺复兴时期，思想家们则再次转向历史，回到作为人道主义源头的古希腊。文艺复兴时期的这些思想家们，肯定人的自由、尊严、价值、创造等。

但与此同时，以弗兰克等为代表的白银时代哲学家认为在文艺复兴的人道主义背后，同样也开启了西方人道主义的悲剧性命运，这个悲剧性命运的标志性结果即是尼采哲学的出现，"尼采具有极大意义，他既标志着基督教的危机，也标志着人道主义的危机，在他的学说里，在超人以及他所追求的超人高度的思想中，无论是上帝还是人都消失了。人道主义走向深渊。在尼采现象之后，乐观主义的、理性的、温和的人道主义实质上已经行不通了"③。之所以在文艺复兴中孕育着人道主义的危机，是与白银时代哲学家自身学说的理论底色与出发点密切相关的。在他们看来，文艺复兴中的人道主义精神过于强调人的主体性，过于强调宗教对人的压迫与奴役，并最终导致了对基督教精神的反叛。在他们看来，文艺复兴之后基督教精神的缺乏与世俗哲学的兴起，也就不可避免地开始了人道主义自身的悲剧性命运。由此，白银时代哲学家进一步指出，自启蒙运动以来的人道主义精神，由于过分强调理性精神，实则是对人道主义精神的最为隐性、激烈的反叛，指出"启蒙运动从人道主义的前提中得出了最为激进的否定性结论：在宗教领域，它通过自然神教逼近怀疑主义和无神论；在哲学领域它通过唯理论和经验主义逼近实证主义和唯物主义；在道德领域，它通过'自然'的道德，逼近功利主义和快乐主义……尽管西方启蒙哲学娓娓动听、广泛流传于民众之

---

① Франк С. Л. С Нами Бог. Париж，1949，С. 193.
② ［俄］别尔嘉耶夫：《俄罗斯灵魂》，陆肇明等译，学林出版社1999年版，第162页。
③ 同上书，第163页。

中，欧洲大地的面貌越来越遭受扭曲，且在市侩习气的严寒中冻僵"①。指出这种脱离于宗教维度的人道主义，最后将枯萎、腐败，将走向对原初人道主义精神的最终反叛。

  白银时代哲学家指出，俄国虽没有经历过西方意义上的文艺复兴式的人道主义阶段，也没有经历过人文主义的激情澎湃与充盈自由的创造阶段。虽然在以普希金等为代表的黄金时代，出现了一次闪光的时刻，但并没有经历过欧洲式的文艺复兴运动。而与此形成鲜明对立的则是，无论是在俄罗斯文学、宗教还是艺术等领域，都有对人道主义精神的大量描写。俄罗斯虽没有体验过西欧意义上的人道主义，但"关于人的问题，关于人在社会和历史中的命运问题"②，始终是俄罗斯思想中的主题。由于俄罗斯思想的自身特点，它以独特的方式体验到人道主义的危机，发现了人道主义自身必然的悲剧性命运。以弗兰克为代表的白银时代哲学家所面对的是一个危机四伏的时代，他既看到了现实层面时代的动荡不安，又看到了精神层面虚无主义的侵袭。弗兰克看到，在虚无主义侵袭下的俄国，虚无主义否定社会的一切精神价值，从否定宗教、精神文化，到否定人的自由等，认为这种极端的、激进的否定，导致了偶像的幻灭，从而使俄罗斯陷入了前所未有的深渊与迷惘之中。这些幻灭的偶像包括革命的偶像、政治的偶像、文化与进步的偶像、理想或道德理想主义的偶像和空虚的精神自由的偶像等。人们不惜一切代价，为这些偶像的实现去流血、牺牲，最终却发现得到的是偶像的幻灭。

  首先，是革命偶像的幻灭，自民粹主义运动以来，俄罗斯知识阶层对革命充满信仰，相信革命能改变一切、铸造一切。认为要献身于人民，就需要成为伟大的革命者，就需要为爱而革命和献身，就需要无情地向压迫人民的政权宣战。但从民粹主义早期的"到民间去"运动到恐怖主义运动的转变，包括在此之后其他派别的一系列运动，使俄国知识阶层看到："这个偶像曾为几代人所崇拜，被看作是活的救世主，使

---

  ① [俄]基斯嘉柯夫斯基等：《路标集》，彭甄等译，云南人民出版社 1999 年版，第 31—32 页。
  ② Бердяев Н. А. Русская идея. Москва: ООО«Издательство АСТ», 2004, С. 90.

许多人为之牺牲"①,但它并没有实现俄国知识分子的梦想,它不但摧残了俄罗斯生活,而且破坏了原有的宗教信仰,走向了理想的反面。其次,与革命偶像相关的是政治偶像的幻灭,认为历次革命总是幻化出圣者和英雄们,认为他们是政治的偶像,但一次次革命却总是以悲凉的方式结束,每次革命"也曾是血流成河,也曾是人声哭泣"(俄国诗人卡拉姆津言)。此外,弗兰克还具体指出了文化偶像和理想偶像的幻灭。在弗兰克看来,这一系列偶像的幻灭是精神空虚与无信仰的直接结构,它源于"我们的精神脱离了自己的根,现在正在枯萎;它焦虑不安地寻求着与这些根再度连接,深深埋入精神土壤的原初的母亲怀抱,以期重新开花结果。为了不在我们精神的最深处感到死亡的空虚,就应当使精神没有终结,使我们的精神同无限的精神直接相联系,为了使我们的生命不枯竭,就应当使它具有永恒的生命之源。②

面对着偶像的幻灭、虚无主义的盛行,俄罗斯的出路何在?俄罗斯该"怎么办"?对于"怎么办"的问题,俄罗斯历来存在着两种回答方式:一种是托尔斯泰式的,另一种是革命式的。托尔斯泰式的方式认为,人不应盲目地追求欲望的满足,更不应采取暴力活动的方式,而应追求完满的内心道德生活,它的"直接目的仍然是给世界带来新的共同秩序,新的人际关系和生活方式,以此来'拯救'世界;这种秩序往往带有外在经验的内容:素食主义、农业劳动等等"③。托尔斯泰式④出路的实质,很大程度上在于试图通过个人道德的自身完善来使世界摆脱恶、使生命有意义,从而实现社会的拯救。在早年的弗兰克看来,这条路向虽强调了人自身的价值,突出了人道主义的内容,但却缺乏整个社会的实践维度。由此,他强调另一种方式,即马克思主义的革命路向,

---

① [俄]弗兰克:《俄国知识人与精神偶像》,徐凤林译,学林出版社1999年版,第88页。

② 同上书,第135页。

③ 同上书,第164页。

④ 这种出路很接近现代新兴宗教,如西美尔等所提出的"后宗教观",也同样认为,时代危机的根源在于宗教信仰的危机,而对于宗教信仰危机的克服则在于"后宗教"的建构。他认为这种后宗教实质上是个体生命的内在宗教,现代性危机的克服不在于对传统宗教建制的现代化改进,而在于个体生命的内在实现。

他在马克思那里看到了真理,认为马克思主义不仅有相应的人道主义真理,而且还有实践的维度。弗兰克认为社会主义具有崇高的信仰,他信仰的前提是:"对人性本善的人道主义信仰、对永恒人权的信仰、对人类能够通过各种手段构筑人间天堂的信仰"。①

三 "人道主义的社会主义"之体系建构

弗兰克之所以提出人道主义的社会主义体系建构,是因为他认为马克思本人世界观的源头即是人道主义,这种人道主义包含着对资本主义社会的深刻认知与强烈批判。弗兰克认为,资本主义制度压迫了人的个性,扭曲了人的形象,使人成为金钱的奴隶,成为一种工具,人丧失了他的本质。而马克思就是要通过对资本主义社会制度的全面批判,将人丧失的本质归还给他自身。弗兰克不但指出马克思本人世界观的"根源是人道主义"②,而且还同以萨特等为代表的存在主义的马克思主义者、以霍克海默和阿多诺等为代表的法兰克福学派、以弗洛姆等为代表的弗洛伊德的马克思主义者,以及以沙夫、赫勒、彼得洛维奇、科西克等为代表的东欧新马克思主义者一样,同样强调马克思早期著作的价值,认为"马克思青年时代的著作比晚年著作更有教益。人道主义也是他思想起源,他为人的解放而斗争。他的反对资本主义的斗争奠基于这种认识:在资本主义社会中产生出工人的人的本质的异化、他的人性的丧失、人性的物化。马克思主义的全部道德激情都以反对这种异化和非人化的斗争为基础,马克思主义要求充分恢复人的本质。马克思的青年时期著作预定了存在主义的社会哲学的可能性。马克思把僵化了的资产阶级古典政治经济学的范畴溶化了"③。

弗兰克指出,从文艺复兴到当代,"欧洲的精神文化生活都是在两种信仰——对神的信仰和对人的信仰——之间的残酷的、你死我活的斗

---

① [俄]弗兰克:《社会的精神基础》,王永译,生活·读书·新知三联书店2003年版,第6页。
② [俄]别尔嘉耶夫:《神与人的生存辩证法》,张百春译,上海人民出版社2007年版,第328页。
③ Бердяев Н. А. Русская идея. Москва: ООО«Издательство АСТ», 2004, C. 98-99.

争中进行的。一条连续不断的精神发展线索从乔尔丹诺·布鲁诺和意大利文艺复兴时期的无神论一直延伸到费尔巴哈、马克思和尼采"①,贯穿其中的精神发展线索即是对人道主义的寻求。弗兰克将人道主义从总体上分为非宗教的人道主义和宗教的人道主义,又将非宗教的人道主义分为集体的人道主义和个体的人道主义两种,认为以尼采为代表的思想家所建构的超人学说等对人的终极关怀是个体的人道主义,但认为在尼采的超人学说中实现的是"把人的精神个性扼杀在人——兽之中"②,尼采的出发点是对英雄主义式的超人的崇拜,以此来反抗堕落的基督教对人的奴役。而与尼采相反,马克思的人道主义则是"只能通过集体化,只能使个人附属于集体"③才能建立起来。他指出了马克思强调人的价值,强调"人不仅在观念中,而且在自己的现实生活中也应当是自己命运的主宰者"④。弗兰克指出了马克思强调经济的重要性,并从经济的角度去考察人。弗兰克认为在马克思的思想深处带有很深的宗教性,特别是犹太教中的弥赛亚思想对马克思影响很大,认为马克思的革命主体无产者"扮演着选民的角色,也就是新的以色列人,世间之神的集体体现,他负有在人世间实现神的王国——全能的人的王国——的使命。以'无产者'为代表的集体的个人具备世间之神的一切属性:他的意志是不容反驳的最高等级,是善的绝对标准"⑤。此外,弗兰克还进一步指出马克思主义革命在俄罗斯发生的原因,除俄罗斯所面临的民族危机,从而去寻求拯救之路之外,还与俄罗斯民族性格、民族历史和民族文化中包含的反对阶级压迫、金钱统治、追求社会平等与正义等价值因素直接相关。

弗兰克看到了马克思主义学说的自身价值,看到了马克思主义学说无论是在对资本主义社会的批判,对未来社会理想图景的建构,还是对革命方式等的理解上,都充满着巨大的合理性。但与此同时,由于马克

---

① [俄]弗兰克:《实在与人》,李昭时译,浙江人民出版社2000年版,第159页。
② 同上书,第165页。
③ 同上书,第163页。
④ 同上书,第162—163页。
⑤ 同上书,第163页。

思主义学说中过强的现实维度,以及对"无产者"特殊使命的认知等,则仍有可能导向一个俗世的社会。在这一社会中,它可能实现某种公正与正义,可能会实现某种解放,但却缺乏精神性的内涵。由此,弗兰克力图将人道主义与马克思主义学说相结合,从而提出了"人道主义的社会主义"。但在此我们要注意的是,弗兰克所强调的这种人道主义,并非是自启蒙以来所强调的理性主义传统的人道主义,而是基督教(特别是东正教)的人道主义传统。在弗兰克看来,通过将基督教中的人道主义精神注入到马克思主义学说之中,既可避免精神维度的丧失与信仰主体的阙如,从而扼住自近代,特别是自启蒙运动以来由于对理性的过分强调,对宗教与信仰的过分批判,而导致虚无主义盛行的可能性。这种人道主义的社会主义并非是以启蒙理性为核心的,而是和别尔嘉耶夫的"人格主义的社会主义"、布尔加科夫的"基督教的社会主义"一样,都强调精神与信仰的重要性,都是建基于基督教(特别是东正教)神学基础之上。

弗兰克在对马克思主义经历了短暂的信仰后,逐步从"人道主义的社会主义"转向唯心主义。这种转变源于在弗兰克看来,"以往的诸神已遭千夫所指,身败名裂,一如僵死的神像,而新创的真理却不能深入人心,不能让人信服。我们生活在一个没有宗教信仰、充满怀疑与失望、处事冷漠的时代,我们不知道应该为什么而工作,应该追求些什么,为什么而竭尽自己的绵薄之力"①。在这个充满怀疑与冷漠、信仰迷失,并被"一股无法遏制的来势凶猛的浊流无目标地推动着我们的生活。我们不是在创造生活,而是陷于混乱无序的自发历史力量的模糊思想及坚定信仰的泥沼中一步步走向死亡"②。如此一来,如果真如弗兰克所言,马克思主义的真理不能让人信服,那么我们的出路何在?正是在对这种出路的寻求中,弗兰克重新转向基督教,寻求以基督教为理论根基的"爱的人道主义",认为"只有爱能够拯救我们——这是这样一种存在物的爱,这种存在物不像我们这样软弱、无助和贫乏,而是自己

---

① [俄]弗兰克:《社会的精神基础》,王永译,生活·读书·新知三联书店2003年版,第6页。
② 同上书,第7页。

就能坚定地站立，而且有丰富的内容，能够滋润和养育我们的精神"①。弗兰克的这种思想转变，源于他认为在马克思的思想学说中存在着将一切机械化的理解倾向，而且在马克思的人道主义思想中缺乏宗教的维度，这种革命的人道主义不但同样会导致虚无主义，而且革命的人道主义本身即是对革命的田园诗式的理解，是幼稚与可笑的。弗兰克认同别尔嘉耶夫对革命的理论，认为"革命是一次重病，是痛苦的手术，它证明的是正面创造力量的不足，它们无法履行自己的职责"②。

不可否认，弗兰克在对马克思主义的理解中存在着误区，如认为"社会主义的灵魂是分配的理想，它的终极愿望的确是剥夺一些人的财产并将其分给另一些人。社会主义的道德热情集中于分配公正思想并仅限于此；这种道德的根源也在于机械的理性幸福论，即确信幸福的条件无须创造，只要把它们从那些利己的非法占有者中夺回即可"③。弗兰克这种对马克思主义的简单理解，实则是将马克思主义退回到空想社会主义的水平上。虽然弗兰克对马克思主义的学说有种种的误读，虽然他也最终发生了思想的转向，但他仍对马克思主义精神具有深深的认同与信仰，如针对侨民中（特别是欧亚主义者）对马克思主义学说特别是对俄国革命的批判与贬低，认为"俄国革命只不过是在虚伪的思想和理想外表掩盖下的、赤裸裸的、毫无思想性的、厚颜无耻的暴行，是图财害命的掠夺……革命总是纵容罪恶、暴行和贪欲的急风暴雨，肆意横行"④。弗兰克则针对这些观点进行了批判，他指出了俄国革命的必然，并进一步指出俄国革命成功的真正力量源于它是"一种大公无私的信仰，是追求客观真理的激情，其成功取决于这种信仰的狂热献身者的坚贞和无私的忘我精神"⑤。弗兰克也同白银时代哲学的其他思想家一样，

---

① ［俄］弗兰克：《俄国知识人与精神偶像》，徐凤林译，学林出版社1999年版，第135页。
② ［俄］别尔嘉耶夫：《自我认识》，汪剑钊译，上海人民出版社2007年版，第171页。
③ ［俄］弗兰克：《俄国知识人与精神偶像》，徐凤林译，学林出版社1999年版，第65页。
④ ［俄］索洛维约夫等：《俄罗斯思想》，贾泽林等译，浙江人民出版社2000年版，第293页。
⑤ 同上。

他们都从特有的基督教视野出发来评判马克思主义学说,认为马克思主义学说及其实践化破坏了人的精神性维度。但与此同时,他们对马克思主义的批判精神、社会理想图景,特别是对资本主义制度的批判等,则同样是高度认同的。

第四节 布尔加科夫对马克思主义的探索

布尔加科夫(1871—1944)是俄国哲学史上最为重要的宗教哲学家、神学家之一,同时也是俄罗斯白银时代哲学的重要代表。基于时代性危机,在布尔加科夫的早期理论探索中,力图通过将马克思主义与俄国文化相结合的方式来克服这一危机,并建构了"基督教的社会主义"(христианский социализм)理论体系。整体上看,这一体系强调以俄国传统文化根基东正教为理论底色。

一 异化根源的深层挖掘

正如大多数思想家一样,布尔加科夫早期在对马克思主义学说的理论探索中,更多的是以经济理论、从对异化劳动理论的分析和资本主义制度的批判为开端的。布尔加科夫认同马克思的异化劳动理论和对资本主义制度的批判,但在对异化劳动产生机制的理解上却与马克思有本质的差别。马克思在《德意志意识形态》中指出:"分工从最初起就包含着劳动条件—劳动工具和材料—的分配,也包含着积累起来的资本在各个所有者之间的劈分,从而也包含着资本和劳动之间的分裂以及所有制本身的各种不同的形式。分工越发达,积累越增加,这种分裂也就发展得越尖锐。劳动本身只能在这种分裂的前提下存在。"① 分工意味着生产积累的重新占有与分配,进一步意味着资本的积累,资本与劳动的分离。这种分离既是异化劳动产生的过程,也是私有制形成的过程。分工和私有制是同一件事情的不同表述方式,"一个是就活动而言,另一个

---

① 《马克思恩格斯选集》(第1卷),人民出版社1995年版,第127页。

是就活动的产品而言"①。由此，马克思指出由分工所导致的异化使工人"在自己的劳动中不是肯定自己，而是否定自己，不是感到幸福，而是感到不幸，不是自由地发挥自己的体力和智力，而是使自己的肉体受折磨，精神遭摧残"②。这种情境下的劳动已变成摧毁人的方式，并使人本能地逃避它，这种"劳动的异己性完全表现在：只要肉体强制或其他强制一停止，人们会像逃避瘟疫那样逃避劳动"③。

布尔加科夫认同马克思对资本主义社会中异化现象的批判，但在对异化产生机制的分析上却与马克思有本质不同，他更多的是立足于基督教（特别是东正教）视域进行阐释。布尔加科夫对劳动内涵有特殊的理解，认为劳动不仅仅是一种社会实践活动，而且是带有宗教性的，它是实现人最终救赎的"中间阶段"与途径。他通过对宗教维度的分析，指出异化劳动的产生源于人的原罪，源于对人之原罪的惩戒。《圣经》"创世纪"篇中指出，"耶和华神将人安置在伊甸园，使他修理看守。耶和华神吩咐他说：'园中各样树上的果子，你可以随意吃，只是分别善恶树上的果子，你不可吃，因为你吃的日子必定死'"。（创世纪2：15—17）而人却不听从上帝的戒令，吃了善恶树上的果子，上帝发现后对亚当说："你既听从妻子的话，吃了我所吩咐你不可吃的那树上的果子，地必为你的缘故受咒诅。你必终身受苦，才能从地里得吃的。地必给你长出荆棘和蒺藜来，你也要吃田间的菜蔬。你必汗流满面才得糊口，直到你归了土，因为你是从土而出的。你本是尘土，仍要归于尘土。"（创世纪3：17—19）布尔加科夫将异化劳动的根源置于宗教维度、置于《圣经》之中，认为《圣经》中关于人之原罪的阐释，正是异化劳动产生的深层根源。进而布尔加科夫指出，人与世界原初关系的转变体现在"劳动"中，劳动是以一种异在的方式闯入世界之中的，这种闯入呈现出了人的堕落与上帝对人的审判。正是基于人的原罪，进而在《创世纪》中指出了劳动与人的对立（"地必因人的缘故受咒诅"），指出大地必长出"荆棘与蒺藜"，而人必将"终身劳苦，才能从

---

① 《马克思恩格斯选集》（第1卷），人民出版社1995年版，第84页。
② 马克思：《1844年经济学哲学手稿》，人民出版社2000年版，第54页。
③ 同上书，第55页。

地里得吃的"。由此，布尔加科夫指出："当人将魔法的原则引入自己与世界的关系中后，他便自然地受制于它，这一点是被上帝的判决所确认的。大自然在人的面前成为一种用饥饿与死亡武装起来的敌对力量，而人类的全部生活都带有了经济的意味，陷于空虚无聊的事务性奔波忙碌之中。"①

在布尔加科夫看来，人原初在伊甸园中的劳动并不带有强制性，而是在劳动中感受到爱与创造，劳动是一种自由的、创造性的实践活动。但由于人受到了蛇的诱惑，而变成了劳动的奴隶，并且他的崇高使命——守护伊甸园——从此被遮蔽了。由于人的原罪与堕落，劳动成为奴役人的一种方式，成为一种世俗性的活动。异化了的劳动使人"成为需求与利益的奴隶，而与创造性和灵感相排斥。在灰色的经济中杂入其中的各种颜色此起彼伏地闪动着：时而是闪亮的明快色调，时而是浓重的黑暗色调"②。于是劳动处于奴役与解放、超凡与世俗之间的中间状态，成了一种"灰色魔法"。劳动作为灰色魔法，表现为在其"密不可分地混合着神术与妖术的因素、光明与黑暗的力量以及存在与非存在，而在这种隐藏着持续而痛苦的矛盾根源的混合中，将这种混合的本质推向悖论的顶端"③。但在布尔加科夫看来，劳动虽是对人原罪的惩戒、虽带有灰色魔法成分，但劳动仍有其不可替代的合理性价值。这源于被魔法化了的劳动，仍带有原初劳动所具有的自由与创造性，源于劳动使人成为一种动态的、超越性的存在，劳动确立了人在宇宙中的中心地位。

在此我们看到，布尔加科夫重视马克思主义学说中对劳动的分析和异化劳动的理解，并以对"劳动"的独特阐释为脚手架契入马克思主义学说。但在对异化劳动产生根源的分析上，布尔加科夫与马克思之间却有着本质的不同。在对异化劳动产生根源的分析上，布尔加科夫回到了他的母体文化——基督教（特别是东正教）信仰中，认为异化劳动的产生源于人的原罪。正是由于人的原罪，才产生了异化劳动，从而导致

---

① Булгаков С. Н., Свет невечерний., Издательство "Республика", 1994, С. 302.
② Тамже, С. 305.
③ Тамже.

了人的被奴役与压迫地位。

二 艺术承载的反抗功能

布尔加科夫认为由于人的原罪而导致了异化劳动，导致人在劳动中不再感受到自由与创造的愉悦。但由于劳动的复杂性，劳动成了奴役与解放的中间状态，成了一种"灰色魔法"。基于劳动的复杂性及异化劳动所产生的后果，布尔加科夫力图通过艺术的引入来克服劳动自身的局限性。在布尔加科夫看来，艺术与劳动虽表现形式不同，但都根源于智慧。

可以说，面对着19世纪末以来人类所面临的深层危机，以尼采、西美尔、卡西尔、本雅明、海德格尔、马尔库塞、阿多诺等为代表的众多思想家都看到了艺术的力量，都曾试图通过对艺术与审美等的强调来克服现代社会的弊端。如尼采认为"艺术是生命的最高使命和生命本来的形而上活动"[①]，"只有作为审美现象，生存和世界才是永远有充分理由的"[②]。而西美尔也同样重视作为一种救赎功能的艺术，源于艺术能够唤醒功能，艺术"是生活的解脱，通过生活的对立面，生活得到了解脱"[③]。在西美尔看来，艺术可以使人类"从它的实践中，它的偶然性，它那时光的流逝，它那没完没了的一连串目的手段中获得拯救"[④]。而作为法兰克福学派重要代表的马尔库塞，面对着发达资本主义社会的全面异化，也同样在艺术中看到了救赎的希望，并进而指出"艺术就是反抗"[⑤]。而艺术之所以能成为一种反抗的力量，是因为艺术本身的想象力，作为审美的艺术的原初含义就是将快乐、感性、真理、自由等融为一体。艺术自身所独具的想象力等特点，决定了艺术具有区别于服从理性化原则的技术等特征。在马尔库塞看来，艺术不可能成为任何东西的

[①] [德]尼采：《悲剧的诞生》，周国平译，生活·读书·新知三联书店1986年版，第2页。

[②] 同上书，第21页。

[③] [德]西美尔：《桥与门：西美尔随笔集》，涯鸿等译，上海三联书店1991年版，第141页。

[④] [德]西美尔：《生命直观》，刁承俊译，上海人民出版社2003年版，第69页。

[⑤] [德]马尔库塞：《爱欲与文明》，黄勇等译，上海译文出版社2005年版，第112页。

附属物和操控性力量，艺术本身就是一种摧毁和解放的力量。也正是艺术的这一特性，决定了艺术与革命的内在关联，从而使艺术本身就呈现为一种革命的实践性力量。而且艺术的这一特性，使我们能够"预见一个与艺术和现实共处的世界；但在这个世界中，艺术仍将保留其超越性"①。艺术将废除一切蒙昧性、压迫性的力量，从而打开一个新的天地。艺术永远是相对于现实社会的"异在者"，艺术所遵从的法则不是对现存制度的认同与肯定，而是批判、否定与超越。艺术最终将通过让异化了的世界"讲话、唱歌甚或起舞，来同物化作斗争。忘却过去的苦难和快乐"②，并最终实现人的解放。

处于同一时代的布尔加科夫也同样洞察到了艺术的巨大力量，洞察到了艺术所具有的否定性、对抗性、批判性与超越性等特征。布尔加科夫认为，艺术可以使人从现实世界的痛苦与碎片中解脱和拯救出来，可以通过艺术的审美方式来弥补劳动自身的局限性并最终克服异化。他指出："审美态度通常都伴随着实践的非功利性与无私精神。艺术不是对现世进行功利性评价，因为它沉醉于另一个更高的世界之美，并努力使之成为可感的。它标明了灵魂的渴望与忧虑，将造物呈现在主显容的光明之中。它的声音仿佛来自另一世界的呼唤，来自远方的消息。"③作为审美的艺术虽与经济性的劳动一样，也有其技术性、规律性的一面，但艺术本身却是源于美的灵感，它是存在于逻辑推理之外的。由此也就决定了艺术的创造不是通过有规律的、连续性的技术方式来完成的，艺术是灵感和情欲的，是一种非现实的美，是"一种象征、召唤、诺言和庄严的姿态"④。如果说被异化了的经济性的劳动是一种强制，而"艺术则使大地保持未触动状态，只是在大地或者大地上空创造自己的独特的美的世界"⑤。艺术是对异化了的世界图景的超越，寻求的是不同于功利性、强制性、事务性的美的世界。

---

① ［德］马尔库塞：《审美之维》，李小兵译，广西师范大学出版社2001年版，第175页。
② 同上书，第237页。
③ Булгаков С. Н., Свет невечерний., Издательство "Республика", 1994, С. 305－306.
④ Там же, С. 318.
⑤ Там же, С. 306.

正是源于对艺术的此种理解，布尔加科夫强调劳动与艺术的非分化，认为摆脱异化劳动的出路则在于劳动与艺术的结合。布尔加科夫通过考察，甚至认为艺术与劳动在人未发生原罪的原初世界里便是合一的。在原初世界，不存在艺术与劳动的区分，这种"有生气、有创造性的美的生活，本是预先为亚当和夏娃规定好的。但这种生活的原始同一性在人类堕落之后，即在肉体欲望和经济需求被创造出来之时发生了分裂，艺术就注定要成为一种特殊的存在方式"①。

布尔加科夫虽看到了艺术的巨大力量，但基于艺术自身的限度，认为仅仅凭借艺术本身的力量还不足以使人完全摆脱受压迫与奴役的命运。由此，布尔加科夫认为唯有对现实世界实现总体性的变革，才能最终克服时代性危机、克服人被异化的命运。而在他看来，在当时的众多理论思潮与实践运动中，唯有马克思主义学说能从总体上实现对现实世界的变革。但在对马克思主义学说的进一步考察中，布尔加科夫虽认知到了马克思主义学说中的诸多合理性，却也同时看到了马克思主义学说自身存在的所谓限度。在布尔加科夫看来，就总体而言马克思主义学说实则是一种"经济唯物主义"，认为"经济唯物主义"虽有多种不同的形态，但"最富独创造性的表述是与卡尔·马克思的名字联系在一起的"②。在布尔加科夫看来，马克思主义学说通过对人类社会经济因素的分析，确实抓住了人类社会中的某些共性原则。但"经济唯物主义"的问题在于它过于依靠内在的道德力量与禁欲主义原则，因而当它一旦"挣脱一切束缚而自行其是，它就成为一种破坏性力量"③。由此，布尔加科夫认为马克思主义学说依托"经济唯物主义"所建构的社会主义图景，仍无法从根本上克服异化劳动对人的奴役与统治。

布尔加科夫之所以得出这样的结论，一方面源于他从东正教视域出发，认为马克思主义学说中存在着某种限度。布尔加科夫通过将马克思主义学说与犹太教中的弥赛亚学说进行比较，认为两者是具有某种同构性的，认为在犹太教中的"选民"即是马克思主义学说中"没有沾染

---

① Булгаков С. Н., Свет невечерний., Издательство "Республика"，1994，C. 308.
② Там же，C. 309.
③ Там же.

资本主义剥削之原罪的无产阶级,他们以自己的苦难解放全人类,并使人类经过非理性的飞跃"①。在布尔加科夫看来,由此也就决定了马克思主义学说中既包含着宗教式的虚假乌托邦解放色彩,又包含着将无产阶级重新诠释为新的特权"阶级"的可能,而这二者都将重新导致新的异化的产生。另一方面源于受所处时代思想家对马克思主义的理解,布尔加科夫同样将马克思主义简单地理解为"经济唯物主义",认为在依托"经济唯物主义"原则所建构的社会主义图景中,人仍然"保留着亚当帝王般荣耀的余晖",物质的幕布仍然"沉重地悬在世界之上"②。这也就是说,布尔加科夫认为马克思主义学说所建立的社会主义图景,其全部努力仍然是使现世的生活永久化与合法化,而不是终结现世的恶,从而使其学说缺乏超越性的精神性维度。由此,同样会导致马克思主义学说不可能最终克服异化,其所建立的学说体系仍是一个必遭失败的巴比伦塔。因而,布尔加科夫指出,克服异化劳动和实现人类最终解放图景,除提倡将劳动与艺术相结合外,更重要的问题则在于将宗教的维度置入马克思主义学说之中。

由此我们看到,布尔加科夫虽认知到了马克思主义学说对异化劳动与资本主义社会制度批判等的合理性,并看到了马克思主义学说所具有的巨大力量。在此基础上,布尔加科夫对马克思主义学说中的诸多因素进行了有选择性的吸收,并进而将其作为自身学说体系中的重要内核。但与此同时我们也应看到,限于时代,布尔加科夫对马克思主义学说的理解与认知是存在着诸多误读的。也正是布尔加科夫对马克思主义学说的诸多误读,而使其错误地认为马克思主义学说是一种经济决定论,是带有虚假的乌托邦色彩的,认为依托马克思主义学说自身所建构的未来图景无法最终克服异化问题。

三 基督教的社会主义之体系建构

在布尔加科夫看来,马克思主义学说所欲建构的社会主义图景,是

---

① [俄] 叶夫多基莫夫:《俄罗斯思想中的基督》,杨德友译,学林出版社1999年版,第170页。

② Булгаков С. Н., Свет невечерний., Издательство "Республика", 1994, С. 310.

迄今为止人类所建构的最好的理想社会图景,而且这种社会主义图景"想把人从经济的奴役中解放出来,这种奴役笼罩着所有的人"①。但正如以上分析所指出的那样,布尔加科夫认为马克思主义学说仍有它自身的局限性。在布尔加科夫看来,为了克服异化和建构一个理想的图景,除了强调将劳动与艺术等因素相结合外,最为根本的出路则在于将马克思主义学说与基督教学说进行某种有机的结合。也正是在这一背景下,布尔加科夫对马克思主义学说进行了独特的探索,并建构了"基督教的社会主义"理论体系。

布尔加科夫对依托马克思主义学说所建构的"基督教的社会主义"理论体系,有着独特的理解。首先,就理论实质而言,他从基督教视域出发,力图通过"基督教的社会主义"的建构为"劳动"注入神性的精神维度。正如韦伯认为基督教为劳动注入了"新灵魂",认为"现代资本主义,以及全部现代文化的一个根本要素,即以天职思想为基础的合理行为,产生于基督教禁欲主义"②。而正是基督教禁欲主义与天职观念相结合所构成的新教伦理精神,不但铸造了资本主义的文化精神,而且促进了资本主义的飞速发展。布尔加科夫也同样认为正是由于基督教给"劳动注入了新灵魂。在基督教中诞生了具有新的劳动动机的新经济人。这种新动机的特点是,在经济禁欲主义的伦理学中把弃绝世界和接受世界结合起来,并且正是这样对立面的结合赋予了禁欲主义的、宗教动机的劳动以巨大力量。这种自由的禁欲主义的劳动,是确立整个欧洲文化之基础的精神—经济力量"③。

首先,布尔加科夫认为,片面地依托经济、劳动原则,产生的只能是利己主义的经济人,而不是健全的人,而将基督教与马克思主义的劳动观念相结合,则除为理想社会奠定物质基础外,也培育了健全的人的心灵。其次,就学说根源而言,布尔加科夫认为"基督教的社会主义"

---

① Булгаков С. Н., Христианский Социализм, Издательство Новосибирск «Наука» Сибирское Отделение, 1991, C. 209.

② [德]马克斯·韦伯:《新教伦理与资本主义精神》,彭强等译,陕西师范大学出版社2002年版,第174页。

③ [俄]布尔加科夫:《东正教》,徐凤林译,商务印书馆2001年版,第207页。

是基督教学说的应有之义,只不过限于时代与认知程度,人们没有挖掘和认知到基督教学说中这一深刻思想。布尔加科夫认为,基督教的社会主义"来自教会的一般思想,教会就像酵母一样,在全世界起作用,这种思想不是别的,正是神成肉身的思想"①。他认为在"基督教的社会主义"学说中,包括道成肉身的新约言,包括对人类与社会存在的最终审判与救赎。其次,就理论定位而言,布尔加科夫认为基督教与社会主义的思想主旨是相同的。在布尔加科夫看来,他所预建构的"基督教的社会主义"与马克思的社会主义学说在思想主旨上是相同的,都是力图消解异化和资本主义制度对人的压迫与奴役。

在布尔加科夫看来,马克思主义学说中关于对资本主义制度等的批判是具有合理性的,但在马克思主义学说中包含着"经济唯物主义"的成分。这种"经济唯物主义"由于对经济、现实与集体原则的过分重视,从而导致缺乏对精神价值、个体自由的守护,因而它的直接后果将导致人类为了"面包"而背弃精神,它的间接后果则将最终导致虚无主义的盛行。因而,布尔加科夫试图将基督教精神与马克思主义学说进行有机结合,从而在维护人的个体自由与精神价值基础之上,建立一个理想的社会图景。这种对个体自由与精神价值维度的重视是与布尔加科夫的思想主旨相一致的,在他看来"存在的一切方面都只是个人的规定性:意志、思维、本能、意识、潜意识领域"②,甚至存在本身、系词"是"都是人的规定性,人不仅仅是抽象的、物质性的存在,最为重要的则在于人是精神性的存在。

由此可知,布尔加科夫所建构的"基督教的社会主义"理论体系,实则是力图使基督教与马克思主义、基督教与社会主义之间建立起某种有机联系,从而实现两者"某种积极的联系与互补。基督教给予社会主义所缺少的精神基础,而社会主义则是实现基督教之爱的手段,它在经

---

① [俄]布尔加科夫:《东正教》,徐凤林译,商务印书馆2001年版,第217页。
② Булгаков С. Н., Философия Хозяйства//Сочинение в двух томах том1., Издательство «Наука», 1993, С. 60.

济生活中实现基督教的真理"①。布尔加科夫以个性为例,指出社会主义学说中缺乏精神性的内涵,认为在个性问题上"基督教和社会主义之间所有的对立完全的显现出来:基督教唤醒个性,迫使人感觉到自身永生的精神,使人具有个性为的是给他指明内部成长的道路与目标;社会主义使人失去个性,源于他不是转向个性精神,而是转向人的社会层面,它把现有的个性内容全部归结为社会的反映"②。布尔加科夫认为,也正是由于在社会主义中缺乏精神基础,而在基督教中则具有合理性的精神内核,从而赋予了基督教与社会主义相结合的可能性、赋予了"基督教的社会主义"的合理性内涵。但我们也应看到,在这种结合而成的"基督教的社会主义"学说体系中,布尔加科夫更多的是把社会主义学说作为一种实现美好图景的手段,而它的理论底色仍在于基督教。布尔加科夫曾毫无疑义地指出,在俄罗斯要建立"基督教的社会主义"则"恰恰应建立在东正教基础之上,而不是别的基础之上"③。在布尔加科夫看来,社会主义与基督教之间虽存在着表层的差异,但实则两者间能够实现某种良性的结合,实现互不冲突与竞争的状况,而在当今世界却出现了"社会主义毫不妥协地对待基督教和一切其他宗教,因为它自身想成为宗教并取代任何其他宗教。它要求像信仰上帝那样信仰人,而且要求像信仰上帝的事业那样信仰经济发展规律"④。

实则,布尔加科夫之所以能将基督教与马克思主义学说之间进行结合,并进而建构了"基督教的社会主义"学说体系,在很大程度上是因为对社会主义内涵持一种开放性的理解。在布尔加科夫看来,由马克思主义学说所衍生出的社会主义并不是模式化与定型化的,而应是开放的、动态的。这种社会主义既可能是自由的或民主的社会主义,也可能是其他形式的社会主义。虽然布尔加科夫在对社会主义内涵的理解上与

---

① Булгаков С. Н., Христианский Социализм, Издательство Новосибирск «Наука» Сибирское Отделение, 1991, С. 227.

② Булгаков С. Н., Два града, Издательство Русского Христианского гуманитарного института, 1997, С. 196.

③ Булгаков С. Н., Христианский Социализм, Издательство Новосибирск «Наука» Сибирское Отделение, 1991, С. 228.

④ Тамже, С. 232.

正统马克思主义者之间有着很大的差别，但其对社会主义所包含的真理性却始终是深信不疑的，并指出"历史不应错过这种社会主义。东正教没有任何理由反对这种社会主义，相反，这种社会主义是在社会生活中履行爱的诫命。东正教有力量承担这样的历史使命——以自己的光明照亮人类的历史道路，唤醒社会良知，向劳动人民和受压迫者传布福音"①。布尔加科夫认为，真正的社会主义应实现马克思主义学说与基督教思想的结合，而不是两者的分离与片面发展，认为"基督教共产主义问题促使基督徒唤醒良心，并应引起一种创造的社会基督教的发展，这意味着不是把基督教理解为一种社会的宗教，而是在基督教与社会生活的关系中，揭示出基督的真理及正义"②。与此同时，布尔加科夫指出社会主义在当今时代的胜利也是对"历史上的基督教的罪孽的惩罚和对纠正这些罪孽的振聋发聩的呼吁"③，基督教应从马克思主义学说和社会主义的胜利中自我检省。布尔加科夫指出，真正的"基督教的社会主义"是马克思主义学说、基督教学说等多种有益思想的融合，真正的"基督教的社会主义"要比存在于"各个国家的各种形式的'基督教社会主义'都大得多的精神。这是社会基督教的新面孔，是教会精神和宗教社会创造的新形式；现在被称之为社会主义的东西，只是教会所包含的大量圣恩的外部形式之一。的确，基督教也有自己的、将实现在此世的共产主义'乌托邦'，用《旧约》和《新约》预言的名称，就是'天国'，它完全属于未来世纪，但它也出现于此世——作为真理的见证"④。

我们看到，布尔加科夫所建构的"基督教的社会主义"学说，实则是力图将马克思主义不断地融入并最终消融于基督教之中的理论路径。在布尔加科夫看来，马克思主义学说中所存在的真理是基督教本已有之的，而马克思主义学说的生成与实践则重新激发出基督教这种原已有之

---

① ［俄］布尔加科夫：《东正教》，徐凤林译，商务印书馆2001年版，第214页。
② Бердяев Н. А., Истоки и смысл русского коммунизма, ЗАО«Сварог и К», 1997, С. 411.
③ ［俄］弗·洛斯基：《东正教神学导论》，杨德友译，河北教育出版社2002年版，第255页。
④ ［俄］布尔加科夫：《东正教》，徐凤林译，商务印书馆2001年版，第216页。

的真理。这种对马克思主义学说的理论定位和对社会主义模式的理解，实则仍是建立在将基督教作为一切建构模式的理解视域与评价尺度之上。从中也不难看出，布尔加科夫无论是对马克思主义学说本质的认知还是对马克思主义学说的理论探索，都存在着诸多的误读与问题。但从另一角度看，布尔加科夫对马克思主义学说的理论解读与探索，也确实为我们进一步研究和探索马克思主义学说提供了别种参照视域。基于诸种原因，布尔加科夫在其理论的进一步发展过程中，最终从马克思主义转向唯心主义、转向东正教，并放弃了早年所力图建构的"基督教的社会主义"学说。但布尔加科夫对马克思主义学说中所包括的真理性、对异化理论与资本主义社会制度的批判、对人类理想图景的寻求等都始终是高度认同的，不因其学说体系的转变而转变。

第四章
苏联哲学与马克思主义

在马克思主义发展史上,与俄罗斯这片土地有着十分密切的因缘。在这片神奇的土地上,历经了1917年的十月革命,马克思主义从一种理论学说变成现实运动,并在70多年的历史中取得了巨大的成就。也是在这块神奇的土地上,苏联在并无国内战争与外在侵略等重大危机情景下,令人费解地突然解体。苏联解体后,尽管马克思主义哲学在俄罗斯丧失了意识形态的主导地位,但并未消亡,而是成为众多思潮中的一维。特别是自20世纪90年代末以来,基于俄国社会所面临的深层理论与现实危机,人们开始重新关注马克思主义,并获得了较大发展。而本章,力图从纵向上探索马克思主义在俄罗斯的发展,既包括苏联时期布哈林、斯大林等对社会主义文化观建构的探索,也包括在苏联解体后梅茹耶夫等对社会主义的反思与探索。

第一节 布哈林对社会主义文化观的探索

无论是马克思主义的创立者还是在其之后的马克思主义者,都十分强调和重视无产阶级文化建设理论。而布哈林则在无产阶级文化理论的推进与探索中,占据着特殊的位置。布哈林对无产阶级文化理论的探索不仅仅是一种理论关怀,更是有着强烈的实践指向性的,是基于俄国革命、基于社会主义建设的需要。对布哈林特别是他无产阶级文化建设理论的研究是十分必要的。然而在对苏联马克思主义的研究中,基于多种原因常常忽视了从某种意义上作为列宁与斯大林"中间环节"的布哈林。实则，作为杰出的马克思主义理论家，布哈林在哲学、政治学、经济学、历史学等众多领域都取得了十分突出的成绩，尤其是在关于无产阶级文化建设理论的探索上。布哈林的无产阶级文化建设理论既是建设社会主义的需要，也是预防无产阶级革命蜕变的重要举措。

从某种意义上可以说，无论就布哈林的理论还是其个人命运而言，都充满着某种坎坷、悲情、无奈、争议性与戏剧性，这位"革命的金童"既曾被列宁在健康状况恶化的情况下所立的"政治遗嘱"中高度评价为"不仅是党的最宝贵和最大的理论家，他也理所当然被认为是全党喜欢的人物"[①]；曾被1930年出版的苏联权威工具书《苏联小百科全书》评价为"在联共（布）的队伍中，布哈林在前列占有一个显要的位置，并且是最卓越的重要人物之一。他象水银一样活跃和敏捷，渴望探求生活的一切表现，从深邃抽象的新思维，到玩击木游戏。他在谈话中和自己的文章里'非常淘气'，可在个人生活上对自己的严格要求却到了无以复加的程度，同时，对同志们的一些小缺点又表现出宽容的态度。他是尖刻无情的善辩者，可对同志的关系上却是亲热和善的。需要补充说的，是他坦荡的胸襟，敏锐的头脑，在极为不同的多种知识领域都有深广的见识，善于飞速地理解别人的思想，并且总是十分快活。所有这些品质，使布哈林成为俄国革命的最受爱戴的人物之一"[②]；曾被当代俄罗斯马克思主义理论家、文化哲学家 В. Ж. 凯列誉为"布哈林的视野极为阔，他的常识非常渊博，对自己要分析和批判的观点理解清楚，评介准确无误——这颇令人注目。这不是枯燥无味、千篇一律的概要，而是带有自己个性的，鲜明生动的科学著作、政论著作"[③]；又曾被 А. П. 奥古尔佐夫誉为"这是一位聪明睿智的人，一个甚至在马克思主义者设置的监牢里仍然忠诚于马克思主义思想的哲学家"[④]；曾被弗

---

① 《列宁全集》第43卷，人民出版社1987年，第339页。
② 《苏联小百科全书》，1930年俄文第1版第1卷第914页，转引自［苏］И. Е. 戈列洛夫《布哈林坎坷的一生》，董友忱等译，求实出版社1989年版，第7页。
③ ［苏］В. Ж. 凯列：《写在发表之前的话》，田歌译，《哲学译丛》1989年第2期。
④ ［苏］А. П. 奥古尔佐夫：《鲜为人知的布哈林哲学》，吴铮、杨为民译，《哲学译丛》1994年第1期。

兰尼茨基和柯拉可夫斯基等学者认为是"除了列宁以外最出色的布尔什维克理论家"①，是继"列宁后第一位试图对党的整个哲学和社会学说做出系统阐释的党的领导人"②；还曾被德波林批判为他的一些理论如平衡论等并不是什么新东西，"它在资产阶级文献中得到非常广泛的普及，例如赫伯特·斯宾塞就是根据平衡论建立了他的进化论的。……在俄国文献中，平衡论是由众所周知的已故波格丹诺夫提倡的，他曾用平衡论来对抗马克思的辩证法"③；更曾被作为"马克思主义百科全书"和联共（布）党史权威版本的《联共（布）党史简明教程》定性为"人民公敌，匪帮暴徒，法西斯奴仆和间谍，谋刺列宁和凶杀明仁斯基、古比雪夫和高尔基的杀人犯，反对党、反对列宁、反对苏维埃国家的反革命阴谋家"④。而从这些褒贬不一的复杂性、争议性评价中，更凸显出布哈林的意义与价值，也隐性地指认出布哈林实则在某种意义上是我们所"最为熟知的陌生人"。自1938年被判处死刑后，不仅在苏联，即便在西方布哈林也逐渐被世人所遗忘了。而在布哈林逝世70多年的今天，重温其关于对无产阶级文化建设理论的探索，仍有着十分重要的理论与现实意义。

一 无产阶级文化建设的必要保障

布哈林的无产阶级革命理论在很大程度上基于对19世纪特别是19世纪中叶以来资本主义社会危机的认知，认为正是这一危机决定了资本主义必然走向消亡。在布哈林看来，马克思主义所指认的资本主义危机不是一般意义上的危机，"不是指柏拉图式的危机'思想'，不是指'概念'，而是指实际的、如今具体存在的资本主义制度及其上层建筑

---

① ［南斯拉夫］普雷德拉格·弗兰尼茨基：《马克思主义史》（第2卷），胡文建等译，黑龙江大学出版社2015年版，第199页。
② ［波兰］莱泽克·科拉科夫斯基：《马克思主义的主要流派》（第3卷），侯一麟、张玲霞译，黑龙江大学出版社2015年版，第53页。
③ 苏绍智、韩佳辰、林英等：《布哈林思想研究》（译文集），人民出版社1983年版，第60—61页。
④ 上海师范学院历史系资料室：《布哈林问题论文资料汇编》（上卷），1982年版，第72页。

的整个巴比伦塔的实际危机。资产阶级的王国正在开始出现裂缝"①。资本主义的危机不仅是思想领域，更是基于现实领域的危机。资本主义在自身的发展过程中，既促进了人类与自身的发展，同时也造就了自己的敌人，并为共产主义社会的实现奠定了基础。在布哈林看来，面对着资本主义社会无法克服的危机，人类的唯一出路即是共产主义，而无产阶级则是"全人类真正的救星，它将使全人类摆脱资本主义的灾祸，摆脱金融资本和帝国主义所带来的野蛮剥削、殖民政策、经常性的战争、饥饿、残暴和兽行。无产阶级伟大的历史作用就在这里。无产阶级在某些斗争中，甚至在某些国家里可能遭到失败。但是它的胜利是必然的，正象资产阶级的灭亡是必然的一样"②。

基于资本主义社会的危机，列宁在《国家与革命》中指出："资产阶级国家由无产阶级国家（无产阶级专政）代替，不能通过'自行消亡'，根据一般规律，只能通过暴力革命。"③布哈林也同样指出资产阶级不会自觉地退出历史舞台，无产阶级只能通过革命的方式掌握政权，并"成功地掌握了它的真正的利益——通过革命达到社会主义"④。在布哈林看来，这场无产阶级性质的革命不同于以往以埃及奴隶起义、中国农民起义、资产阶级"古典"革命等为代表的历次革命，这些革命都"或多或少带有幻想色彩的外衣掩盖着自己的客观内容"⑤。而无产阶级革命区别于以往革命之处，一方面源于其是建立在深刻地意识到自身的阶级使命与历史地位基础上的，"它从一开始就意识到自己的阶级本性和自己的历史地位。它之所以具有极其伟大的全人类意义，正是因为它明确地理解自己的阶级意义。它之所以具有极其巨大的作用，即作为打开从'人类史前史'通向'真正的历史'的大门的巨人作用，正

---

① 中央编译局国际共运史研究室：《布哈林文选》（上卷），人民出版社1981年版，第482页。
② [苏]尼·布哈林、叶·普列奥布拉任斯基：《共产主义ABC》，中央编译局国际共运史研究室译，生活·读书·新知三联书店1982年版，第134页。
③《列宁选集》（第3卷），人民出版社1995年版，第127页。
④ [苏]布哈林：《世界经济与帝国主义》，蒯兆德译，中国社会科学出版社1983年版，第135页。
⑤ 中央编译局国际共运史研究室：《布哈林文选》（中卷），人民出版社1981年版，第120页。

是因为它是认识到自己历史作用的那个阶级的革命。然而,只有经过数十年之后,无产阶级革命的世界历史意义才能充分地显示出来"①。而无产阶级革命则开始于资本主义体系中"最薄弱的、国家资本主义组织最不发达的国民经济体系开始的"②,而这一资本主义链条上最为薄弱的环节便是旧俄国。俄国十月革命的胜利,给予了无产阶级及世界各国受压迫人民以巨大的鼓舞,"俄国革命是世界大战最重大的事件……俄国革命达到了巨大的规模,它所产生的深刻影响动摇了一切阶级关系,展示了全部社会和经济问题"③。

在取得十月革命胜利之初,无产阶级不但面临着很复杂的形式,如人们对革命意义的不解,人们甚至认为"俄国革命什么也没有带来,我们非常贫困。这完全是事实。但是我们现在感受到,大地的汁液已经进入我们体内,流入我们的血管,升到我们的头脑里"④。甚至无产阶级还面临着比武装革命本身更为艰巨的任务,如"还要消灭还很可怕的贫困、饥荒的残余、肮脏、愚昧、野蛮和因循守旧;但是我们已经清楚地看到,在我们的面前摆着一条广阔的、正确的道路,我们一定会沿着这条道路达到我们的最终胜利"⑤。另一方面则源于无产阶级与资产阶级在阶级任务上的本质差别。资产阶级作为资本主义社会的领导者,其本质就是保护自身在物质、文化等方面的优势,这必然会导致阶级分化、阶级差别、阶级压迫。作为资产阶级本质最为集中体现的资产阶级政策,其最核心的内核就在于"借助于自己的政策保证自己,而且仅仅保证自己具有物质状况方面以及教育方面的一切优越条件;资产阶级在它占统治地位的一切国家中,不仅拥有对生产资料、工厂、铁路等等的垄断(即绝对控制),不仅拥有对国家政权的垄断(不容许别的任何人的

---

① 中央编译局国际共运史研究室:《布哈林文选》(中卷),人民出版社1981年版,第120页。
② [苏]布哈林:《过渡时期经济学》,生活·读书·新知三联书店1981年版,第131页。
③ [德]罗莎·卢森堡:《论俄国革命·书信集》,殷叙彝、傅惟慈、郭颐顿译,贵州人民出版社2001年版,第1页。
④ 中央编译局国际共运史研究室:《布哈林文选》(上卷),人民出版社1981年版,第105页。
⑤ 同上书,第476页。

参与），而且拥有对高等教育、新闻、科学等等的充分的实际垄断"①。而与资产阶级相比，无产阶级的任务则不再是生产那种阶级关系，它的任务"是要通过对广大人民群众进行重新教育来克服阶级差别，消灭这些阶级差别；为此它使用它所掌握的一切手段和国家政权的全部威力。这种改造的基础是改造社会的经济关系，使这个社会沿着通向社会主义的道路发展"②。

  在布哈林看来，为了维护无产阶级的革命成果，并使无产阶级已掌握政权的现有社会向共产主义社会发展，在革命胜利后应有一个作为"中间""过渡阶段"的以"无产阶级专政"为组织模式的国家组织。关于无产阶级专政，在布哈林看来在马克思那里就已经清楚地看到需要有"工人阶级的临时国家组织，需要有工人阶级的专政，因为他看到了这是整个历史时期，整个历史阶段的必然性，这个历史阶段将有其专门的特点，使它既不同于资本主义时期，又不同于没有国家的合理的社会的共产主义时期。这个时代的特点就在于，打碎了资产阶级国家组织的无产阶级，不得不考虑到资产阶级将会通过各种形式继续反抗，正是为了对付这种反抗，工人阶级需要有一个强有力、牢固的、无所不包的也就是国家的组织。社会主义革命，即在《共产党宣言》中就已经提到的暴力变革，并不是指挥棒一挥就会立刻在所有的国家中实现的。生活本身要比灰色的理论复杂得多，资本主义的外壳不是在各地同时破裂的，而是首先在资产阶级国家组织最脆弱的地方绽开的。在那里，摆在已经取得胜利的无产阶级面前的一个问题，就是打退外来敌人即外国帝国主义，因为整个发展进程必然要驱使它去破坏无产阶级的国家组织"③。而马克思在1875年的《哥达纲领批判》中则进一步指出，"在资本主义社会和共产主义社会之间，有一个从前者变为后者的革命转变时期。同这个时期相适应的也有一个政治上的过渡时期，这个时期的国

---

  ① 中央编译局国际共运史研究室：《布哈林文选》（上卷），人民出版社1981年版，第447—448页。
  ② 同上书，第448页。
  ③ 同上书，第9—10页。

家只能是无产阶级的革命专政"①。在共产主义与资本主义之间还隔着一个历史时期，在这个历史时期中"还保留着无产阶级专政这种形式的国家政权，在这里无产阶级是统治阶级，它在使得自身消亡之前，应当镇压自己的一切敌人，改造资产阶级，按照自己的面貌来改造世界"②。只有坚持无产阶级专政，坚持无产阶级的领导权，才能最终过渡到共产主义。

但在此须注意的是，无产阶级专政绝不意味着无产阶级要把建立"永恒的'无产阶级王国'作为自己的目的，绝不把使社会无产阶级专政万古长存作为自己的任务，也决不把使自己作为统治阶级而永世长存作为自己的任务"③。实行无产阶级专政与布哈林对马克思主义国家理论的理解并不冲突，布哈林认为国家作为"统治阶级的最一般的组织，它的基本职能是维护和扩大对奴役阶级进行剥削的条件。国家是人与人之间的关系，同时，（既然我们谈的是阶级）也是统治、政权、奴役的关系"④，国家是一个历史范畴，是阶段性的产物，最终将走向消亡。同样，无产阶级专政也并非为了将"无产阶级"专政永恒化，而是为了最终消亡"专政"，在最终实现共产主义后，"无产阶级作为一个特殊阶级的专政将日益消亡"⑤。

在布哈林看来，所谓无产阶级专政"就是把无产阶级组织成为国家政权，也就是组织对广大农民群众的领导"⑥。无产阶级专政的一般意义在于，"首先，它是镇压剥削者的工具，镇压他们的一切重新执政的企图的工具，另一方面，无产阶级专政的一般意义在于，它是对社会进行经济改造的基本杠杆。工人阶级利用掌握在自己手中的国家政权机器，不断地改造社会的经济关系，使之走上社会主义轨道"⑦。在夺取

---

① 《马克思恩格斯选集》（第3卷），人民出版社1995年版，第314页。
② 中央编译局国际共运史研究室：《布哈林文选》（上卷），人民出版社1981年版，第13—14页。
③ 同上书，第447页。
④ 同上书，第3页。
⑤ 同上书，第447页。
⑥ 同上书，第446页。
⑦ 同上书，第443页。

政权之初，无产阶级将利用无产阶级专政夺取剥削者和敌对阶级的工厂、土地等，并使之国有化。而随着苏维埃制度的不断巩固，工作的重心也将由直接地、机械地镇压剥削者和敌对集团，日益转向对社会经济的改造和社会组织工作，转向同私人企业进行经济斗争，转向建立以国营企业、合作社等为代表的各种社会主义的经济形式。

作为无产阶级专政一般形式的苏维埃政权，其在阶级使命、历史任务和目的等方面都区别于以往的国家政权形式。作为无产阶级专政一般形式的苏维埃政权，其特征主要表现为：一是无产阶级专政是一个阶级对另一个阶级的专政，是"国内多数人对少数人的专政，而任何别的专政则是一小撮人的专政"①。无产阶级专政是对旧有的剥削阶级的专政，特别是对资产阶级的专政。在以无产阶级专政形式所构成的苏维埃国家政权中，将限制资产阶级代表的一系列"自由"，如不允许资产阶级代表参加国家机关的选举等活动，并最终消灭资产阶级。与此同时，无产阶级专政还将以前所未有的广度与深度保障最广大劳动人民群众的组织、出版、集会等自由。无产阶级专政这种特殊形式，正是为了保证广大群众的物质、文化等利益。从苏维埃政权这种特殊的专政形式来看，它是优越于资本主义的，是历史上从未有过的最好的政治制度，源于"资本主义制度只限于给予一些特定的阶层，即资产阶级、资产阶级知识分子和地主等等以这种可能性。广大劳动群众被置于这种发展的大门之外。在资本主义制度下，劳动群众，即人类的基本群众，没有提高和不断地过渡到越来越高的阶段上去的这种可能性"②。

二是无产阶级专政的政治专政与经济专政密切相关，目的在于打破旧的生产关系并消除剥削。在布哈林看来，以往的任何政权包括资产阶级政权，都是建立在维护和巩固剥削阶级利益之上，建立在一小部分统治阶级对大部分人的剥削基础之上。而无产阶级专政的目标则恰恰在于打破政治、经济等领域旧有的社会组织、生产关系，并在此基础上建立新的组织、生产关系。布哈林指出，无产阶级专政的基本意义恰恰就在

---

① 中央编译局国际共运史研究室：《布哈林文选》（上卷），人民出版社1981年版，第21页。
② 同上书，第454—455页。

于"它是经济变革的杠杆。如果说无产阶级国家政权是经济革命的杠杆,那么很清楚,'经济'和'政治'在这里应该融合为一个整体。在具有典型的完备形式,即国家资本主义形式的金融资本专政下就存在着这种融合,但是,无产阶级专政就把旧世界的一切关系都颠倒过来了,换句话说,工人阶级的政治专政也必然应当是它的经济专政"①。

三是无产阶级专政是集立法权与行政权于一身的专政,无产阶级专政的国家组织形式是群众的自治制度。就国家组织形式而言,苏维埃的国家形式是群众的自治制度,在这一制度下"任何一个劳动人民的组织都是整个机构的组成部分。组织的线路从政权的中央委员会朝四面八方通到地方组织,又从地方组织直接通到群众中去。这种联系,这种组织线路是永远不会中断的。它们是苏维埃生活的'正常现象',这是使苏维埃共和国根本区别于一切国家生活形式的主要之处"②。如果说在资本主义社会国家政权依靠的是少数大资本家阶层,那么在苏维埃制度下依靠的则是最广大的劳动群众,并对他们进行组织、改造和教育。苏维埃政权建设的基本原则就是要依靠群众并吸引群众参与到社会主义建设中来,要发扬群众的主动精神,鼓励群众参与政治生活,"它的一个最本质的特点,就是他直接联系和依靠庞大的劳动人民的各种各样的组织网,这些组织包括工会,农民合作社,农民委员会,贫苦农民委员会,工人通讯员和农村通讯员组织、各种各样的自愿参加的团体和协会,等等,等等。苏维埃政权把劳动居民中的一切阶层,甚至最落后的阶层都一个一个的发动起来"③。

四是无产阶级专政对于不同的专政对象并不是整齐划一的,而是基于不同的社会阶层和阶级集团区别对待。例如,在对待反抗它的资产阶级上,无产阶级采取无情的惩罚与镇压政策。而在对待农民的问题上,要意识到其愚昧性、摇摆性、二重性,"无产阶级专政必须从农民本身的二重性——一方面是劳动,另一方面是经济的私人性质——中产生的

---

① 中央编译局国际共运史研究室:《布哈林文选》(上卷),人民出版社1981年版,第22页。
② 同上书,第24页。
③ 同上书,第450页。

这种摇摆,这种倾向作坚决的斗争,当然,这种斗争每一次都只能采取适当的形式"①。与对资产阶级的专政不同,无产阶级专政对于农民的基本任务是帮助和改造,即对农民的经济结构进行改造。无产阶级专政与农民之间是合作、联盟的关系,对农民经济不是采取"排挤""吞噬""消灭"的政策,而是通过合作的方式,使其过渡到更高的阶段。

总之,十月革命"从根本上改变了俄国制度的形式和政治的社会基础。马克思列宁主义认为,革命不仅对俄国的历史,而且对所有的社会的历史都是头等重要的事件,因为它建立了第一个社会主义国家,而且在此过程中树立了一个其他社会不可避免地要学习的榜样。一个新的领导集团出现了,它具有强烈的马克思主义惟意志论意识形态,这种意识形态认为,它为干预现代化的进程,成为推动历史变革的力量所进行的活动是正确的"②。十月革命"这股火苗酿成了熊熊的革命烈火,消灭了专制制度和资本主义,震撼了世界帝国主义体系的基础,并宣告了人类历史新纪元——社会主义时代的开始"③。而在新的、过渡性的历史时期,无产阶级专政则是十分必要的,"建立无产阶级专政以达到实现社会主义的目的"④。布哈林也同样指出,"未来属于苏维埃——这一点连他们的敌人都不能否认。……苏维埃,这是俄国革命开创的一种完备的无产阶级专政形式。既然这样——并且毫无疑问确实是这样,所以我们正处在资产阶级旧的强盗国家转变为无产阶级专政组织的前夜。人们谈的很多和写得很多的第三国际一定要来到。这将是国际苏维埃社会主义共和国"⑤。布哈林认为只有以无产阶级专政为保障,才能在苏维埃真正地展开与实施无产阶级文化建设,才能从深层巩固无产阶级及其政

---

① 中央编译局国际共运史研究室:《布哈林文选》(上卷),人民出版社 1981 年版,第 445 页。

② [美]布莱克等:《日本和俄国的现代化》,周师铭等译,商务印书馆 1984 年版,第 190—191 页。

③ 苏科院历史所列宁格勒分所:《俄国文化史纲(从远古至1917年)》,张开等译,商务印书馆 1994 年版,第 512 页。

④ [德]罗莎·卢森堡:《论俄国革命·书信集》,殷叙彝等译,贵州人民出版社 2001 年版,第 10 页。

⑤ 中央编译局国际共运史研究室:《布哈林文选》(上卷),人民出版社 1981 年版,第 25 页。

党的革命成果，并最终过渡到共产主义社会。

二 几种典型文化观念的批判与清理

作为一名马克思主义者，布哈林从来不是为理论而理论的书斋型的思想家，他的理论总是与实践密切相关，总是为实践服务。布哈林反对理论上的抽象概念，认为一个真正的马克思主义者"不应以死气沉沉的抽象概念为指导，而应以它所在的社会的活生生的现实为指导"[①]。基于十月革命胜利后复杂的社会现实与众多反动思潮对文化领导权的争夺，布哈林进一步意识到了无产阶级文化建设的重要性。布哈林同列宁一样，认为在俄国取得无产阶级革命胜利后，如果不从文化深层改变旧俄罗斯，不进行系统的无产阶级文化建设，无产阶级革命就有变质的可能性。正是基于此，布哈林在对无产阶级文化建设理论进行探索的同时，也针对当时所流行的以路标转换派、第二国际修正主义、社会民主党等为代表的错误的文化观念进行了深入批判。布哈林力图通过这种批判达到地基清理的目的，从而为无产阶级文化建设的顺利展开而提供必要的基础。

首先，针对关于布尔什维克革命是"早产儿"，俄国的社会主义将不可避免地走向崩溃的文化观念进行的批判。社会民主党等基于俄国的布尔什维克革命不是建立在生产力高度发展的基础之上及其所带来的破坏作用，因而认为其是早产儿，是不符合马克思主义经典理论的，其文化也不具有先进性。针对这样一种错误的文化观念，布哈林进行了深入的批判。布哈林指出持这种文化观念的社会民主党等并没有看到资本主义社会所面临的深层危机，资本主义社会的这种危机不但存在，而且在不断加剧，"目前所有的人，甚至资产阶级思想的代表人物，都胆战心惊地等待着整个欧洲被卷入一个空前灾难的漩涡。我根本不提我们共产党人。我们已经预言过了。但是让我们拿资产阶级资本主义知识分子的广大阶层、首先是德国的、然后是任何一个其他国家的知识分子来说，

[①] [美]斯蒂芬·F. 科恩《布哈林与布哈林主义》，载《革命与改革中的布哈林》，任延黎译，黑龙江教育出版社1988年版，第14页。

你们将看到,在他们的全部著作中目前都流露出一种不安的担心,这种担心越来越明显了——为全欧洲规模的整个制度的命运担心。……如果你们观察各大国在经济领域和纯粹政治领域所执行的政策,并且客观地加以评价,那么你们就会看到他们在怎样努力从泥潭里脱身出来,哪怕只是爬出来也好,西欧就是这样一个泥潭;它们怎样努力缔结一系列协定,它们怎么召开一个接一个的会议,朝不同的方向探索和勘查地面,却丝毫无能为力。欧洲的整个社会机构散了架,全世界一片财政混乱,物价飞涨,证券市场猛涨猛跌,这些情况都是空前的"①。

在布哈林看来,资产阶级统治下的资本主义社会危机正在不断扩展,社会冲突加剧、经济混乱增加、国际关系更加复杂,甚至"地平线上已出现了一场新的、惊人的、大规模战争的魔影。要知道在这一战后时期,在资产阶级统治领域里只有一条线是'向上'发展的:空前的新的战争发明:无人操纵的战舰,能从一个房间里操纵并且根据需要投掷炸弹的无人驾驶飞机,美国的巨大战斗机队,法国的能够用火力保护整个法国海岸的巨型大炮,还有人类天才在这一领域的与此类似的其他表现。'进步'是显而易见的"②。由此,布哈林深刻地指出了资本主义在政治、经济、文化等发展领域都呈现出了空前的危机,但唯有在一条路线上呈现出巨大的"进步",那就是在巨型火炮、巨型舰队等战争机器的研发上,而这恰恰勾勒出了危机的深层化及其不可解决化。

布哈林指出,社会民主党等特别喜欢引用马克思在《〈政治经济学批判〉序言》中的一个论点,"无论哪一个社会形态,在它所能容纳的全部生产力发挥出来以前,是决不会灭亡的;而新的更高的生产关系,在它的物质存在条件在旧社会的胎胞里成熟以前,是决不会出现的"③。在他们看来,"当俄国布尔什维克实行他们所谓的无产阶级革命时,这无非是试图使一个怀孕的妇女生下一个完全没有成熟的婴儿,既然婴儿不是在第九个月,而是在第二个月出世的,这当然是一次毫无用处的早

---

① 中央编译局国际共运史研究室:《布哈林文选》(上卷),人民出版社1981年版,第74页。
② 同上书,第75页。
③ 《马克思恩格斯文集》(第2卷),人民出版社2009年版,第592页。

产。这一论据是我们社会民主党敌人的主要论据"①。针对这样一种言论，布哈林指出正如资本主义是在封建主义内部发展成熟起来的一样，社会主义也是在资本主义内部发展成熟起来的。但问题在于，社会主义与资本主义的"发展成熟"是有着本质区别的，"资本主义社会是作为整体的，从根基到顶端，在封建社会内部产生的。还在封建主义制度统治的时候，资产阶级在自己的工厂里就已是发号施令的阶级，而工人阶级在他们的工厂里还要服从资产阶级"②。在布哈林看来，在一个高度发达、已到达顶点的资本主义社会内部，社会主义的关系不可能像资本主义生产关系在封建社会中那样整体成长起来，这就是说"资本主义社会在封建社会内部的发展成熟，诞生和形成同社会主义社会在资本主义社会内部的发展和成熟是两种完全不同的事情。资本主义完全是在旧社会内部成长起来的，而社会主义连同其指挥的上层人物无论如何不能哪怕是发达的资本主义社会内部完全成长起来的"③。因而，基于这种在原有社会关系中的阶级地位差别，社会民主党等关于俄国的社会主义是"早产儿"的这种假设是没有意义的。

在封建社会，资产阶级虽然反对地主阶级，但资产阶级在经济、文化等方面不是作为被剥削、被压迫、被统治阶级而存在的，"相反，资产阶级在封建社会内，在封建主和地主的政权的外壳下，是一个在文化上比被它打倒的那个阶级还要高得多的阶级。……在封建统治的外壳下，技术人员、学者、实验室研究者等等已经处于新的阶级即资产阶级的领导和控制之下，已经被它完全掌握"④。资产阶级在封建社会中尽管没有取得政权，但已成熟到拥有一流的文化力量，已在文化上高于将被推荐的那个阶级。而与此相比，无产阶级在资本主义社会则是被剥削、被压迫、被统治的阶级，无产阶级在政治、经济、文化等方面都处于依附地位，因而断定无产阶级在资本主义社会"能提高到某一个比资

---

① 中央编译局国际共运史研究室：《布哈林文选》（上卷），人民出版社1981年版，第79—80页。
② 同上书，第80页。
③ 同上书，第81页。
④ 同上书，第82页。

产阶级文化水平更高的阶段,那是十分可笑和荒谬的。工人阶级之所以是被压迫的阶级,之所以是最彻底革命的阶级,正是因为它在一切方面都受到压迫"①。正是基于无产阶级在资本主义社会所处的受压迫地位,决定了无产阶级"不能像资产阶级所做的那样从自己内部产生出足够数目的领袖,但是如果工人阶级掌握了政权,如果他必须掌握社会,那么他一定会从自己内部为管理和行政等等培养出一大批应有尽有的力量,其程度和数目比资产阶级利用来自封建社会的人还大得多"②。

那么掌握政权后建构的无产阶级文化比资产阶级文化优越在哪呢?布哈林通过对无产阶级、资产阶级和封建主义文化原则的比较性分析,指出无产阶级文化是具有优越性的。首先,布哈林在对封建主义文化进行分析时,指出其有两个基本原则:一是停滞性,"不折不扣地到处都暴露出来的整个文化的极端停滞,这是从封建社会本身的停滞、从它深刻的保守主义产生的"③。在封建主义文化中,批判性的思考受到压制,思想意识的争论往往以援引《圣经》、教义、某些传统等为论据与结论,文化发展处于停滞与封闭状态。二是等级原则、权威原则,封建主义文化敌视任何批判性的思考。封建主义文化的这两条文化原则"构成了封建地主文化各原则的整个轴心"④。

与封建主义文化相比,资产阶级破坏和扫除了旧的封建关系,"这就是所谓的个人解放。资产阶级在他们起来冲击封建主义社会时所宣布的自由首先是贸易和剥削的自由,它同时也是对宗教教义、圣经和教会势力的权威进行批评的自由。粉碎天主教会的是破卵而出的资产阶级个人,教会曾经通过征税阻挠他进行自由贸易和自由建立它的资本主义经济,这种资产阶级个人朝气蓬勃,精力充沛,钱包里许多金币叮咚作响,它用胳膊左挤右撞,打开一条路来,摧毁了封建社会,直到把它彻

---

① 中央编译局国际共运史研究室:《布哈林文选》(上卷),人民出版社1981年版,第82—83页。
② 同上书,第84页。
③ 同上书,第85页。
④ 同上。

底消灭并且把政权拿到手里"①。与封建主义文化相比，资本主义文化的优越性，一是体现在研究自然界的经验上，其推动力不是依靠某种旧的宗教教义与观念信仰，而是建立在批判的思想与现实的经验基础上的对自然界的精确分析与研究，而这是基于整个社会向前发展所必要的。二是体现在文化领域的粗放性上，与封建主义文化相比，资产阶级文化的传播更为广泛与深远，资产阶级拥有更熟悉的社会工作者，"城市中发展起来的一切，城市关系的整个范围，浮现到表面的、向前推进并且带动其他的东西，都处于资产阶级影响之下。从资产阶级能够支配的人的范围来说，它同样也比封建制度优越"②。三是体现在新文化原则的制定上，资产阶级也同样具有优越性，"只要想一想，还在法国大革命之前，资产阶级就有了一部资产阶级唯物主义者的百科全书，其中由新阶级的代表者从不同的方面概括了、制定了和精确表述了全部新文化。这是这个新阶级的一部完整的文化法典，巨大的文化法典。因此这一资产阶级就制定新文化的原则来说也比它所冲击的那一阶级站得高"③。

在布哈林看来，无产阶级的阶级文化不但优越于封建主义文化，更优越于资产阶级文化，它带来了比旧的资产阶级文化更高的东西。这种优越性体现在新文化的原则上：第一，无产阶级文化原则克服了资产阶级在文化和知识生产方面的无政府状态，无产阶级很了解"为了使一切所谓的文化价值和各种科学分枝发挥最大的效果，必须把它们综合起来，产生一个共同的世界观的体系；各个文化分枝的结合和计划性以代替无政府状态——这是无产阶级文化的第一个原则。资产阶级由于专业化（专业化又是以无政府的商品生产为基础的），因此不能认识这一点"④。第二，无产阶级文化原则更为懂得理论的实践意义，懂得理论与实践之间的关系，而这与无产阶级为自己确立的使命不是解释而是改变世界是密切相关的。由此也就决定了无产阶级文化原则不再受宗教、

---

① 中央编译局国际共运史研究室：《布哈林文选》（上卷），人民出版社1981年版，第85页。
② 同上书，第86页。
③ 同上。
④ 同上书，第86—87页。

上帝等虚假意识形态支配，无产阶级文化原则是建立在更高的文化原则基础之上的。而且在布哈林看来，无产阶级的文化原则不是僵化的，而是发展的、变化的，是与实践密切结合的，这种文化原则"一切都取决于某种实际的考虑，即对于革命的进程，对于实现这些或那些任务是否合适。我们把我们的道德关系和科学看成我们为了把人类引导到新的、更高的发展形态而同自然界、同有害人类的分子进行斗争的工具。我们的斗争就在于此"①。无产阶级在意识到自身文化原则的优越性的同时，应坚持和把握住文化发展的方向，"象一个好的司机在走一条坏路时那样掌握它，我们的力量就会增长。在于我们意识到，不是上帝抓着我们的领子，或者康德的绝对命令掐住我们的尾巴，而是我们自己站立着，引导着并向前进，我们给文化价值指出方向，支配着它，因此不是她带着我们走，而是我们带着它走，我们的力量的'崇高之处'就在于这一对力量的意识，在于对集体力量和集体意志的强有力增长的这一感觉。人们在同人类曾经知道过的原则相比时称之为更高的那些原则就在于此"②。

但同时，布哈林也意识到无产阶级在文化的粗放型即新文化的传播等方面与资产阶级相比还处于"幼稚"时期，"工人阶级的最先进阶层提出新的原则，但是说到传播这些原则，那么在这方面工人阶级还只是一个光着屁股到处跑的小娃娃。工人阶级有一支小小的先头部队，它就这些原则进行思考和提出新的东西，但是这些新的文化原则的传播还是微不足道的"③。虽然无产阶级的文化原则优越于资产阶级文化原则，但处在成长期的无产阶级就文化原则的传播来说，"他不行，就他的形成来说，也是一样，不过，事情取决于活生生的人的斗争，而不取决于没有人的躯体、只有骨骼的原则。如果我们问一下，这两者相比，也就是说，在封建社会范围内的资产阶级同资本主义社会范围内的工人阶级相比是怎样的？我们可以准确无误地总结说，资产阶级在封建社会内部

---

① 中央编译局国际共运史研究室：《布哈林文选》（上卷），人民出版社1981年版，第87—88页。
② 同上书，第88页。
③ 同上书，第89页。

成长起来时，它的文化力量比起工人阶级在资本主义社会范围内的文化力量高得很多，工人阶级在文化方面比那个要被它推翻的阶级弱小许多、许多、许多倍"①。

在布哈林看来，正是基于资本主义社会的特点以及工人阶级文化程度低于资产阶级这一社会现实，第一，由于无产阶级文化程度低，将不可避免地做"很多错事"并显得"十分笨拙"。但在布哈林看来，由这些"错事"所导致的"巨大消耗"是必然的，这是由工人阶级在资本主义社会内部的地位造成的。在布哈林看来，在与资本主义的斗争中尽管表面看来革命具有一定的破坏作用，"在革命搏斗时期有很多'百合花'被拔掉。但是在帝国主义战争的大炮声中有更多的'百合花'被拔掉，有更多的'夜莺'被赶跑。重要的是，如果我们把资本主义自身的破坏工作同革命过程中的破坏一面作一比较，那么我们可以问心无愧地说，我们创造事业所花的耗费要少得多，而这个事业将彻底摧毁资本主义文明的外表漂亮的野蛮人从事破坏工作的可能性"②。第二，由于工人阶级在文化上落后，当其掌握政权后有被在文化上高于它的敌对力量推翻的可能性，无产阶级国家和政党有蜕变的可能性。在布哈林看来任何工人革命都面临着这种被推翻与蜕变的可能性，而为消灭这一危险就要在一定的革命阶段重视文化问题，就要将文化问题作为"中心问题"来看待，源于这一问题将决定着革命的最终结局。正如布哈林在《无产阶级革命和文化》一文中所指出的那样，"问题在于观察和研究这个危险，找出解决问题的方法，摆脱危机。解决的方法很清楚。你们看到，关于工人阶级夺取政权后的文化问题，在一定的革命阶段会成为整个革命的中心问题。……我们革命的结局，归根到底将取决于这一点"③。布哈林最后指出，"工人阶级作为一个阶级在资本主义社会内部成熟起来，这个阶级有能力砸碎资产阶级的统治机器，剥夺资产阶级，

---

① 中央编译局国际共运史研究室：《布哈林文选》（上卷），人民出版社1981年版，第89—90页。
② 中央编译局国际共运史研究室：《布哈林文选》（中卷），人民出版社1981年版，第246页。
③ 中央编译局国际共运史研究室：《布哈林文选》（上卷），人民出版社1981年版，第90—91页。

镇压内部敌人的反抗，也就是镇压资产阶级残余的反抗，镇压它的正在进行反抗的、有时是疯狂反抗的部分"①。进而，取得无产阶级革命的最终胜利并全面进入共产主义社会，在共产主义社会中阶级将走向消亡。

其次，针对试图通过逐步获得文化领导权，而最终达到"颜色革命"的文化观念的批判。这一批判主要是针对"路标转换派"等，路标转换派是20世纪20年代在苏维埃俄国所产生的一个政治思想流派，名称由来于一批流亡于国外的俄国立宪民主党人和资产阶级知识分子等出版的一本文集——《路标转换》文集，这部对路标转换派具有纲领性质的文集于1921年7月在布拉格出版。此后，以 Ю. В. 克柳奇尼科夫、С. С. 恰霍金、А. В. 博勃里舍夫－普希金、С. С. 卢基扬诺夫、Н. В. 乌斯特里亚洛夫、Ю. Н. 波捷欣等为代表的路标转换派成员还陆续在巴黎出版了《路标转换》、在柏林出版了《前夜报》、在哈尔滨出版了《生活新闻报》、在俄国境内出版了《新俄罗斯》等杂志，用以宣传自身的思想。路标转换派肯定布尔什维克夺取政权的积极意义，如 А. В. 博勃里舍夫－普希金认为"如果没有布尔什维克，那么俄罗斯将被抛向史前阶段，陷入无政府和强盗横行的泥潭"②。特别是基于国内外武装干涉新生苏维埃政权的企图失败后，路标转换派认知到经历了布尔什维克革命洗礼的俄国已不具备恢复旧秩序的土壤，通过军事与暴力手段来夺取政权已无任何可能性。我们知道，针对战时共产主义政策所存在的问题，1921年俄共（布）十大实现了从战时共产主义政策向新经济政策的转变。战时共产主义政策既是布尔什维克政党在夺取政权后急于过渡到共产主义的产物，同时也是"战争和经济破坏迫使我们实行的"③。战时共产主义政策的目的虽是试图通过国家对"经济生活（生产、流通、分配、消费领域）的干预与高度集中化管理，达到国家对经济生活的控制与调整，并在此基础上克服在苏维埃政权建立之初所面临的困

---

① 中央编译局国际共运史研究室：《布哈林文选》（上卷），人民出版社1981年版，第91页。

② Смена Вех. Июль 1921 г. Прага. Литературное обозрение. 1991. No 7. C. 101.

③ 《列宁全集》（第41卷），人民出版社1986年版，第208页。

境。这种政策在战时确实起到了一定的作用,但由于其超越了俄国当时的经济发展水平和人民的认识水平,布尔什维克政党急于在夺取政权后直接从社会主义社会过渡到共产主义社会"①。这一政策在当时确实起到了一定作用,但由于其超越了俄国的经济发展和人民认识水平,极大地损害了农民阶层的利益,特别是由于实行粮食垄断和余粮征集制,甚至造成了1921年春的普遍大饥荒和由饥荒所引起的暴乱,因而最终不得不放弃这一政策而转向了新经济政策。而路标转换派等则从俄共(布)十大的这种政策调整中,"敏锐"地感知到苏维埃在经历了战时共产主义政策的碰壁后正在"转向资本主义道路",认为"革命的黄昏"已经来临,社会主义正在走向破产。由此,他们采取表面上同苏维埃政权合作和支持新经济政策的策略,而实则力图通过在思想文化与意识形态等领域对苏维埃政治、经济、文化生活等的逐步渗透与影响,进而最终达到颠覆苏维埃政权的目的。他们错误地认为布尔什维克领导下的俄国正在走向衰弱,认为作为国家灵魂的知识分子"没有权利置身度外,静待危机如何结束:痊愈或是死亡。我们的职责是用爱心帮助生病的祖国医治伤口。显然,知识分子越快投入到俄罗斯文化和经济的复兴中,国家恢复得就越快"②。在他们看来,布尔什维克党人所实践的马克思主义理论只是一种超前的、乌托邦式的构想。针对路标转换派等的错误文化观念,列宁和布哈林等马克思主义者都对此进行了深入的批判。

布哈林批判了路标转换派等关于新经济政策是一种倒退的观点,认为新经济政策是基于当时苏维埃所面临的现实困境的产物。1921年3月俄共(布)召开了十次代表大会,通过了用粮食税代替余粮收集制、降低粮食税等政策,开始了从战时共产主义政策到新经济政策的过渡。在对新经济政策的理解上,布哈林认为"一方面,新经济政策的确是一种独特的、俄国的现象,但另一方面它又是一种普遍的现象。它不仅是实行一种战略上的退却,而且是解决一个组织社会的大问题,即各种不

---

① 周来顺:《使命的沉重与路向的忧思》,黑龙江大学出版社2014年版,第266页。
② Смена Вех. Июль 1921 г. Прага. Литературное обозрение. 1991. No 7. C. 105.

同的生产部门之间的比例问题。同志们，老实说，我们曾企图在我国把一切都组织起来，甚至把农民和数百万小生产者都组织起来。因此我们有了一个非常庞大的官僚机构。因此我们的行政管理费用非常之大。因此我们也遇到了政治危机。因此，我们为了拯救自己，正如列宁同志非常坦率地讲的那样，为了拯救整个无产阶级的事业，我们必须实行这种新经济政策。这绝不是——如某些同志认为的那样——象某种隐秘的病症似的东西，人们必须加以隐瞒。这不仅是对那些全力反对我们的人所做的让步，而且是对组织社会问题的一个正确的解决"①。新经济政策的决定性因素即是市场关系，其规定了新经济政策的实质，"如果我们搞商品生产，那么完全可以理解，最重要的就是市场关系"②。在布哈林看来，新经济政策并不是共产主义的破灭，而是"无可怀疑的和极大的进步。从现实的革命路线的观点来看，它是无产阶级实际的经济政策，也是旨在发展国内生产力的政策的前提、第一步和总的必要条件"③。新经济政策并不是一种倒退，而是为进入共产主义而采取的一种"暂时的退却"。正如俄罗斯史学家梁赞诺夫斯基所指出的那样："新经济政策是一种妥协，是俄国通往社会主义道路上的一次暂时的退却，为的是给国家一个喘息和恢复的机会。用列宁的话来说，这是一个'农民版的《布列斯特和约》'。"④

在布哈林看来，以路标转换派等为代表的派别，虽没有像反动的资产阶级那样直接反对苏维埃政权，但他们这种表面"合作"与"认同"实则是建立在"深思熟虑的狡猾的打算"基础之上的。他们认识到布尔什维克和苏维埃政权的强大，认识到其有能力推翻旧的沙皇专制制度和摧毁半腐朽的资产阶级。因而，他们试图通过对布尔什维克革命和苏

---

① 中央编译局国际共运史研究室：《布哈林文选》（上卷），人民出版社1981年版，第66页。
② 中央编译局国际共运史研究室：《布哈林文选》（下卷），人民出版社1981年版，第392页。
③ 《中央编译局国际共运史研究室：布哈林文选》（上卷），人民出版社1981年版，第109页。
④ ［美］尼古拉·梁赞诺夫斯基等：《俄罗斯史》，杨烨等译，上海译文出版社1999年版，第468页。

维埃政权的表面认同而逐步完成对无产阶级政权的改变和掠夺。他们认识到现在反对苏维埃政权并由此而造成混乱是没有意义的,相反认为应必须"支持苏维埃政权,必须逐渐钻进苏维埃机制的毛孔里去,参加苏维埃建设的机构,在那些机构里到处安插自己的人,缓慢地但是坚忍不拔和牢固地改变苏维埃国家的构成,正像路标转换派的一个著名代表人物所说的那样,依靠微小的内部变化,通过一再用新的人代替来改变苏维埃机构的构成,使共产主义政权的全部政策'遭到妨碍而陷于失败。'这样一来,我们就会得到这样一种状态:表面上仍旧维持我们的一切装饰、红旗、国际歌、苏维埃政体等等,但这一切的内容已经不一样了,它将不是反军国主义的,革命的,无产阶级的了,而是将反映那一新的资产阶级阶层的期待、愿望、希望和利益,这一阶层将持续增长,不断加强,并且将通过缓慢的组织变化来改变苏维埃国家的整个构成,逐渐把它引向纯粹资本主义政策的轨道"[1]。在布哈林看来,路标转换派等所采取的文化策略是基于布尔什维克领导下的俄国所面临的当下困境,其最终目的是使俄国走上美国式的资本主义道路,"它将打着用国际词句演示着的民族旗帜前进,走向一个强有力的、伟大的、新的、资产阶级的、资本主义的俄国"[2]。正是基于对路标转换派等的本质认知,布哈林才对其进行了十分坚决的、深入彻底的批判。

最后,针对关于随着资本主义社会的不断发展,将逐步"长入社会主义"的文化观念的批判。布哈林还特别对第二国际中的修正主义和考茨基主义等的文化观念进行了深入的批判,认为修正主义和考茨基主义都表现出了蜕化和背离马克思主义革命原则的倾向。在布哈林看来,第二国际的出现在很大程度上源于社会现实的变化,即1848年革命后资本主义社会进入了一个相对稳定的发展阶段,工人阶级的生活条件得到了一定的改善,由此工人运动及其思想开始蜕化,并片面奉行某种"长入社会主义"的消极革命论。这种"长入社会主义"的观点,实则是由对马克思主义曲解化了的"达尔文主义版本"决定的,这种观点相

---

[1] 中央编译局国际共运史研究室:《布哈林文选》(上卷),人民出版社1981年版,第72页。

[2] 同上。

信"资本主义逐渐、持续地进化到它自己消灭自己;确信通过理论意识从外部理解历史的必然性;确信理论意识和它指导的社会过程之间的二分法;确信无产阶级意识的概念是从外部输入,以及反对社会主义的末世学精神"①。

正如布哈林在《马克思主义者列宁》中所指出的那样,正是资本主义社会的危机得到改善,"在工人阶级生活水平提高,工人贵族产生和迅速发展的基础上,就形成了从内部、从思想意识上蜕化的工人组织慢慢地长入资本主义总机构体系的推进过程;而资本主义机构的主要表现形态,亦即它的最合理的表现形态,是资本的政治领导,也就是统治的资产阶级的国家权力。就这样,这个过程成了工人运动中统治思想的蜕化的背景和土壤"②。而且在布哈林看来,作为第二国际"两翼"的修正主义和考茨基主义都呈现出在基本原则上趋同并不断背离马克思主义革命原则的蜕变倾向。正如布哈林指出的那样,"近几年中已经日趋明显,这种纯粹修正主义的'马克思主义',或带引号的马克思主义在国家权利和资本主义政体等问题上,已经带上了毫不掩饰的宿命论性质;而在考茨基和他的集团那里,我们看到的却是一种可以称为民主主义和和平主义的马克思主义。这种区别界限是有条件的;近几年来,这个界限就逐渐磨灭了,这两条逆流开始日益明确地走上背离马克思主义的同一条航道。这种变化过程的实质就是它抛弃了马克思主义的革命内容,偷换了马克思主义的革命理论、革命辩证法、关于资本主义崩溃的革命学说、关于资本主义发展的革命学说、关于专政的革命学说等等——而代替所有这些的,却是普通的资产阶级的民主主义进化学说"③。在布哈林看来,这种蜕变集中地表现为他们都放弃了马克思主义的革命理论,都相信资产阶级的进化学说,进而走向宿命论。布哈林反对这种进化学说,这种进化学说认为随着资本主义的发展和工人阶级生活条件的

---

① [波兰] 莱泽克·科拉科夫斯基:《马克思主义的主要流派》(第2卷),马翎译,黑龙江大学出版社2015年版,第52页。
② 中央编译局国际共运史研究室:《布哈林文选》(上卷),人民出版社1981年版,第166页。
③ 同上书,第167页。

改善、阶级意识的觉醒等,就会自觉地"长入"到社会主义之中的理论。又如在对国家政权的理解上,马克思主义要求摧毁资产阶级的国家政权进而建立无产阶级性质的国家政权,而在修正主义、考茨基主义和社会民主党那里这个问题总是被解释为:"国家权力只是一种从一个阶级手里转移到另一个阶级手里的东西,就像是一架先是被一个阶级掌握,后来又移交给另一个阶级的机器,新阶级不必把所有的螺丝钉都拆下来,然后重新把它们按新方式装配起来。"①

在布哈林看来,修正主义和考茨基主义等并没有掌握马克思主义的"真精神",他们离革命的马克思主义日益渐行渐远,日益走向蜕化、走向宿命论。实则针对第二国际所存在的错误文化观念,不但弗兰尼茨基等指出他们"并不把社会主义看作是当代历史斗争的必然阶段,而仅仅把它看作是从人类存在的人性冲动中产生的伦理要求"②,而且作为西方马克思主义开创者的卢卡奇也同样指出其将导致经济宿命论和对马克思主义革命原则的背离,"放弃了对历史过程作总体的考察……因为破坏对总体的考察,就要破坏理论和实践的统一。行动、实践——马克思把实践的要求放在他关于费尔巴哈的提纲之首——按其本质,是对现实的冲破,是对现实的改变。但是,现实只能作为总体来把握和冲破,而且只有本身是一总体的主体,才能做到这种冲破"③。

布哈林始终重视文化及其意识形态的功能与作用,并且充分意识到文化问题在一定的历史时期内将会成为社会主义建设的核心问题。通过对以上具有代表性的文化观念的"深入批判"与"地基清理",为布哈林展开无产阶级文化建设理论扫清了障碍。进而,布哈林进一步明确提出了无产阶级文化建设的理论内涵及具体措施。

---

① 中央编译局国际共运史研究室:《布哈林文选》(上卷),人民出版社1981年版,第168页。
② [南斯拉夫] 普雷德拉格·弗兰尼茨基:《马克思主义史》(第1卷),胡文建等译,黑龙江大学出版社2015年版,第308页。
③ [匈牙利] 卢卡奇:《历史与阶级意识》,杜章智等译,商务印书馆1999年版,第94页。

三 无产阶级文化的内涵及具体措施

布哈林十分强调和重视无产阶级文化建设问题，在1928年列宁忌辰纪念会上作了关于《列宁主义和文化革命问题》的讲话，在这次讲话中再次强调了文化问题是"苏维埃政权和我党面临的中心问题之一，最主要的问题之一"①。这种对无产阶级文化建设问题的重视，一是基于对苏维埃社会主义建设及其所呈现出的问题的需要。例如，针对粮食收购中所出现的问题，布哈林在1928年《一个经济学家的札记——为迎接新的经济年度而作》中指出，"如果我们有更多的文化，学会更好的管理，我们就会成长，就能够而且会较少动荡地成长"②。

二是基于对敌对阶级集团特别是资产阶级本质的认知。布哈林指出了与资本主义斗争的必然性，"我们现在不得不进行斗争，克服罕见的困难，我们不得不生活在资本主义包围之中并与之进行斗争。这是实际上向我们宣布了你死我活战争的对手。这是武装到牙齿的并且还在不断地进行武装的强有力的敌人"③。布哈林深切地认知到，资本主义及其帮凶不但在政治、经济、军事、科学技术等领域，而且还在文化、意识形态等领域与我们展开斗争，他们声嘶力竭与不无虚假地指出布尔什维主义"是场'大瘟疫'，有传染欧洲危险的亚细亚重病……布尔什维主义将带来'整个文明和文化的毁灭'"④，污蔑苏维埃政权是"恶魔"王国与"撒旦统治"的化身。

三是基于对以往历史现实的反思，布哈林深刻地指出了历史中曾出现过野蛮民族在武力上征服先进民族，而最终却反被先进民族的文化所征服与同化的例子，指出"文化较高的阶层（被征服的）有意无意地，在一丁点儿一丁点儿的很难觉察的过程中，一小步、一小步地实行渗透，掌握了他们所能得到的一切，并且在有组织的过程中，无须经过任

---

① 中央编译局国际共运史研究室：《布哈林文选》（中卷），人民出版社1981年版，第240页。
② 同上书，第259页。
③ 同上书，第240页。
④ 同上书，第241页。

何灾变，不知不觉地、缓慢地站到自己的胜利者的位置上去，并使他们在一切方面实际上服从自己的影响，从而把他们同化了"①。正是基于对以往历史及其现实的认知，基于巩固苏维埃政权的需要，布哈林特别强调无产阶级加强文化建设的重要性和必要性，认为无产阶级如果没有意识到此问题的严重性，将会把"自己的事业彻底的输光"②。在此基础上，布哈林探索了无产阶级文化建设的方针、措施与构想。

第一，指出提高工人阶级文化水平和加快无产阶级文化干部培养的重要性。布哈林对提高工人阶级文化水平的重要性与紧迫性的强调是贯彻始终的，认为这是"真正改善我们国家机关的前提"③。面对着工人阶级在政治、经济领域所取得的成就，布哈林在文化领域也对工人阶级充满期待，认为"工人阶级不仅能拯救世界，不仅能建立新的经济关系的基础，而且能创造新的文化工作形式，实现和贯彻新的文化原则，这一方面是指理解任何一门科学和任何一个意识形态部门同生活的联系，另一方面是指克服文化智力生产的无政府状态"④。在布哈林看来，正如当前苏维埃俄国的无产阶级文化建设一样，提高工人阶级的文化水平只能是一个渐进的过程，在文化方面工人阶级需要一点点"成熟起来"。实则在十月革命胜利后，许多人就幻想俄国立即进入无产阶级的天堂，并试图在一切领域包括科学技术、文化等领域进行相应的革命，甚至一些人"幻想用实验室的实验办法制造无产阶级文化"⑤。布哈林、列宁都对这种激进的、臆想的、狭隘的文化建设理念提出了批判，认为这是空想式的革命试验，认为"问题不在于立即把所有的科学颠倒过来，问题在于瞄准识字和文化的最基本的敌人，以最快的速度摧毁之，把这些任务放在首位，把我党的全部注意力集中到这上面来，用殊死的

---

① 中央编译局国际共运史研究室：《布哈林文选》（上卷），人民出版社1981年版，第96—97页。
② 同上书，第97页。
③ 中央编译局国际共运史研究室：《布哈林文选》（中卷），人民出版社1981年版，第249页。
④ 中央编译局国际共运史研究室：《布哈林文选》（上卷），人民出版社1981年版，第151页。
⑤ 中央编译局国际共运史研究室：《布哈林文选》（中卷），人民出版社1981年版，第250页。

战斗去打击这一敌人"①。

在进行社会主义文化建设中，布哈林十分强调和注重加快无产阶级文化干部的培养。布哈林认为要从工人阶级中培养出足够数量的文化干部，以逐步取代旧知识分子对无产阶级文化建构的影响，改变工人阶级在文化上落后的面貌。在布哈林看来，如果文化建设者中占压倒性数量的是无产阶级，那么无产阶级革命发生变质的风险在很大程度上就得到解决了。在布哈林看来，不仅源于资本主义在文化上的优势，也源于俄国民众在文化上的普遍落后，从而导致无产阶级干部自身也有变质的可能。作为先进代表的无产阶级有"变得'脱离群众'，同占优势的行政上层'同化'，他们可以结合一个享有特权的'垄断阶层'，共同'变成一个新统治阶级的胚胎'"②的可能性。而为了加快无产阶级文化干部的培养、防止无产阶级革命的变质、防止无产阶级特别是无产阶级干部的自我蜕变，如果能"保证从工人群众本身中经常输送人员到新的工人知识分子中去，并且使这种输送源源不绝，与日俱增，形成来自工人阶级的补充阶层，我们就会胜利，我们就会在这方面排除这个深刻的危险"③。也就是说，要不断地扩大无产阶级文化干部的来源，以保证无产阶级文化队伍能不断地增加新的血液，并进而"不使这批干部把自己封锁起来，成为垄断的特权阶级。如果这个任务解决了，那时就意味着，我们是踏踏实实地走向共产主义"④。而且在布哈林看来，这种解决方略不但能有效防止无产阶级自我蜕变的危险，而且还能解决有知识阶层与无知识阶层、体力劳动与脑力劳动、工人阶级与知识分子之间的对立与矛盾。

第二，重视发展教育事业，将学校视为培养共产主义新人的基地。在关于如何进行无产阶级文化建设的问题上，布哈林同列宁一样都十分

---

① 中央编译局国际共运史研究室：《布哈林文选》（中卷），人民出版社1981年版，第250—251页。

② [美] 斯蒂芬·F. 科恩：《布哈林政治传记（1888—1938）——布哈林与布尔什维克革命》，徐葵等译，东方出版社2005年版，第231—232页。

③ 中央编译局国际共运史研究室：《布哈林文选》（上卷），人民出版社1981年版，第99页。

④ 同上。

重视学校教育。早在布哈林与普列奥布拉任斯基合著的《共产主义ABC》一书中，布哈林就明确指出了学校教育的重要性，指出学校教育是为共产主义事业服务的，是"共产主义培育的工具"，进而就如何开展共产主义教育，如何培养新的教育工作者，如何进行学龄前教育、专业教育、高等学校教育等进行了系统的阐述。布哈林之所以特别重视教育问题，在很大程度上是因为其对资本主义的本质与社会主义建设复杂性的认知。在布哈林看来，资本主义制度的根本和基础体现在对生产资料的垄断、对军事力量的垄断和对教育事业的垄断三个方面。而在这其中，布哈林尤为注重资产阶级对教育的垄断，认为如果仅将资产阶级理解为靠赤裸裸的暴力手段和生产资料的垄断就能维系自身的统治，那是十分肤浅的。实则在资本主义社会中，以学校、教会等为代表的"资产阶级制度的这些机构俘获了整个无产阶级的大军"①。资产阶级十分注重对学校教育特别是高等教育领域的垄断，用以掌控施加意识形态影响的强大机器。在资本主义社会，教育特别是高等教育已成为剥削阶级的财产，从教人员是为资产阶级的文化和意识形态事业服务的，学校教材是按资产阶级的精神原则编写的，即便是最具"中立"性色彩的教学方法也是为资产阶级事业服务的。

面对着资产阶级对学校教育的垄断，布哈林认为"根本不能设想，也不能幻想，无须破坏和击溃资产阶级对高等学校的垄断，就能生产工人阶级出身的、以工人阶级为基础的这样高水平的文化干部"②。无产阶级如果不打破资产阶级对教育的垄断，那么力图用自己的力量去从根本上解放劳动大众的可能性就会受到阻塞，就会化为泡影。无产阶级在学校教育领域同一切领域一样，都"不仅面临着建设任务，而且首先面临着破坏任务。应该立即把资产阶级社会学校系统中那些使学校变成资产阶级的阶级统治工具的东西破坏掉"③。无产阶级在夺取政权后，应

---

① 中央编译局国际共运史研究室：《布哈林文选》（上卷），人民出版社1981年版，第53页。
② 同上书，第93页。
③ [苏]尼·布哈林等：《共产主义ABC》，中央编译局国际共运史研究室译，生活·读书·新知三联书店1982年版，第233页。

把学校教育从资产阶级的垄断与操纵中解放出来,应消除利用学校进行奴化教育与精神奴役的影响。无产阶级还应打破资产阶级原有的教育理念,应将教会与学校教育分离开来,将学校变成培养共产主义新人的基地。由此,布哈林指出"新的、共产主义学校的任务在于用无产阶级的精神来教育资产阶级和小资产阶级出身的子弟。同在经济领域里苏维埃政权对生产工具实行国有化一样,在人们的精神和心理上,共产主义学校也应对资本主义社会进行同样的破坏和剥夺。必须增进人们对新的社会关系的认识。如果群众在精神生活的领域中两条腿继续站在资本主义社会及其偏见一边,那他们就很难去建设共产主义社会。新学校的任务在于使成年人的意识能跟上已经改变了的社会关系,而更重要的在于培养年青的一代,使他们自己的整个心理都立足于新的、共产主义社会"①。

与此同时,基于十月革命后苏维埃俄国的现实,布哈林同列宁一样,强调要将人民教师的待遇提高到应有的地位,强调国家经济预算应朝着有利于初级国民教育发展的方向倾斜,特别是应向农村初级国民教育倾斜,认为这是进行社会主义文化革命的重要条件。布哈林于1928年在纪念列宁忌辰纪念会上作了关于《列宁主义和文化革命问题》的讲话,在讲话中再次强调要重视农村教育,指出"'削减'农村图书阅览室、图书馆甚至是学校,这是非常错误的,但有时却有这种情况。在这里现在决不允许'吝啬';不扩大教育机构网是不可能培养出'文明的合作社工作者'的"②。

第三,主张吸收以往有益文化成果,特别是资产阶级的文化成果。布哈林指出,无产阶级在资本主义社会中所处的地位,与资产阶级在封建社会中所处的地位不同。在封建社会中,资产阶级不是作为在文化上受压迫阶级而存在的,作为孕育于其中的资产阶级文化在结构、方法和原则等方面已高于封建主义文化,"静的观点为动的(进化的)观点所

---

① [苏]尼·布哈林等:《共产主义ABC》,中央编译局国际共运史研究室译,生活·读书·新知三联书店1982年版,第235页。
② 中央编译局国际共运史研究室:《布哈林文选》(中卷),人民出版社1981年版,第259页。

代替，经院式的思辨哲学为自然科学经验的原则所代替，封建束缚社会的教条主义为'有思维能力的个人'的批判主义所代替"①。而在资本主义则不然，源于资产阶级的本性，也源于资产阶级在国家机构、学校、科学、艺术等领域所占的主导性地位，无产阶级不仅在政治、经济等方面，而且在文化上也居于落后和被压迫地位，这也就决定了无产阶级"不能不成为在文化上深受资本主义制度的整个机构压迫的阶级，这种受压迫的现象，对于夺取国家政权以前的资产阶级来说，是不存在的。"②基于无产阶级所处的受压迫地位，无产阶级在资本主义社会中只能为未来的文化做一些天才的预测与前瞻性规划，而不能发展到自己去组织社会的程度。处于资本主义制度统治下的无产阶级"可以为未来的文化做出一些极其天才的暗示，为人类文化的进一步发展创造卓越的条件，但是，无产阶级这个文化上受压迫的阶级在这种范围内不能把这些条件发展到能够培养自己去组织整个社会的程度"③。无产阶级只有在打破旧有国家机器后的无产阶级专政时期，才能"改造自己的本性"并发展成社会的组织者。

那么在无产阶级专政时期，作为在文化上"相对落后"的无产阶级如何能创造出比资产阶级更为进步的文化基础？如何能培养出自己的领导干部与文化建设者队伍？布哈林认为在无产阶级专政的背景下，无产阶级要想成为真正意义上的社会组织者就要重视文化问题，就要将文化问题作为最为核心的问题去看待。而在加强文化建设的过程中，无产阶级既要经历长期的文化训练与社会实践考验，也要充分吸收和利用敌对阶级特别是资产阶级的文化力量。无产阶级与资产阶级不同，由于资产阶级在封建社会内部就是作为统治阶层、作为文化上的先进分子而出现的，因而在封建社会内部"能获得文化上的出色发展的资产阶级，从自己的队伍中培养出最高级的思想家干部（哲学家和学者等）以及自己

---

① 中央编译局国际共运史研究室：《布哈林文选》（上卷），人民出版社 1981 年版，第 46 页。
② 同上书，第 51 页。
③ 同上书，第 53 页。

的政治领导者"①。资产阶级在其发展过程中,不需要将敌对阶级作为自身的领袖。而与之相反,处于资本主义社会压迫下的无产阶级,由于自身在政治、经济、文化等领域的受压迫地位,则不得不把"其他阶级、首先是知识分子出身的人当作自己的最高的领导者(领袖、思想家)。这是绝对无可争辩的历史事实。无产阶级的最有概括性的和最正确的意识形态(马克思主义),是马克思、恩格斯和他们的学生所制定的"②。这也就决定了无产阶级在自身的文化建设中不得不吸收敌对的文化力量,吸收"'老牌的'文化力量是完全不可避免的,而且从历史上来说也是必要的。认为没有技术知识分子和其他知识分子也能对付过去的观念,是非常可笑和绝对幼稚的。这是一种有害的幻想,在无产阶级及其政党的队伍中绝对不允许这种幻想的存在"③。关于此点,列宁也强调无产阶级文化应是建立在对人类以往文化成果的吸收基础之上的,指出"只有确切地了解人类全部发展过程所创造的文化,只有对这种文化加以改造,才能建设无产阶级的文化,没有这样的认识,我们就不能完成这项任务"④。

当然,这种对敌对文化特别是资产阶级文化的吸收与利用,确实隐藏着无产阶级革命所不可避免的一个极大的、内在的危险,即"无产阶级国家和无产阶级政党蜕化的危险"⑤。这种蜕化的危险在很大程度上源于,无产阶级虽具有"原则上最高的文化形式,但是工人阶级就其文化水平来说毕竟比资产阶级要低得多"⑥。布哈林深刻地指出,我们经常在历史中看到一个野蛮民族在短时间内用武力战胜了在文化上先进的民族。但经过一段时间后,我们会奇异地发现武力上的战胜者却最终成了实际上的战败者,源于其接受了"战败"民族的生活方式、行为方

---

① 中央编译局国际共运史研究室:《布哈林文选》(上卷),人民出版社1981年版,第55页。
② 同上书,第55页。
③ 同上书,第57—58页。
④ 《列宁选集》第4卷,人民出版社1995年版,第285页。
⑤ 中央编译局国际共运史研究室:《布哈林文选》(上卷),人民出版社1981年版,第58页。
⑥ 同上。

式、风俗习惯、语言规范等，"较高的文化、灵巧机警、熟练的技能、技术上的优势、实际的训练、确定方向的能力等，这一切，通过无数的途径，通过微小的分子运动，使胜利的民族所习惯了的生活内容和社会联系瓦解、蜕化、变形、改造，在这种情况下胜利的民族做出了有历史意义的投降"①。

　　同样，无产阶级可以简单地镇压敌人并"粉碎资产阶级集团，在物质上可以把一切都掌握在自己手里，但是有可能被自己敌人的文化更高的力量从下面吃掉。不是在战斗里，不是在厮杀中，不是在彼列科普，而是在一种缓慢的、逐渐发生的、社会演变的过程中，你们现在完全清楚地看到：这种事怎么会发生，为什么能够发生，又为什么这种危险必然摆在每个夺取了国家政权的工人阶级面前！假如这事发生了，那时就会从技术知识分子、从一部分新资产阶级，具体说，从工程承包人、商品供应人、承租人和其他人，甚至加上我们自己工人政党中的一小部分人中产生某种新的阶级，而我们就会不知不觉地完全脱离无产阶级的总的基础，转入一种新的社会形态"②。在布哈林看来，十月革命胜利后的无产阶级同这些野蛮民族所处的地位具有相似性。虽然无产阶级的文化原则在"应然"意义上高于资产阶级以及一切敌对文化，但"在这里解决问题的不是这种原则上的高度，而是这种或那种文化的活生生的、起作用的代表和体现者的数量和质量。这才是重要的。这在任何历史争端包括劳动和资本之间的重大争端中，都是极其重要的"③。基于十月革命前后苏维埃俄国特别是工人阶级文化水平"实然"与"应然"之间差距的必然结果，无产阶级文化建设在吸收以往一切研究成果的同时，也应切实防止无产阶级革命蜕变的可能性风险。

　　第四，反对文化建设中的官僚主义作风，反对用暴力手段解决文化问题。与列宁一样，布哈林深知形式主义与官僚主义的巨大危害性及其

---

　　① 中央编译局国际共运史研究室：《布哈林文选》（上卷），人民出版社1981年版，第58页。
　　② 同上书，第97页。
　　③ 同上书，第58页。

在苏维埃重新滋生的可能性。布哈林于 1928 年在第四次工农通讯员会议上作了关于《目前形势和我们报刊的任务》的报告,在报告中对官僚主义进行了深入的批判。在布哈林看来,官僚主义的最大特点在于其形式主义、教条主义,认为官僚主义者"就是同纸打交道的人,就是'纸人'。每个人根据自己的经验都知道,没有纸就很难写。……对于官僚主义者来说,纸被证明是百分之百正确的:他使用纸、墨水和象印章这样的文明生产工具"①。除了带有各种印章的纸之外,官僚主义者没有解决任何问题。官僚主义最令人厌恶的东西则是形式主义的办事态度,持这种态度的官僚主义者不断"摆出作威作福的架势和意识到自己对人的'权势',不深入研究问题的实质,总想设法尽快地把事情推掉。……形式主义的办事态度的表现是,人消失了,因为对官僚主义者来说,在人和木头之间没有原则的区别,对官僚主义者来说,重要的是他本人在长官眼里是清白的,——仅此而已"②。

布哈林深刻地认识到了对形式主义、官僚主义斗争的重要性、艰巨性与长期性,认为为了切实实现阶级斗争与无产阶级文化建设的任务,就必须"多次并千百万次谈到的同官僚主义的斗争,同我们道路上的这个巨大障碍的斗争"③。布哈林指出我们虽然取得了十月革命的胜利,但还并没有完全取得对官僚主义的胜利。在苏维埃政权建立后,不但某些工作人员染上了官僚主义的习气,更为可怕的是甚至苏维埃国家都有走向官僚化的倾向。而对于这种危害甚大的官僚主义作风,在布哈林看来不仅应用"烧红的笔尖",更应用"烧红的铁块"将其"烫掉"。要"克服""剥去""揭掉"甚至"烫掉"这种官僚主义的"疾病""疮疤"和"赘瘤",就要多一些群众的、"地方的、集团的、个人的首创精神"和主动精神等④,就要"必须竭力加强整个苏维埃舆论的积极性和主动性。现在的主要任务就在于此。应当用

---

① 中央编译局国际共运史研究室:《布哈林文选》(中卷),人民出版社 1981 年版,第 315—316 页。
② 同上书,第 316—317 页。
③ 同上书,第 311 页。
④ 同上书,第 312 页。

实际的苏维埃舆论这把刀子切除我们国家机构上的多余的和有害的赘瘤"①。

在文化问题上，布哈林既反对官僚主义的作风，也反对用暴力的手段来解决文化问题，布哈林主张通过"自由竞争"的方式来解决文化问题。正如Ｃ．沃尔弗松在《评布哈林的文艺思想》一文中曾指出的那样，"在对待过渡时期文化问题上，布哈林表现得特别谨慎，总是强调不能用机械的暴力手段去解决文化问题。他指出在这方面各种创作力量自由竞赛的特别重要性……布哈林反对在解决文化问题时使用'骑兵突袭'的办法……无产阶级只有通过在党的总的领导范围内的最大限度的自由竞赛，才能取得文化的领导权"②。确实，在对文化问题的解决上，布哈林一再强调"完成任务和克服摆在我们面前的危险，不是用机械的办法，不是用再次敲掉牙齿的办法，而是用训练我们的人才成为我们的干部的办法。……我们应当明白，解决这个任务，不能用简单的镇压和强制方法。必须明白，这里需要的是内部的、深刻的改造。如果我们明白这一点，那我们无疑将会完成自己的任务"③。布哈林十分注重党内的民主建设，力图通过党内民主和开始自我批评来制止与根除官僚主义作风和简单粗暴文化建设措施。

布哈林认为在文化等问题上，无产阶级只有依靠"自己的力量在文学和文化等领域中争得社会领导的历史权利"④，只有通过民主竞争的方式无产阶级文化建设才能真正地不断走向提高，才能真正获得文化领导权。文化问题有其特殊性，文化问题只能通过民主竞争的方式获得解决，而运用特权和暴力的方式去解决文化问题只会将其扼杀掉。正如布哈林于1928年4月13日在列宁格勒就"关于联共（布）中央委员会和中央监察委员会四月全会的报告"中所作的关于《粮食收购工作和沙

---

① 中央编译局国际共运史研究室：《布哈林文选》（中卷），人民出版社1981年版，第315页。

② ［苏］C．沃尔弗松：《评布哈林的文艺思想》，载苏绍智、韩佳辰、林英等主编《布哈林思想研究（译文集）》，人民出版社1983年版，第301页

③ 中央编译局国际共运史研究室：《布哈林文选》（上卷），人民出版社1981年版，第101页。

④ 同上书，第346页。

赫特事件的教训与党的任务》的报告中指出的那样:"我再说一遍,如果多一些自我批评,如果党内多一些真正的民主,那么这些坏蛋就藏不了多久。因此,从整个形势看,迫切需要开展自我批评,大大发扬党内民主,少搞一些委派制。同时,形势还要求我们坚决把党组织的方向扭转过来,即大力做好在广大群众中的工作,不仅要发扬党内民主,而且要发扬工会民主,特别是要挑选和提拔新人,从而制止官僚主义弊病的发展。必须做到这一点。"①

第五,针对苏维埃俄国文化落后的现状,提出了普及广大群众无产阶级文化的具体措施。布哈林认为在无产阶级文化建设过程中,无产阶级及其政党还应将广大群众的文化建设放在工作的首位,而不是"个别的祭司,不是个别异国的娇生惯养的人物。在我们这里群众是我们文化工作的中心,我们文化工作的重心就在于此"②。群众领域的文化建设是无产阶级文化建设的中心,无产阶级不应将先进文化的传播与发展仅仅局限于作为先进文化代表的工人阶级、局限于相对发达的城市,还应将先进文化带入穷乡僻壤的乡村,用以唤醒被压迫、被剥削的最严重的广大底层群众。

布哈林一再强调提高广大群众文化水平的重要性,认为如果出现"我们一批人只是游游荡荡,不会读书,不会写字,而另一些人却具有真才实学,那时退化就不可避免。因为即使我们在恢复经济方面的那些技术和经济任务,我们也无法在生着虱子和没有文化的状态下完成"③,那么社会主义建设就要垮台。布哈林指出了文化两极化的危害,强调要把无产阶级文化普及工作作为一项重要任务去完成,因为这是生成社会主义新人的重要手段。而就如何对广大群众进行无产阶级文化普及工作,布哈林也提出了具体措施,一是要"因材施教",指出"如果我在农民大会上讲话,那是一回事,如果,比方说,到红色教授学院去讲

---

① 中央编译局国际共运史研究室:《布哈林文选》(中卷),人民出版社1981年版,第238页。
② 同上书,第246页。
③ 中央编译局国际共运史研究室:《布哈林文选》(上卷),人民出版社1981年版,第103页。

话，那又是另一回事。在那里我不能整整四个钟头去说什么饭前要洗手；会后我也不能简单地戴上帽子就走，我得在实质上回答他们应当怎样解决他们遇到的一系列问题，怎样设想本阶段的科学的前景"①。二是要采取渐进的办法，因为不可能一下子将所有的人都培养成"工程师和教授"，而应先培养出一批文化战线上党的领导干部，然后再逐步过渡到对全体民众的培养，"没法不这样做，没法一下子把所有的人都变成红色教授，一下子把每个伊凡诺夫都变成红色工程师。这是做不到的。这是空想的任务"②。三是要分清任务的轻重点，当前的苏维埃在注重培养干部的社会主义文化意识的同时，更应将重点放在消灭文盲上，放在开展更为广泛的文化建设上。

可以说，布哈林的一生是为马克思主义理论而奋斗的一生，即使是在含冤入狱的情况下，也没有停止对马克思主义理论的探索与思考，正如他于1938年3月8日在法庭上最后陈词中所说的"我问心无愧地说，在坐牢的一年多时间里，我工作了，研究了，保持了清醒的头脑"③。在苏联的马克思主义理论家中，布哈林较早并一直以来都十分强调和重视无产阶级文化建设，源于布哈林深刻地意识到无产阶级文化建设问题不是一般的而是根本性的问题，无产阶级文化建设的命运"是与无产阶级的革命运动，与无产阶级推翻旧社会和建立共产主义新社会的斗争紧密相连的"④。特别是在随着十月革命的胜利和苏维埃政权获得巩固后，布哈林更为强调文化问题，强调文化问题将是斗争的主要领域，强调无产阶级的文化领导权，强调无产阶级文化建设的重要性，指出文化及其"意识形态绝不是没有力量的微不足道的东西，而是非常重要的社会力量"⑤。如果不解决好文化问题，那么我们在经济建设、政治建设等方

---

① 中央编译局国际共运史研究室：《布哈林文选》（上卷），人民出版社1981年版，第103页。

② 同上书，第104页。

③ ［俄］А. П. 奥古尔佐夫：《鲜为人知的布哈林哲学》，吴铮、杨为民译，《哲学译丛》1994年第1期。

④ ［苏］弗·让·凯勒：《文化的本质与历程》，陈文江等译，浙江人民出版社1989年版，第281页。

⑤ 中央编译局国际共运史研究室：《布哈林文选》（上卷），人民出版社1981年版，第59页。

面一系列的问题最终都会碰到文化问题方面的障碍。布哈林于1925年2月在中央委员会讨论文学问题的会议上作了关于《无产阶级和文艺政策问题》的报告,在报告中将文化政策的制定与执行等比喻为"在刀刃上行走"。从这个比喻中,一方面可见其对文化政策、文化问题的重视,另一方面可见其对此问题的审慎态度。布哈林在这篇报告中指出:"在对文学政策的若干问题作出决定之前,必须先对下述情况有所认识,这就是,马克思主义者应该在剃刀的刀刃上行走——如果一般来说,这种提法是对的话,那么,同其他问题比起来,在这个问题上就要更加善于在刀刃上行走。"① 布哈林指出在文化政策问题的制定上差之毫厘,这种轻率的举动就会导致在政治上犯非常大的错误。与此同时,针对以资产阶级等为代表的敌对阶级集团关于无产阶级革命将导致文化建设上"无法克服的矛盾"和"俄罗斯文化的毁灭"、关于无产阶级能否肩负起文化重任、关于革命后能否"把现实的整个教育改造过来"等的论调与质疑,布哈林不但从理论上而且还通过苏维埃在无产阶级文化建设中所取得的成就来予以回击。布哈林认为,十月革命胜利后无产阶级在文化建设领域取得了很大的成就,"革命毕竟为迅速繁荣文化生活创造了某些前所未见的前提,文化的集约性的下降了,但是它的粗放性则大大的提高了"②。无产阶级在社会主义文化建设中"不仅拯救了旧社会留下的全部珍品,并且以最快的速度,比谁都快的速度,领导大量群众沿着文明的道路前进,创造伟大的群众文化运动,用文化的拖拉机把广阔的国家全部耕遍,引来的不是个别的钻石般的文化细流,而是群众性文化建设的波澜壮阔的巨流"③。

总之,布哈林"马克思主义理论的一位革新者。他没有回避那些在马克思主义理论中找不到现成答案的问题或难以解决的习惯"④,这

---

① 中央编译局国际共运史研究室编:《布哈林文选》(上卷),人民出版社1981年版,第338页。

② 同上书,第159页。

③ 中央编译局国际共运史研究室编:《布哈林文选》(中卷),人民出版社1981年版,第245页。

④ [南斯拉夫]伏伊斯拉夫·斯坦诺伏西奇:《对马克思主义理论家布哈林的若干评论》,《革命与改革中的布哈林》,任延黎译,黑龙江教育出版社1988年版,第14页。

一点特别地体现在他对无产阶级文化建设理论的探索上。正如布哈林在批判巴普洛夫时所指出的那样,"太阳也有黑点。而像巴普洛夫教授那样的自然科学的专家们一旦着手从事他们所根本不了解的事业时,这些黑点则具有相当巨大的规模"①。同样,被罗伯特·丹尼尔斯"夸大"为"他和他的哲学的追随者们是苏维埃俄国最后的、真正实践的马克思主义者"②的布哈林,他的一些理论虽随着时代的流转已过时,然而他对社会主义理论的探索、对世界经济发展趋势的预言、对资本主义制度的深切批判,特别是对马克思主义文化建设理论及民众文化普及方面的探索等,仍有着重大的理论与现实意义。重温布哈林的无产阶级文化建设理论不仅有助于我们从文化"深处"反思苏联解体的深层原因,而且也为当前我国的社会主义文化建设提供了有益的理论参照。

第二节 斯大林对社会主义文化观的探索

列宁逝世后,斯大林在对苏联社会主义的探索与实践中,形成了具有苏联特色的斯大林模式。斯大林模式的形成基于历史与现实、国内与国外等多种因素,这一模式对日后苏联的政治、经济、文化等领域产生了极为深远的影响。斯大林模式的基本特征是高度集中,"国家不仅管理行政、外交、国防、治安、财政等事务,而且依靠垄断掌握的自然资源和生产资料,全面管理生产和分配,还管理教育新闻、卫生体育、文学艺术等文化事业。首先,国家凌驾于整个社会之上。它将全部政治、经济和思想文化生活都置于自己的管理控制之下。其次,联共(布)是整个国家的领导核心,国家的一切大政方针都由党决定。最后,整个权力集中于党的领袖斯大林一人,所有思想舆论完全统一于斯大林一人。斯大林模式所形成的集中,无论从横向看还是

---

① 中央编译局国际共运史研究室:《布哈林文选》(上卷),人民出版社1981年版,第117页。

② 苏绍智、韩佳辰、林英等主编:《布哈林思想研究(译文集)》,人民出版社1983年版,第219页。

从纵向看，都是历史空前的"①。作为一种高度集中的政治经济体制，斯大林模式不仅仅是一种政治、经济模式，也是一种文化、意识形态模式。斯大林时期的文化观建构是以此模式为基础，并接受此模式指导的。而这种"基础"与"指导"不仅仅源于斯大林模式的特征，而且也源于在这一时期甚至整个苏联时期意识形态、文化与政治之间的特殊关系。

一 斯大林模式在意识形态领域的确立

1936年苏联基本完成了国民经济的社会主义改造，斯大林在全苏苏维埃第八次非常代表大会上所作的《关于苏联宪法草案》的报告中宣布："我们苏联社会已经做到在基本上实现了社会主义，建立了社会主义制度，即实现了马克思主义者又称为共产主义第一阶段或低级阶段的制度。这就是说，我们已经基本上实现了共产主义第一阶段，即社会主义。"②斯大林指出，"苏联无产阶级已经变成完全新的阶级，已经变成消灭了资本主义经济制度、确立了生产工具和生产资料的社会主义所有制、引导着苏联社会向共产主义前进的苏联工人阶级"③。

可以说，斯大林模式比较集中地体现在1936年的宪法中，1936年新宪法的颁布以法律的形式使高度集中的斯大林模式得到确立。尽管1936年以宪法的形式肯定了斯大林建设社会主义所取得的成果，并标志着具有苏联特色的政治、经济体制的斯大林模式的形成。但与之相比，意识形态领域的建构则相对滞后，1938年经斯大林亲自审订的《联共（布）党史简明教程》的出版，则从意识形态领域确立并论证了斯大林模式，从思想和理论上确立了斯大林模式的正确性与绝对权威。《联共（布）党史简明教程》出版后，被誉为"马克思列宁主义的百科全书"，实则这本著作的出版"经过了一番曲折而残酷的斗争，连编撰者自身都经受了一场场清洗淘汰，有些被批判，有些遭逮捕，又有些被处决，最后由领悟个人崇拜真谛的少数人削笔编撰，

---

① 徐天新：《斯大林模式的形成》，人民出版社2013年版，第235页。
② 《斯大林选集》（下卷），人民出版社1979年版，第399页。
③ 同上书，第395页。

又由斯大林本人敲定而成。该书出版后，实际上成了在苏联判断思想理论是非的标准，裁定意识形态准则的最高法绳。50年代以前它一直是集斯大林理论思想之大成，阐述斯大林社会主义体制和意识形态模式的最高范本"①。

具有明显个人与时代烙印的《联共（布）党史简明教程》的最终形成虽是在斯大林时期，实则从更为宏观的角度看，经历了一个极为漫长、曲折、复杂的过程。十月革命前后，布尔什维克政党便面临着一个重大的问题与使命，即如何以一种清晰易懂的方式系统地阐释马克思主义，以便能够更好地为群众所理解。正如布哈林后来在《历史唯物主义理论》一书中所指出的那样："要求对历史唯物主义理论作系统阐述的呼声是很急切的"，"在革命的现阶段上，过去由于时局紧张而无提出的许多问题已经提上了日程；这里包括为数不少的所谓'一般世界观'的问题。对许多人来说，这些问题还是第一次出现"。② 正是基于这种理论与实践的迫切需要，苏联的马克思主义者开始有意识地系统化阐述与建构苏联马克思主义哲学，"可以说，以正面阐述的形式而不是以论战的形式，以系统阐述的形式而不是以简单罗列的形式来解释、宣传马克思主义哲学，并使之体系化，是苏联的首创，而始创者是德波林和布哈林"③。也正是在这一背景下，1916年德波林出版了《辩证唯物主义纲要》，纲要中指出辩证唯物主义是一个"完整的世界观"，这一完整的世界观由三个主要部分构成，包括作为方法论的唯物辩证法（这是关于运动的普遍规律的抽象的科学）、自然辩证法和历史唯物主义（这是唯物辩证法在社会历史中的运用）。在这一纲要中，德波林以辩证唯物主义阐释马克思主义哲学，"建构了以'物质'为理论起点，物质运动的辩证性为理论线索，包

---

① 马龙闪：《苏联文化体制沿革史》，中国社会科学出版社1996年版，第142页。
② ［苏］布哈林：《历史唯物主义理论》，李光谟等译，人民出版社1983年版，"序言"第1、6、7页。
③ 杨耕：《苏联马克思主义哲学模式：形成、特征和缺陷》，《学术月刊》2012年第7期。

括唯物辩证法—自然辩证法—历史唯物主义三个层次在内的马克思主义哲学体系。从理论内容看,《辩证唯物主义纲要》包括历史唯物主义,但突出的是辩证唯物主义"①。

而在十月革命胜利后,布哈林于1921年出版的《历史唯物主义理论》中,则以历史唯物主义为主要内容阐释马克思主义哲学。与德波林的理解相反,《历史唯物主义理论》一书包括辩证唯物主义,但突出的是历史唯物主义。全书强调历史唯物主义是关于社会及其发展规律的一般学说,强调历史唯物主义是马克思主义理论"基础的基础"。全书建构了"以必然与自由的关系为理论起点,以社会与自然之间以及社会要素之间的平衡为理论线索,包括社会与自然、社会与个人、人与物、人与观念、生产力与经济结构、上层建筑及其结构、阶级和阶级斗争等观点在内的马克思主义哲学体系"②。该书是第一本以教科书形式系统阐释马克思主义哲学的著作,为马克思主义哲学的体系化及其传播做出了贡献,但也存在着"致命缺陷,那就是过多地强调了历史唯物主义的'社会学'特征,而淡化了历史唯物主义的哲学性质;过多地强调了平衡论,而淡化了辩证法,甚至提出用'现代力学的语言'代替'辩证法的语言'"③。也正是在这个意义上,列宁指出布哈林从来没有完全理解辩证法,而卢卡奇更是指出该书虽以清晰易懂的方式较完整、系统地解说了马克思主义,作为一本教材达到了最初目的,但"布哈林的理论宗旨不同于从马克思和恩格斯经过梅林和普列汉诺夫到列宁和罗莎·卢森堡的历史唯物主义伟大传统"④。

在此期间,到1928—1929年,经历了被苏联史学界普遍公认的

---

① 杨耕:《苏联马克思主义哲学模式:形成、特征和缺陷》,《学术月刊》2012年第7期。
② 同上。
③ 同上。
④ 中国社科院马列所编:《论布哈林和布哈林思想》,贵州人民出版社1982年版,第227页。

"大转变"① 年代，以此为标志，苏联"实行了同20年代截然不同的一条思想文化发展的总路线和总方针，在一连串的大批斗、大斗争中形成了一套全新的思想文化模式"②。这场"大转变"先是发生在政治经济领域，后是发生在思想文化领域。思想文化领域的"大转变"是在政治经济领域的"大转变"基本完成后，"在1929年下半年至30年代初发生的。正是在意识形态'大转变'的过程中发生了文化体制的转轨变型，由20年代的文化体制转变到了斯大林文化体制的轨道。这种文化体制的转轨和斯大林文化体制的形成过程同意识形态的'大转变'，实际上是同一过程的两个方面"③。学者马龙闪认为，意识形态领域的"大转变"，"以1928年4月联共（布）中央联席会议为志开始酝酿，以斯大林1929年12月27日在全苏马克思主义者土地专家代表会议上的讲话开始动员，揭开了30年代理论大批判的序幕。经过经济学批判、德波林学派批判和斯大林公开发表《给〈无产阶级革命〉编辑部的信》，到1932年4月23日联共（布）中央做出解散'拉普'的决议，这场'大转变'基本上臻于完成。纵观'大转变'前后的整个过程，我们大体可以把它划分为三个阶段，即'大转变'的酝酿阶段（1928年4月—1929年11月）、发动阶段（1929年12月—1931年9月）和

---

① 关于"大转变"的原因，有一种观点认为很大程度上是基于党内斗争占领意识形态阵地的需要，特别是斯大林与党的杰出理论家布哈林的斗争，而这场斗争是十分艰难的。十分了解斯大林意图与想法，并与斯大林工作相处30多年的莫洛托夫，在斯大林去世数十年后也承认了这种斗争的艰难性。这种艰难很大程度上源于布哈林在苏共的地位，一方面列宁生前就对布哈林评价很高，而且在"列宁病重和逝世之后，他在理论上是布尔什维克党政治、经济和文化战略的制定者，是党内对列宁思想领悟最深、对列宁新经济政策思想最权威的解释者"（马龙闪：《苏联剧变的文化透视》，中国社会科学出版社2005年版，第4页）。另一方面，布哈林本人在政治学、经济学、哲学、文化学等多个领域都有所建树，而且还有众多弟子与理论信奉者。因而，要彻底打倒布哈林，斯大林清楚地意识到没有一场彻底的"大转变"是不可能的。斯大林在意识形态领域的这场"大转变"，"实际上是以经济理论和政治经济学批判为突破口。这样做是不奇怪的，因为布哈林首先是经济理论大家，搞臭和扫除他的经济思想是斯大林面临的当务之急。他以布哈林及其一派为靶子，而归纳出国民经济成分'平衡'论、社会主义建设'自流'论、小农经济'稳固'论和集体农庄道路等几大经济理论问题，对其肆意挞伐"（同上，第5页）。当然，在笔者看来，此种观点有夸大党内斗争及其由此所导致的理论转变，斯大林意识形态领域的大转变很大程度上是基于对整个国际国内形势，特别是国内阶级斗争激烈化、反动势力嚣张化的判断。

② 马龙闪：《苏联剧变的文化透视》，中国社会科学出版社2005年版，第3页。
③ 马龙闪：《苏联文化体制沿革史》，中国社会科学出版社1996年版，第86页。

完成阶段（1931年10月—1932年底）"①。

在德波林的《辩证唯物主义纲要》和布哈林的《历史唯物主义理论》之后，苏联陆续出版了一系列正面、系统地探索马克思主义哲学体系化的著作。1932年、1934年，由米丁和拉祖莫夫斯基主编的《辩证唯物论与历史唯物论》的出版，标志着苏联马克思主义哲学模式基本形成，这本书既体现了联共（布）中央的意志和对马克思主义哲学的定位，也"形成了以列宁、恩格斯的著作为主，以马克思的著作为辅这一文献格局。……制定并巩固了辩证唯物主义与历史唯物主义的'二分结构'。如前所述，芬格尔特和萨尔文特的《辩证唯物论与历史唯物论》并未明确马克思主义哲学体系是辩证唯物主义和历史唯物主义，米丁和拉祖莫夫斯基的《辩证唯物论与历史唯物论》则在马克思主义哲学史上第一次明确地把马克思主义哲学称为辩证唯物主义和历史唯物主义，明确地把马克思主义哲学分为辩证唯物主义和历史唯物主义两个部分，明确地把'物质'作为马克思主义哲学的起点范畴，分别论述了马克思主义哲学的唯物论、认识论、辩证法、历史观，从而建构了一个特色鲜明的苏联马克思主义哲学体系"②。就此，米丁自己也指出，"我把马克思主义哲学分为辩证唯物主义和历史唯物主义，这种分法被人接受，流传下来了"③。实则这种"二分结构"不仅流传下来了，而且在日后的苏联哲学中占据着支配地位，日后无论是本体论、认识论还是文化学等问题的争论，都没有从根本上突破这一"二分结构"。正是基于此，杨耕教授指出在米丁和拉祖莫夫斯基主编的《辩证唯物论与历史唯物论》中，体现了苏联马克思主义哲学的基本模式，标志着苏联马克思主义哲学模式的基本形成。这种模式包括：特殊的总体框架，即以"物质"为起点范畴的辩证唯物主义和历史唯物主义的"二分结构"；特殊的文献格局，即引证的列宁、恩格斯的著作多于马克思的著作；特殊的

---

① 马龙闪：《苏联文化体制沿革史》，中国社会科学出版社1996年版，第95页。
② 杨耕：《苏联马克思主义哲学模式：形成、特征和缺陷》，《学术月刊》2012年第7期。
③ 安启念：《新编马克思主义哲学学发展史》，中国人民大学出版社2010年版，第173页。

社会地位，即直接为现实政治服务和为现行政策作论证，构成了特色鲜明的苏联马克思主义哲学模式。这三个基本特征在《辩证唯物论与历史唯物论》中，得到了集中体现。

尽管1932年、1934年，由米丁和拉祖莫夫斯基主编的《辩证唯物论与历史唯物论》的出版，标志着苏联马克思主义哲学模式基本形成，但具有斯大林模式特点的意识形态领域的最终确立则以1938年经斯大林亲自审订的《联共（布）党史简明教程》的发表为标志。此书的正式出版，从意识形态高度确立并论证了斯大林模式。而在《联共（布）历史简明教程》出版之前，作为该书第四章第二节内容的《论辩证唯物主义和历史唯物主义①》则于1938年9月以单行本的方式发行。在斯大林的《论辩证唯物主义和历史唯物主义》中，在对辩证唯物主义的理解中，明确指出"辩证唯物主义是马克思列宁主义党的世界观。它所以叫作辩证唯物主义，是因为它对自然界现象的看法、它研究自然界现象的方法、它认识这些现象的方法是辩证的，而它对自然界现象的解释、它对自然界现象的了解，它的理论是唯物主义的"②。而在对历史唯物主义的理解上，则指出历史唯物主义就是把"辩证唯物主义的原理推广去研究社会生活，把辩证唯物主义的原理应用于社会生活现象，应用于研究社会，应用于研究社会历史"③。进而，斯大林论述了"马克思主义的辩证方法的基本特征""马克思主义哲学唯物主义的基本特征"和"历史唯物主义"。

在"马克思主义的辩证方法的基本特征"中，主要从四个角度进行了论述，第一，"同形而上学相反，辩证法不是把自然界看作彼此隔离、彼此孤立、彼此不依赖的各个对象或现象的偶然堆积，而是把它看作有

---

① 据考证，"辩证唯物主义"作为一个概念，最早是由狄慈根于1886年在《一个社会主义者在认识论领域中的漫游》一书中首次提出。但真正用"辩证唯物主义"来表述马克思主义哲学本质的是普列汉诺夫，他明确指出马克思、恩格斯的哲学不是唯物主义哲学，而是"辩证的唯物主义哲学"，"'辩证唯物主义'这一术语，它是唯一能够正确说明马克思的哲学的术语"（《普列汉诺夫哲学著作选集》（第1卷），生活·读书·新知三联书店1959年版，第768页）。而"历史唯物主义"作为一个概念，最早是在1890年恩格斯致康·施米特的信中提出的。
② 《斯大林选集》（下卷），人民出版社1979年版，第424页。
③ 同上。

联系的统一的整体,其中各个对象或现象互相有机地联系着,互相依赖着,互相制约着"①。第二,"同形而上学相反,辩证法不是把自然界看作静止不动、停滞不变的状态,而是看作不断运动和变化、不断更新和发展的状态,其中始终有某种东西在产生、在发展,有某种东西在破坏、在衰颓"②。第三,"同形而上学相反,辩证法不是把发展过程看作简单的增长过程,看作量变不引起质变的过程,而是看作从不显著的、潜在的量的变化到显露的变化,到根本的变化,到质的变化的发展,在这种发展过程中,质变不是逐渐地发生,而是迅速地、突然地发生的,表现为从一种状态飞跃式地进到另一种状态,并且不是偶然发生的,而是有规律地发生的,是由许多不明显的逐渐的量变积累而成的。因此,辩证方法认为,不应该把发展过程了解为循环式的运动,了解为过去事物的简单重复,而应该把它了解为前进的运动、上升的运动,了解为从旧质态到新质态的转化、从简单到复杂、从低级到高级的发展"③。第四,"同形而上学相反,辩证法的出发点是:自然界的对象或自然界的现象含有内在的矛盾,因为它们都有其反面和正面,都有其过去和将来,都有其衰颓着的东西和发展着的东西,而这种对立面的斗争,旧东西和新东西之间、衰亡着的东西和产生着的东西之间、衰颓着的东西和发展着的东西之间的斗争,就是发展过程的内在内容,就是量变转化为质变的内在内容。因此,辩证方法认为,从低级到高级的发展过程不是通过现象和谐的开展,而是通过对象、现象本身固有矛盾的揭露,通过在这些矛盾基础上活动的对立倾向的'斗争'进行的"④。

而在对"马克思主义哲学唯物主义的基本特征"的理解上,第一,"唯心主义认为世界是'绝对观念'、'宇宙精神'、'意识'的体现,而马克思的哲学唯物主义却与此相反,它认为,世界按其本质来说是物质的;世界上形形色色的现象是运动着的物质的不同形态;辩证方法所判明的现象的相互联系和相互制约,是运动着的物质的发展规律;世界

---

① 《斯大林选集》(下卷),人民出版社1979年版,第425—426页。
② 同上书,第426页。
③ 同上书,第427页。
④ 同上书,第428—429页。

是按物质运动规律发展的,并不需要什么'宇宙精神'"①。第二,"唯心主义硬说,只有我们的意识才是真实存在的,物质世界、存在、自然界只是在我们的意识中,在我们的感觉、表象、概念中存在,而马克思主义的哲学唯物主义却与此相反,它认为,物质、自然界、存在,是在意识以外、不依赖意识而存在的客观实在;物质是第一性的,因为它是感觉、表象、意识的来源;而意识是第二性的,是派生的,因为它是物质的反映,存在的反映;思维是发展到高度完善的物质的产物,即人脑的产物,而人脑是思维的器官;因此,如果不愿意大错特错,那就不能把思维和物质分开"②。第三,"唯心主义否认认识世界及其规律的可能性,不相信我们知识的可靠性,不承认客观真理,并且认为世界上充满着科学永远不能认识的'自在之物',而马克思主义的哲学唯物主义却与此相反,它认为,世界及其规律完全可以认识,我们关于自然界规律的知识,经过经验和实践检验过的知识,是具有客观真理意义的、可靠的知识;世界上没有不可认识的东西,而只有还没有被认识、而将来科学和实践的力量会加以揭示和认识的东西"③。

在关于"历史唯物主义"的论述中,指出决定社会面貌、社会制度性质、决定社会从这一制度到另一制度的主要力量"就是人们生存所必需的生活资料的谋得方式,就是社会生存和发展所必需的食品、衣服、鞋子、住房、燃料和生产工具等等物质资料的生产方式。要生活,就要有食品、衣服、鞋子、住房和燃料等等,要有这些物质资料,就必须生产它们,要生产它们,就需要有人们用来生产食品、衣服、鞋子、住房和燃料等等的生产工具,就需要善于生产这些工具,善于使用这些工具。用来生产物质资料的生产工具,以及有一定的生产经验和劳动技能来使用生产工具、实现物质资料生产的人——所有这些因素共同构成社会的生产力。但是生产力还只是生产的一个方面,生产方式的一个方面,它所表示的是人们同那些用来生产物质资料的自然对象和力量的关系。生产的另一个方面,生产方式的另一个方面,就是人们在生产过程

---

① 《斯大林选集》(下卷),人民出版社1979年版,第431—432页。
② 同上书,第432页。
③ 同上书,第433—434页。

中的相互关系，即人们的生产关系。人们同自然界作斗争以及利用自然界来生产物质资料，并不是彼此孤立、彼此隔绝、各人单独进行的，而是以一个人群为单位、以社会为单位共同进行的。因此，生产在任何时候和任何条件下都是社会的生产。人们在实现物质资料的生产的时候，在生产内部彼此建立这种或那种相互关系，即这种或那种生产关系。这些关系可能是不受剥削的人们彼此间的合作和互助关系，可能是统治和服从的关系，最后，也可能是从一种生产关系形式向另一种生产关系形式过渡的关系。可是，不管生产关系带有怎样的性质，它们在任何时候和任何制度下，都同社会的生产力一样，是生产的必要因素。……可见，生产、生产方式既包括社会生产力，也包括人们的生产关系，而体现着两者在物质资料生产过程中的统一"①。

在分析了生产、生产方式、生产力间的关系后，进而分析了生产的几个特点，"生产的第一个特点就是它永远也不会长久停留在一点上，而是始终处在变化和发展的状态中；同时，生产方式的变化又必然引起全部社会制度、社会思想、政治观点和政治设施的变化，即引起全部社会结构和政治结构的改造。在不同的发展阶段上，人们有着不同的生产方式，或者说得粗浅一些，过着不同方式的生活。在原始公社制度下有一种生产方式，在奴隶制度下有另一种生产方式，在封建制度下又有一种生产方式，如此等等。与此相适应，人们的社会制度、他们的精神生活、他们的观点、他们的政治设施也是各不相同的。社会的生产方式怎样，社会本身基本上也就怎样，社会的思想和理论、政治观点和政治设施也就怎样。或者说得粗浅一些：人们的生活方式怎样，人们的思想方式也就怎样。这就是说，社会发展史首先是生产的发展史，是各种生产方式在许多世纪过程中依次更迭的历史，是生产力和人们生产关系的发展史。这就是说，社会发展史同时也是物质资料生产者本身的历史，即作为生产过程的基本力量、生产社会生存所必需的物质资料的劳动群众的历史。这就是说，历史科学要想成为真正的科学，就不能再把社会发展史归结为帝王将相的行动，归结为那些蹂躏他国的'侵略者'和

---

① 《斯大林选集》（下卷），人民出版社1979年版，第441—442页。

'征服者'的行动，而首先应当研究物质资料生产者的历史，劳动群众的历史，各国人民的历史。这就是说，研究社会历史规律的关键，不应该到人们的头脑中，到社会的观点和思想中去寻求，而要到社会在每个特定历史时期所采取的生产方式中，即到社会的经济中去寻求。这就是说，历史科学的首要任务是研究和揭示生产的规律，生产力和生产关系发展的规律，社会经济发展的规律。这就是说，无产阶级党要想成为真正的党，首先应当掌握生产发展规律的知识，社会经济发展规律的知识。这就是说，要在政治上不犯错误，无产阶级党在制定自己的党纲以及进行实际活动的时候，首先应当从生产发展的规律出发，从社会经济发展的规律出发"①。"生产的第二个特点就是生产的变化和发展始终是从生产力的变化和发展，首先是从生产工具的变化和发展开始的。所以生产力是生产中最活动、最革命的因素。先是社会生产力变化和发展，然后，人们的生产关系、人们的经济关系依赖这些变化、与这些变化相适应地发生变化。但这并不是说，生产关系不影响生产力的发展，生产力不依赖于生产关系。生产关系依赖于生产力的发展而发展，同时又反过来影响生产力，加速或者延缓它的发展。而且必须指出：生产关系不能过分长久地落后于生产力的增长并和这一增长相矛盾，因为只有当生产关系适合于生产力的性质、状况并且给生产力以发展余地的时候，生产力才能充分地发展。因此，无论生产关系怎样落后于生产力的发展，但是它们迟早必须适合——也确实在适合——生产力的发展水平，适合生产力的性质。不然，生产体系中的生产力和生产关系的统一就会根本破坏，整个生产就会破裂，生产就会发生危机，生产力就会遭到破坏。"②"生产的第三个特点就是新的生产力以及同它相适合的生产关系的产生过程不是离开旧制度而单独发生，不是在旧制度消灭以后，而是在旧制度内部发生的；不是人们有意的、自觉的活动的结果，而是自发地、不自觉地、不以人们意志为转移地发生的。其所以是自发地、不以人们意志为转移地发生，有以下两个原因。第一个原因，就是人们不能

---

① 《斯大林选集》（下卷），人民出版社1979年版，第443—444页。
② 同上书，第444页。

自由选择这种或那种生产方式,因为每一辈新人开始生活时,他们就遇到现成的生产力和生产关系,即前辈人工作的结果,因此新的一辈在最初必须接受他们在生产方面所遇到的一切现成东西,必须适应这些东西,以便有可能生产物质资料。第二个原因,就是人们在改进这种或那种生产工具、这种或那种生产力因素时,不会意识到,不会了解到,也不会想到,这些改进将会引起怎样的社会结果,而只是想到自己的日常利益,只是想要减轻自己的劳动,谋得某种直接的、可以感触到的益处。"①

进而,斯大林引用马克思在1859年《政治经济学批判》"序言"中对历史唯物主义之实质所作的描述的一段话,由此指出"这就是把马克思主义的唯物主义应用于社会生活和社会历史的情形"②。也就是说,历史唯物主义是唯物主义在社会生活和社会历史领域的应用。由此可见,"《论辩证唯物主义和历史唯物主义》把列宁的观点发挥到了极致,同时,其总体框架又是以米丁和拉祖莫夫斯的《辩证唯物论和历史唯物论》为基础的,以有所变化的形式肯定了辩证唯物主义和历史唯物主义的'二分结构',其思维运行的逻辑是从唯物主义自然观'推广应用'出唯物主义历史观。问题在于,自然界与人类社会既有联系又有本质区别:在自然界中,一切都处在盲目的相互作用中,任何事情的发生都没有利益纷争和预期目的;在人类社会中,进行活动的人都具有自觉的意图,任何事情的发生都有利益纷争和预期目的。……更重要的是,《论辩证唯物主义和历史唯物主义》混淆了新唯物主义与旧唯物主义的本质区别。在论述'马克思主义哲学唯物主义的基本特征'时,《论辩证唯物主义和历史唯物主义》把'物质是一切变化的主体'这句话当作马克思本人的话加以引用,并把它作为马克思唯物主义的基本特征之一。实际上,这是一段明显的误引,即把马克思对于霍布斯思想的复述看成是马克思本人的思想,把马克思所批评的观点看成是马克思本人所赞赏

---

① 《斯大林选集》(下卷),人民出版社1979年版,第450—451页。
② 同上书,第454页。

的观点"①。按照马克思的观点，唯物主义发展到霍布斯那里"变得敌视人了"②。源于霍布斯将物质作为变化的主体，人的一切感性因素都服从于机械运动与客观规律。正如杨耕教授所指出的那样，"斯大林并没有理解这些，所以，他把霍布斯的观点当作马克思本人的观点。在我看来，这一误引不是偶然的疏忽。它表明，斯大林并没有真正理解新唯物主义与旧唯物主义的本质区别，没有真正把握新唯物主义的本质特征，实际上是在用近代唯物主义的逻辑解读马克思的唯物主义。《论辩证唯物主义和历史唯物主义》所阐述的辩证唯物主义，实际上是一种唯物主义与辩证法简单相加，并带有浓厚的机械唯物主义色彩的自然观；然后，又以这样一种所谓的辩证唯物主义作为理论基础'推广应用'出'历史唯物主义'"③。

由于斯大林当时在苏联的特殊地位，《论辩证唯物主义和历史唯物主义》一书一经出版就被誉为"真正的马克思主义哲学的顶峰"，而且影响极为持久、深远，苏联日后编写的教科书大都以此为蓝本。苏联哲学界围绕着《论辩证唯物主义和历史唯物主义》一书的出版，"展开了规模宏大的诠释运动。这一干就是15年。据粗略统计，诠释该书的文字不下百万，只有两万多字的一本小册子，被恭维为对马克思主义哲学的最高发展"④。可以说，《论辩证唯物主义和历史唯物主义》一书的出版，首先，反映出在长期的革命实践与政治斗争中，"在权力的角逐者中，斯大林首先看到了为自己建立一个思想谱系的重要性"⑤。斯大林看到了在社会发展中理论所起到的重大作用，看到了为自己争得思想谱系、争得思想文化话语权的重要性。其次，也显露了斯大林的个人崇拜，他不仅想在政治而且想在理论领域，"在马克思主义理论的一切领

---

① 杨耕：《苏联马克思主义哲学模式：形成、特征和缺陷》，《学术月刊》2012年第7期。
② 《马克思恩格斯全集》（第2卷），人民出版社2005年版，第164页。
③ 杨耕：《苏联马克思主义哲学模式：形成、特征和缺陷》，《学术月刊》2012年第7期。
④ 李尚德编：《20世纪马克思主义哲学在苏联》，社会科学文献出版社2009年版，第21页。
⑤ ［南非］达里尔·格雷泽、戴维·M. 沃克尔编：《20世纪的马克思主义：全球导论》，王立胜译，江苏人民出版社2011年版，第103页。

域,甚至在更广的范围内起着头等的作用。这种愿望充分表现了一种浅薄的思想方法的不可实现的奢望,以为永远能够掌握绝对真理。这种愿望同时还表明了这样一个人的文化知识的狭窄,他以为一个人当真能够在若干大的科学领域内有可能成为权威"①。最后,当斯大林的辩护者们把这本小册子说成是代表马克思主义理论发展的"最高阶段",断言"这部著作第一次对马克思主义的哲学做出了创造性的综合,并且具有最高水平。这种综合所具有的理论意义和所达到的高度与这一著作本身是相同的"②。这不仅暴露出斯大林在理论领域的自不量力,同时也"暴露出苏联的精神生活的深刻的异化状态"③。而在弗兰尼茨基看来,实际情况是斯大林缺乏写一篇具有独创性论文的"一切条件","他既缺乏哲学素养,也缺乏比较细腻的思想方法,同时也缺乏研究这些问题所必需的时间。斯大林实际上是一个'第二手的'理论家"④。当然,这种观点显然带有个人色彩,有些极端。

而《联共(布)党史简明教程》则是以《论辩证唯物主义和历史唯物主义》为指导、蓝本,并将此部分作为该书的第四章第二节。这部著作的发表不但确立了日后苏联马克思主义的基本原则、内容、形式,日后苏联马克思主义哲学的研究在观点上基本囿于这一框架,很大程度上就是为这本书的观点进行阐释与辩护。而且,由于这本教材的大众性、通俗性,也为马克思主义的传播、发展做出了重大贡献。某种意义上说,以这部著作为代表的苏联马克思主义哲学所强调的科学性、客观性、机械性、理性原则,就整体而言是符合一个落后国家追赶现代性国家的目标的。

但不可否认,以该书为蓝本所确立的苏联马克思主义哲学模式也存在诸多问题,主要问题包括曲解了马克思的哲学,忽视了实践的世界观,否定了人的主体地位,颠倒了马克思哲学的总体逻辑等。某种

---

① [南斯拉夫]普雷德拉格·弗兰尼茨基:《马克思主义史》(第2卷),胡文建等译,黑龙江大学出版社2015年版,第289页。
② 同上书,第295页。
③ 同上书,第289页。
④ 同上书,第290页。

意义上说，苏联马克思主义哲学是"只见物质不见实践""只见客体不见主体""只见物本不见人本"的哲学。这种问题正如杨耕教授所指出的那样，主要体现在马克思所创立的新唯物主义强调实践、强调主体、强调人的感性活动，是主体哲学。而苏联马克思主义哲学则强调物质、强调客体，这种哲学从物质角度理解人与人、人与社会、人与自然之间的关系，认为"社会、人及其思维是物质运动的展开，是物质的不同表现形态，并从'自然发展规律'推导出'社会发展规律'"①。这种哲学将马克思主义哲学理解为客体性哲学，这种哲学带有浓厚的机械论、宿命论色彩，将马克思主义哲学退回到旧唯物主义的水平。杨耕教授认为，"苏联马克思主义哲学模式并没有真正把握'马克思主义哲学唯物主义的基本特征'，没有真正理解历史唯物主义的本质特征和哲学意义，它在形式上表现为辩证唯物主义和历史唯物主义，在内涵上则是向一般唯物主义或自然唯物主义的倒退。这是一次惊人的理论倒退。这一倒退的实质，就是向以自然为本体的一般唯物主义的回归。这是苏联马克思主义哲学模式的根本缺陷"②。苏联马克思主义哲学甚至就是马克思所批判的见物不见人的抽象的唯物主义，在这种抽象的唯物主义中不仅丧失了实践的根基性地位，而且也使辩证法从一种"批判性思维变成了扼杀批判性思维的手段，从一种深层的智慧运动变成了《圣经》式的训诫，从一种高超的思维艺术变成了实际上的形而上学的思维方式。苏联马克思主义模式并没有真正把握'马克思主义的辩证方法的基本特征'"③。而之所以如此，是因为很大程度上不了解哲学史的进程，不了解马克思主义哲学的生成历程，特别是不了解黑格尔辩证法的实质，不了解在抽象、逻辑、思辨的表达背后是一种推动、创造原则的"否定性的辩证法"。也正是基于马克思将这种否定性的辩证法合理吸收，并使之与实践唯物主义相结合，才使黑格尔的辩证法获得了现实基础，"离开了实践的唯物主

---

① 杨耕：《苏联马克思主义哲学模式：形成、特征和缺陷》，《学术月刊》2012年第7期。
② 同上。
③ 同上。

义，我们无法真正理解和把握辩证法的批判性、革命性，无法真正理解和把握'马克思主义的辩证方法的基本特征'"①。正如马克思所言，"辩证法在对现存事物的肯定理解中同时包含对现存事物的否定的理解，即对现存事物的必然灭亡的理解……辩证法不崇拜任何东西，按其本质来说，它是批判的和革命的"②。批判，就是从肯定与否定、生成与灭亡的统一中去理解现存事物；革命，就是"实际地反对并改变现存事物"；而"对实践的唯物主义者即共产主义者来说，全部问题都在于使现存世界革命化，实际地反对并改变现存事物"③。

由此可见，斯大林时期有不断将马克思主义工具化、教条化、政治化倾向，"在斯大林时代，从30年代初期起，学说就完全从属于一个目的——使苏联政府及其所做的一切合法化并加以赞美。在斯大林统治下，马克思主义是不能用任何一组命题、观点或要领来定义的。这不是命题自身的问题，问题在于存在一个至高无上的权威，他在任何一个特定时刻都能断言马克思主义是什么和不是什么。'马克思主义'就是这位权威所说的，不能多也不能少，这个权威就是斯大林本人"④。这种对待马克思主义的态度，在斯大林之后开始蔓延，马克思主义被党的领导人所代替。党的领导人，成为马克思主义内涵及其判断标准的代言人，"就马克思主义的内容而言，他的确一贯正确，因为除了党作为无产阶级的代言人所宣传的以外，再没有马克思主义；而党一旦达到统一，便通过独裁者个人的领导权来表达其意志和学说。……真理＝无产阶级世界观＝马克思主义＝党的世界观＝党的领导层的言论：最高领袖的言论"⑤。此种对马克思主义的理解，给日后马克思主义的发展带来了极大的危害。

可以说，真正的马克思主义一直反对将马克思主义教条化，包括

---

① 杨耕：《苏联马克思主义哲学模式：形成、特征和缺陷》，《学术月刊》2012年第7期。
② 《马克思恩格斯选集》（第2卷），人民出版社1995年版，第112页。
③ 《马克思恩格斯选集》（第1卷），人民出版社1995年版，第75页。
④ ［波兰］莱泽克·科拉科夫斯基：《马克思主义的主要流派》（第3卷），侯一麟、张玲霞译，黑龙江大学出版社2015年版，第4—5页。
⑤ 同上书，第5页。

斯大林本人。斯大林也反对将马克思主义作教条化的理解，并指出马克思主义是一切教条主义的敌人。然而，斯大林在对马克思主义的理解与建构过程中，恰恰走上了教条化的道路。我们知道，1950年5月9日—7月4日，苏联《真理报》组织了语言学问题的讨论，每周定期出版两整版的讨论专刊，这些探讨引起了苏联语言学界和知识界的热烈反响，在讨论中斯大林针对一些青年同志向他提出的问题写了《论语言学中的马克思列宁主义》，发表于6月20日的讨论专刊上。随后，斯大林为答复另一些同志的来信，又写了《论语言学的几个问题》（发表于7月4日的讨论专刊）和《答同志们》（发表于8月2日的《真理报》上），上述这些文章于1950年8月以《马克思列宁主义和语言学问题》为书名由真理报出版社出了单行本。其中在《答同志们》中，斯大林于1950年7月28日写的一篇"答阿·霍洛波夫同志"，反对将马克思主义作教条化的理解："书呆子和死啃书本的人把马克思主义、马克思主义的结论和公式看作教条的汇集，这些教条是不顾社会发展条件的变化，而'永远'不变的。他们以为，如果他们把这些结论和公式都背熟了，并把它们胡乱地引证一番，那么他们就能够解决任何问题，因为他们指望背熟了的结论和公式对于一切时代和国家、对于实际生活中的一切场合都是适用的。但是有这样想法的只能是那些看到马克思主义的字母而没有看到它的实质、背熟马克思主义的结论和公式而没有懂得它们的内容的人。马克思主义是关于自然和科学的发展规律的科学，是关于被压迫和被剥削群众的革命的科学，是关于社会主义在一切国家中胜利的科学，是关于建设共产主义社会的科学。马克思主义这一科学是不能停滞不前的，——它是在发展着和完备着。马克思主义在自己的发展中不能不以新的经验、新的知识丰富起来，——因此，它的个别公式和结论不能不随着时间的推移而改变，不能不被适应于新的历史任务的新公式和新结论所代替。马克思主义不承认绝对适应于一切时代和时期的不变的结论和公式。马克思主义是一切教条主义的敌人。"[①] 而我们知道，斯大林时期的文

---

① 《斯大林选集》（下卷），人民出版社1979年版，第538页。

化观建构，实则是高度受意识形态影响与决定的。正是基于这种对马克思主义可悲的教条化理解，为斯大林时期及此后苏联时期的意识形态、文化观建构带来了极大的影响。

二 斯大林时期文化观建构的基本特征

可以说，1938年《联共（布）党史简明教程》的出版，标志着从意识形态领域确立并论证了斯大林模式。这种确立标志着随着文化体制的转换、学术机构的行政化、学术争论的政治化等，最终形成了高度集中的文化模式。虽然从斯大林取得领导权到逝世，经过了一个漫长的过程，而在这一漫长的过程中文化观念也在不断调整，但整体上看，形成了与在此之前、在此之后差异较大的文化观念。

第一，斯大林时期的文化观建构，呈现出文化运行机制高度集中化特征。斯大林时期确立的文化体制与政治体制是高度一致的，文化体制是高度集权的政治体制的重要组成部分。在斯大林时期，基于复杂的国内外形势及阶级矛盾扩大化的判断，认为一些社会团体逐步转入反苏维埃阵营，而且日益明显。因而，将一些团体纷纷解散或是划入党的直接领导下，如于1932年4月23日作出了《关于改组文学艺术团体的决定》，宣布取消无产阶级作家联合会和其他文艺团体，建立由中央统一领导的学术团体如"苏联作家协会"等。进而，在文化的管理上，"开始形成高度集中的组织领导体系，社会团体都被纳入党和政府领导下的体制内，走上了行政化、集中化和官僚化的道路，只起自上而下的'传动'和'引带'作用，实际上变成了党和国家机关的附庸。同时期，苏联的文化体制建立了严格的书刊、剧目检查制度，取消了私人出版社和私人出版物。原有的依据个人的兴趣爱好进行研究的基本条件和生存空间完全丧失，无论在研究的对象、内容上，还是在研究的方式、方法上都须遵从于统一的管理与指挥。学术研究为政治服务在思想观念上和现实实践中成为了必然"[①]。

[①] 孙健：《苏联文化运行机制的形成与危害》，《江西师范大学学报》（哲学社会科学版）2012年第2期。

而与这种运行机制高度集中化密切相关的是，在斯大林时期官僚主义现象日益严重，而且渗透到文化观建构当中。正如安德兰尼克·米格拉尼扬在《俄罗斯现代化之路——为何如此曲折》一书中指出的那样，自1917年十月革命后一切问题到20世纪30年代，随着"旧社会"的消灭而消除了。但一切似乎又都重新呈现出来，如"整个社会生活都受到了严格的限制。国家变成了一座兵营"①。官僚主义不但没有消灭，而且全面复兴，"官僚在社会上拥有沙皇官僚只能梦寐以求的那样一种地位。除了国家部门这一个渠道外再没有任何个人及各种协会和团体自我实现的形式了。在这种情况下，官僚就成了对社会生活进行全面监督的惟一的垄断力量。社会上重新活跃起来的有才能的力量不再参与决策的制定过程。管理国家、通过政治、经济和社会决策的整个过程都被排除在公共权力范围之外"②。

　　尽管斯大林如列宁一样，早在1923年《关于党的任务》的报告中，就对党内的官僚主义问题提出了系统的批判，指出"我们的国家机关在很大程度上是官僚主义的机关，而且在长时期内还会是这样的机关。在这个机关干部里工作的有我们的党员同志，而这个官僚主义机关的环境——据我看来是气氛——是这样的：它促进我们的党的工作人员、我们的党组织官僚化"③。但这种官僚主义、形式主义之风，却在斯大林时期日益严重。可以说，马雅可夫斯基于1928年8月在《鳄鱼》杂志上发表《官老爷》④一诗，就是对这种日益严重的官僚主义现象辛辣的讥讽。他在诗中写道：

　　　　群众给他披上委任状的铁甲，
　　　　他却把群众的胜利马上归功于自己的才华，

---

① ［俄］米格拉尼扬：《俄罗斯现代化之路——为何如此曲折》，徐葵等译，新华出版社2002年版，第31页。
② 同上书，第31—32页。
③ 《斯大林选集》（上卷），人民出版社1979年版，第149页。
④ 这首诗写的是在莫斯科—科夫直达列车餐车上，因为一位旅客拒绝放下窗帘，中央执行委员会委员鲁胡拉·阿雷·奥格雷·阿洪多夫打了旅客耳光，在讯问时阿洪多夫掏出中央执委会的证件。

认为这是对他的才华的终身奖励。
尽管是政治资本却也捞到了一笔。
和一切群众早已断绝联系。
他觉得,
在群众头上"作威作福",
这是赋与他的永远的权力。
下面有谁走过,
小心地迈着碎步,
——稍一不慎,
就不能讨得他的欢心。
"非党的芸芸众生只不过是斜齿蝙蝠,
决不能惊扰我。"
有了这些委任状,
还怕什么风险?
他已高攀,
谁还值得他瞧上一眼。
他喝得酩酊大醉,
吆喝同桌的邻人。
"公民,拉上窗帘!"
仗着中央执委会和劳卫会有靠山,
他赏给怠慢的邻人一记耳光。
打得他扶着血淋淋的耳朵,
一跤摔倒在地上。
官老爷坐下来,
多少气焰薰天,——
说什么:"难道这还值得我多言?!"
他把证书放在桌上,
威风凛凛:"看看吧。敬个礼,滚蛋!"
怎么样?居然没有敬礼?

>他挺起挂着证章的胸膛。①

可以说，斯大林时期的文化政策尽管在卫国战争期间有一个相对宽松的时期，但从整体上看文化运行机制高度集中化，对文化的干预、管控得到不断强化。文化呈现出从多元到一元的发展格局，文化发展呈现出单一化、封闭化倾向，阻碍了文化的健康发展，为苏维埃文化发展埋下了深层危机。

第二，斯大林时期的文化观建构，呈现出文化评价机制的政治化特征。马克思、恩格斯、列宁等都强调文化所具有的阶级属性，强调要建构社会主义、建构共产主义文化。但他们同时也一再强调，社会主义、共产主义文化并非建构于飞地之上，而是建基于对以往文化资源的合理吸收批判基础之上。而在斯大林时期，过于片面强调文化的党性原则、政治原则，文化在很大程度上成为政治斗争、政治正确性的辩护工具，"出于对现实政治斗争的需要，人为地对马克思主义的党性原则进行了片面的曲解，分割掉了其科学性，事实上把坚守党性原则与尊重历史事实对立起来、片面的阶级斗争观与历史主义观对立起来。文艺研究无条件为政治服务、为阶级斗争服务成为最高任务和最基本的评判准则"②。在斯大林时期，正常的学术批评往往被引入政治话语之中，学术批评扭曲化、政治化。在文化领域，不同个体、学派间的正常学术交流、批判机制不复存在，"领导人可以干涉、决定学术文化的任何问题（甚至包括自然科学的专门问题），学术批判和政治批判决定于最高领导人的个人好恶和意志，并对被批判者进行组织处分和行政制裁，甚至刑事宣判。这种钦定风格必然导致主导文化自身的僵化教条，难以与时俱进与实践协调发展，创造性的研究也荡然无存"③。

斯大林时期这种运用行政手段粗暴地干预正常的学术讨论，在哲

---

① ［苏］马雅可夫斯基：《马雅可夫斯基诗歌精选》，余振编，北岳文艺出版社2010年版，第137—138页。

② 孙健：《苏联文化运行机制的形成与危害》，《江西师范大学学报》（哲学社会科学版）2012年第2期。

③ 同上。

学、文学、历史学,甚至语言学、生物学等领域都有发生。如哲学领域对德波林派的批判,德波林派是在 20 年代中后期同哲学界机械论者的论战中成长起来的。机械论者承认马克思主义,重视自然科学的作用,但坚持认为"科学的世界观不需要哲学,因为哲学只代表全部自然科学和社会科学的总和"①。作为德波林派的代表性人物,德波林曾以自己的《辩证唯物主义哲学入门》和反新康德主义的斗争,以及以辩证法与黑格尔主义哲学的研究而著称。德波林派虽然缺乏对自然科学的了解,但熟悉哲学史,强调哲学的重要作用,强调哲学对于自然科学具有至高无上的地位,宣称"自然科学的一切危机都是因为物理学家不懂马克思主义,不知如何应用辩证法公式而造成的。……德波林及其追随者指责机械论者坚持科学独立、科学与任何哲学观点无关是犯了致命错误"②。实则,关于机械论者的缺点,维·尼·科洛斯科夫在其所著的《苏联马克思列宁主义哲学史纲要(三十年代)》一书中也指出,"机械论的真正特点是庸俗经验主义观点,对过去的辩证法遗产,特别是黑格尔的辩证法,采取某种虚无主义的态度"③。正是基于德波林学派对机械派的系统批判,到 1929 年左右"德波林派在所有基本问题上都取得了胜利,并且占据了各个机关的所有重要位置。……然而,德波林集团胜利的顶峰同时也就是它衰落的起点。社会环境和各种政治力量的对比在这个时期已经起了剧烈的变化"④。在德波林派取得对机械派论战胜利⑤的同时,刚刚毕业留校的马·米丁和在校学员弗·尤金向红色教授学院的著名哲学家、《在马克思主义旗帜下》杂志主编德波林及其学派

---

① [波兰] 莱泽克·科拉科夫斯基:《马克思主义的主要流派》(第 3 卷),侯一麟、张玲霞译,黑龙江大学出版社 2015 年版,第 59 页。

② 同上书,第 64 页。

③ [苏] 维·尼·科洛斯科夫:《苏联马克思列宁主义哲学史纲要(三十年代)》,徐小英、王淑秋译,求实出版社 1985 年版,第 12 页。

④ [南斯拉夫] 普雷德拉格·弗兰尼茨基:《马克思主义史》(第 2 卷),胡文建等译,黑龙江大学出版社 2015 年版,第 215 页。

⑤ 当然,莱泽克·科拉科夫斯基等同样指出了德波林派所存在的重大问题,如认为他们所"理解的辩证法不仅肤浅,而且与科学研究格格不入:其构成就是把不为科学所知的种种实体和种种范畴引入对世界的描述,这是一种既不符合马克思主义的科学的革命精神,又不符合社会主义社会利益的黑格尔哲学的遗产"。([波兰] 莱泽克·科拉科夫斯基:《马克思主义的主要流派》(第 3 卷),侯一麟、张玲霞译,黑龙江大学出版社 2015 年版,第 60 页。)

发起批判，指责以德波林为代表的学派充满着经院哲学气息与形式主义错误，指责他们过于重视黑格尔，有"抹煞马克思主义辩证法和黑格尔辩证法之间的质的界限的倾向"①，指责他们过于抽象地谈论问题而脱离实际、过于强调和抬高普列汉诺夫的理论地位、背离党性原则等，认为他们应为哲学战线的"落后"负责。

可以说，当时"年轻"的米丁集团对德波林派的主要责难可归结为一个基本论点："他们不承认马克思主义哲学发展中的列宁阶段，使哲学脱离政治，即不去研究党和国家的当前政策的具体任务。"②但无论是哲学基础还是论战经验，在最初的论战中米丁集团处于弱势。而在这期间整个社会形势已发生转变，1930年12月9日斯大林在接见红色教授学院党支部委员会委员，并对这场哲学论战下了政治结论，将学术问题提升为政治问题。斯大林指出德波林是不可救药的人，德波林学派是用孟什维主义思维的人，是"孟什维主义的唯心主义者"，指出他们的理论与社会主义建设的实际相脱节，认定他们走上了反马克思主义的道路，是有害的政治派别。进而，鼓励米丁、尤金等人要审查他们的所有著作，并对他们展开全方位的批判。这次讲话后，对德波林学派的批判进入了新阶段，并于1931年1月25日联共（布）中央通过《关于〈在马克思主义旗帜下〉杂志》的决议，决议解散原编辑部，撤销德波林主编职务，批准成立以米丁、尤金为主要成员的新编委会。斯大林通过行政手段干预米丁集团与德波林派间的学术争论，某种程度上意味着"在马克思主义问题上，这就是说，在几乎整个理论（哲学、社会学、政治经济学理论和艺术理论等）问题上，最高的裁决者不再是马克思主义的理论实践，而是最高政治机构"③。不可否认的是，正常的学术争论最终演变成一场政治斗争，阻碍了文化的健康发展。

又如在1931年10月，苏联《无产阶级革命》杂志第6期发表的斯

---

① ［苏］维·尼·科洛斯科夫：《苏联马克思列宁主义哲学史纲要（三十年代）》，徐小英、王淑秋译，求实出版社1985年版，第26页。
② ［南斯拉夫］普雷德拉格·弗兰尼茨基：《马克思主义史》（第2卷），胡文建等译，黑龙江大学出版社2015年版，第217页。
③ 同上书，第220页。

大林的文章《论布尔什维主义历史中的几个问题——给〈无产阶级革命〉杂志编辑部的信》,对历史学家 A. 斯卢茨基提出批判。批判的原因很大程度上源于斯卢茨基在《无产阶级革命》上发表的一篇论述布尔什维克党斗争史的学术论文,文中详尽分析了列宁、布尔什维克党的革命活动,文中提到了党的诸多领导人,甚至"高度评价了罗莎·卢森堡及第二国际其他左派的活动",但"却只字未提斯大林"及其"功绩"。① 就此,斯大林在信中点名批判了斯卢茨基"并给他戴上了'反党'、'贩卖托洛茨基主义私货'、'托洛茨基主义的伪造者'等吓人的帽子,一下子把学术问题变成了政治问题,把人民内部的是非问题变成了敌我问题。尤为严重的是,这是第一次由执政党的领袖直接出面发表专文批判一名学者,对学术问题作出政治上的判决,不能不造成极为严重的消极后果。斯卢茨基被开除党籍,《无产阶级革命》杂志被责令停刊,所有准备出版和已经出版的历史著作都必须根据这封信的精神进行审查,在史学界掀起一场声势宏大的批判运动"②。又如在此之后 50 年代对语言学领域争论的干涉,"不仅在那一特定的历史时期阻碍和迟缓了苏联语言学的发展,不仅葬送了许多才华横溢的学者的前途和命运,它带给苏联语言学的几乎是一场毁灭性的灾难"③。总之,在斯大林时期,不仅运用行政手段干涉哲学社会科学,而且还干涉自然科学领域的发展,进而造成这一时期及在此之后文化领域的"死寂"与"僵化"。由此这种对正常学术之争带有"决定性"的干预,"'获得胜利的无产阶级的学说'彻底放弃了对成为活生生的、发展着的学说的追求,固定为一些易于掌握的无限地远离生活现实的提法的汇集"④。尽管理论之争可以付诸"武器"来解决,但只能暂时解决,然而没有理论的彻底

---

① 参见马尔科维奇等《国外学者论斯大林模式》(下),中央编译出版社 1995 年版,第 732 页。
② 倪稼民:《从建构到失语——文化传统背景下的俄罗斯革命知识分子与斯大林模式》,江西人民出版社 2007 年版,第 210—211 页。
③ [俄]戈尔巴涅夫斯基:《世初有道——揭开前苏联尘封 50 年的往事》,杜桂枝、杨秀杰译,民主与建设出版社 2002 年版,第 8 页。
④ [俄] В. Л. 伊诺泽姆采夫:《后工业社会与可持续发展问题研究:俄罗斯学者看世界》,安启念等译,中国人民大学出版社 2004 年版,第 18 页。

性，遗留的问题终究是要回归的、解决的。

第三，斯大林时期的文化观建构，呈现出政治结论的非争论化。在斯大林时期，对于文化问题的争论与探讨，呈现出政治定调趋势，而在政治定调后则采取行政命令执行性，不允许对此进行争议。斯大林时期文化政策的一个典型特点是不允许争论，"当斯大林感觉到自己的权利稳固后，便决定在苏联结束所有这些意识形态的争论。他通过宣布一个学派胜过所有其他的学派（从历史的角度看这对它们并没有什么影响）来达此目的。新的指导思想规定了知识阶层——作家、艺术家、学者等等——的主要任务：不是去解释、讨论和分析马克思主义的各项原理，更不是在新的领域发展和运用这些原理，而是将其简化，对他们的含义采取一种统一的解释，然后通过一切可以利用的媒体，在一切可能的场合不断地重复、反复、灌输这一套完全相同的被核准过的真理。新的斯大林主义的价值体系与墨索里尼所宣扬的那套非常相似：都强调忠诚、干劲、服从和纪律。争论已经浪费了太多的时间，本应该把这些时间用来进一步加强工业化建设或培养苏维埃新人。那种允许对不可置疑的教条有不同解释余地的观念有可能造成不服从；这种情况一开始当然出现在一些远离权力中心的领域，比如音乐评论或语言学，但很可能扩散到政治上更敏感的地方，从而削弱追求经济和军事实力的干劲，而对这些实力的追求是不惜任何代价也不讲道德"①。的源于在他们看来，理论的争论不仅浪费时间与精力，而且还在于理论的争论是危险的，这种争论最终将扩展到政治领域。这种危险甚至大于对各种极端主义思潮信仰的危险。争论可能造成不服从，而当前社会主义的迫切任务在于发展重工业。

实则，无论是列宁还是早期的斯大林，都强调了争论的重要性，甚至在党内争论的重要性。如1923年12月2日斯大林参加了有小组长、争论俱乐部成员和支部委员会委员参加的俄共（布）红色普列斯尼亚区委员会扩大会议，在会议上作了《关于党的任务》的报告，在报告

---

① ［英］以塞亚·伯林：《苏联的心灵》，潘永强、刘北成译，译林出版社2010年版，第135—136页。

中就报刊和党支部正在进行的争论进行了说明。在说明中强调争论不是党瓦解和崩溃的标志,"争论是党坚强有力的标志",强调"已经展开的争论不是党软弱的标志,更不是党瓦解或蜕化的标志,而是党有力的标志,党坚强的标志,党的成员质量改善的标志,党的积极性提高的标志"①。而在列宁逝世后,在1926年4月13日给列宁格勒党组织积极分子作的关于联共(布)中央全会工作的报告《关于苏联经济状况和党的政策》中,斯大林则强调要维护党的统一,反对"理论"上的争论,指出党内民主不是各派别集体的自由,两者毫无共同之处,"党内民主就是提高党员群众的积极性并加强党的统一,加强党内自觉的无产阶级纪律。派别集团的自由就是瓦解党的队伍,把党分裂为各个中心,削弱党,削弱无产阶级专政"②。进而,斯大林指出,"我们党内一些人,他们在睡眠中也梦见全党展开了争论。我们这里有一些人,他们不能想象党会没有争论,他们满想得到职业争论家的头衔。让这些职业争论家离开我们远些吧!我们现在需要的不是臆造出来的争论,不是把我们党变成争论的俱乐部,而是加紧我们的整个建设工作,特别是加紧工业建设,把坚定而满怀信心地领导我国建设工作的党,战斗的团结的统一而不可分割的党巩固起来。谁力图进行永无止境的争论,谁力图争取派别集团的自由,谁就是破坏党的统一,谁就是损害我们党的实力"③。这种转变不仅表现在对党内,更体现在文化领域,体现在对文化问题的粗暴干涉上,体现在用行政手段解决文化问题上,用行政手段干预、中断学术争论。

第四,斯大林时期的文化观建构,强调创作主题、手法、评价标准等的单一化。在斯大林时期,呈现出文化创作主题的齐一化。正如安德烈·纪德在去苏联之初所看到的社会景象一样,他看到的是一片欣欣向荣的景象,看到的是热火朝天的劳动场景、热情的民众、兄弟般的情谊、真诚的笑容,作者常常被这种场景激动得热泪盈眶。但在接下来的日子里,纪德则日益感受到一种对苏联人民从着装到思想的单一化、齐

---

① 《斯大林选集》(上卷),人民出版社1979年版,第145页。
② 同上书,第479页。
③ 同上书,第479—480页。

一化的忧虑,"在任何地方人人都一个模样。在任何地方都不会像在莫斯科的街上让人如此感觉到社会平均化的结果:一个没有阶级的社会,每个人的需求似乎都是一样的。我说得有点夸张,但是差不多,人人都异乎寻常地穿得一样,如果能够看到人们的思想的话,无疑地这种千篇一律也一定反映在人们的头脑里。也正因为此,每个人能够得以存在,并且表现出快乐的样子"①。一个富裕农庄的几个住宅中的建筑风格、家具摆设等都千篇一律,使之感觉奇怪而又伤感,"完全非个人化了。每一处住宅里都是千篇一律的难看的家具,同一张斯大林像,其他就什么都没有了,没有一点点个人的东西,没有一点点个人留下的记忆。每一住所都是一模一样,完全可以置换,连集体农庄的庄员们也是一模一样,可以调换,如果他们互相换一下位置也不会被人察觉的。幸福就是如此轻而易举地得到了!人们还告诉我,集体农庄的庄员们喜欢大家在一起。他们的卧室只是睡觉的窝而已,他们生活的兴趣是在俱乐部、文化宫,在所有的公共聚会场所。人们还能希望什么更好的呢?众人的幸福是以每个人的非个性化取得的,众人的幸福是以牺牲个人而得到的。为了得到幸福,就得听话、随大流"②。纪德指出,在苏联看不到个性化、个人化的想法,从建筑风格、家具摆设到个人谈话,都千篇一律,和一个人谈话就等于和所有人谈话。在苏联,一切都变得非常顺从,人们每天早晨看《真理报》,就可教会他们应该做什么、想什么、信什么。

这一时期也呈现出文化创作手法的单一化,如在文学中强调现实主义的创作手法。社会主义现实主义于 1934 年苏联作家第一次代表大会上被官方宣布为文学艺术创作手法,以党性、人民性、社会主义人道主义为主要原则。从 20 世纪 30 年代初起,特别是此次大会后,文化中的创作手法、主题越来越呈现出千篇一律的倾向。这在很大程度上源于,认为只有现实主义才能与先进的社会现象相结合,而非现实主义则是"反对进步,反对无产阶级的意识形态的产物"。以此原则为指导,要

---

① [法]安德烈·纪德:《访苏联归来》,朱静、黄蓓译,花城出版社 1999 年版,第 14 页。
② 同上书,第 19—20 页。

求艺术应从现实的革命发展中描写具体的现实,艺术应以为社会主义服务、以改造和教育劳动人民为己任。社会主义现实主义不但是那一时期的唯一创作方法,"而且也成为苏维埃时期文化艺术的唯一认识类型、批评方法、审美标准和文化原则,其他的创作方法、认识类型、批评方法、审美标准和文化原则均被视为异端,对之一概采取排斥和批判的态度"①。基于社会主义现实主义的创作方法和主要原则,要求描写现实生活的乐观主义、人道主义,塑造苏维埃新人形象,如 H. 奥斯特洛夫斯基的小说《钢铁是怎样炼成的》里的主人公保尔·柯察金,A. 普拉斯托夫的画作《割草》里的集体农庄庄员,C. 格拉西莫夫的画作《西伯利亚游击队员的宣誓》里的游击队员、雕塑家,以及 B. 穆希娜的大型雕塑作品《工人与女庄员》等都是这种典型形象。

某种意义上说,正是基于对这种单一的社会主义现实主义手法的强调,很多文学工作者转向与现实、与政治关联性不大的领域。例如,在同一时期历史小说的兴起就与此密切相关,"对俄国过去,甚至是对整个人类历史的回顾,给各种流派的艺术家提供了可能性,让他们去挖掘当代成功与失败的根源所在,找出俄国民族性格的特质。最后,面向历史还使苏联作家得以哪怕是部分地摆脱社会主义现实主义的僵硬教条"②。如 A. 托尔斯泰的《彼得一世》、C. 谢尔盖耶夫-岑斯基的《俄罗斯的更新》等,在这些小说中强调人民的历史,强调人是历史的创造者,强调革命的必然性,而且小说中的主人公往往是革命造反者形象。历史小说的兴起,对历史题材的重视,在很大程度上是源于对现实的逃避。可以说,这种现实主义创作手法,确实在一定程度上体现了当时苏维埃文化所呈现出的生机、蓬勃、激情、高尚等。但这一时期文化创作与指导原则的单一化、封闭化,也限制了文化观的发展。在某种意义上这一时期的文化甚至成了为现实辩护的工具,表现出的主题假、大、空,与现实相脱节。

在斯大林时期的文化观建构中,与这种创作主题、内容、手法等单

---

① 任光宣:《俄罗斯文化十五讲》,北京大学出版社 2007 年版,第 243—244 页。
② [俄] 符·维·阿格诺索夫:《20 世纪俄罗斯文学》,凌建侯等译,中国人民大学出版社 2001 年版,第 403 页。

一化强调相适应，在评价标准上也呈现出单一化趋势。就此，纪德曾不无极端地指出，"不管一部作品多么美，只要它不紧跟路线，它就会遭到羞辱。美被看做是一种资产阶级的价值观。不管一个艺术家多么有天才，如果他不紧跟路线，大家就不再去注意他，大家对他的注意力会被转移：对艺术家、作家的要求就是听话，于是就会给予他其余的一切"①。文化的评价标准丧失了独立性，受政治影响很大。

第五，斯大林时期的文化观建构，呈现出断裂性特征。我们知道，在列宁时期，强调社会主义文化是建立在对以往优秀文化的批判性吸收基础之上的，甚至强调对资本主义先进文化、技术等的吸收。而在斯大林时期，所主导的文化观建构片面强调文化的纯洁性、单一性。为保障文化的纯洁性、单一性，认为应抛弃资产阶级文化及其一切旧文化，源于资本主义文化是资产阶级意识形态的载体。然而，社会主义文化应是建立在吸收以往优秀文化成果基础之上而形成的，片面否定以往不但无助于社会主义文化建设，而且会导致文化发展的僵化。关于此点，列宁、布哈林等都有所强调。而且这种思想倾向也是极其危险的，这种危险不仅在文化领域，而且反映到对社会主义的理解上。

在斯大林甚至之后的苏联时期，人们强调要建构纯洁的社会主义，"认为纯洁的社会主义有可能实现，相信历史会进入理想的无矛盾的境地，在那里不存在旧生活的污垢，人从灵魂到肉体全都是纯洁的，那里一切都是新的，不同于旧的。……苏联社会接受的教育是相信人的纯洁性，是用人类最英明的思想教育出来的"②。正是基于对纯洁的社会主义、纯洁的人的浪漫主义信仰，才导致一系列悲剧。正如亚·齐普科所指出的那样，"如果在社会上，首先是在党内，在党的积极分子中，在青年积极分子中，不推行对纯洁的人的迷信，斯大林就永远不可能推行强制性的全盘集体化，不可能如此迅速地消灭农民的即俄国人民的生活

---

① [法]安德烈·纪德：《访苏联归来》，朱静、黄蓓译，花城出版社1999年版，第41页。
② [俄]亚·齐普科：《斯大林主义的根源》，载李宗禹主编《国外学者论斯大林模式》（上卷），中央编译出版社1995年版，第316页。

方式"①。正是基于对这种"纯洁性"的迷信，才会遗忘对以往文化遗产总结、吸收的重要性，才能"在'大转变'过程中解散了几乎所有以前的文化艺术派别和团体，90%以上的人文社会科学团体"②。进而，才会导致一系列悲剧的发生，包括对"不纯洁"的人民、对"落后"的知识分子、对"反动"的党员动用暴力。

也正是基于这种创作主题纯洁化、理论资源单一化、创作手法齐一化等的要求，导致与以往相比，斯大林时期的文化观建构呈现出明显的断裂性特征。这种断裂性一方面体现在与西方文化的关系上，自988年罗斯受洗之后，俄国就与西方建立了密切的关系，特别是在彼得大帝后文化领域的交流不断深入。而且在列宁时期，也十分强调对资本主义先进文化、技术、管理经验等的吸收。而在列宁逝世后，特别是自20世纪30年代以来，由于意识形态等方面的原因，与西方文化间的交流日益减弱，甚至呈现出敌对态度。另一方面则体现在对自身传统文化的态度上，尽管列宁等早期马克思主义者十分强调对传统文化的合理吸收。但基于多种原因，自20世纪30年代开始对传统文化更多呈现出批判态势。也正是基于这两方面的原因，布尔什维克政权所欲建构的新文化与旧文化之间呈现出激烈的对抗，"新政权在宣布激进地中断新旧文化间的联系之时，也要求建立一种新的文化。两种文化的观念带来了极大的损害，因为，首先它将旧的民族文化中的一切有重要价值的东西都从新文化中抛掉了，然后又使新的重新建立的官方文化与西方的文化和精神财富相对抗。在这一领域，新的政权付出了极大的努力以使俄罗斯民族文化和精神摆脱西方文化的影响，使俄罗斯与西方对抗，在它们之间筑起一道难以逾越的壁垒。30年代以前，新俄国和革命前的俄国之间的文化裂隙要比新俄罗斯和古典的或中世纪的俄国间的文化裂隙更深、更清晰。结果，文化建设的有机过程，对世界文化的消化吸收及在此基础上对自己的高级模式的塑造都被以最粗暴的方式中断了。在俄国开始了

---

① ［俄］亚·齐普科：《斯大林主义的根源》，载李宗禹主编《国外学者论斯大林模式》（上卷），中央编译出版社1995年版，第318—319页。
② 沈志华主编：《一个大国的崛起与崩溃——苏联历史专题研究（1917—1991）》（下册），社会科学文献出版社2009年版，第1091页。

一个新的文化自我孤立时期、精神空虚时期。否定了自身的艺术和文化中的许多成就，孤立和对世界文化和艺术所采取的敌视态度，导致了俄罗斯文化生活的下降和空虚"①。米格拉尼扬的评价虽有些极端，但确实反映了自斯大林时期俄罗斯文化观建构所呈现出的新特点，即与传统文化、与西方文化之间存在着明显的漠视甚至对抗。

第六，斯大林时期的文化观建构，强调和重视学校教育。在斯大林时期，不但重视初等教育，而且重视高等教育等多种教育形式。斯大林于1925年4月15日在"致苏联无产阶级大学生第一次全国代表大会"上，指出俄国的无产阶级已经为自己创造了进行社会主义建设所需要的环境，而且"我们在建设社会主义的事业中已经取得了重大的进展，已经把社会主义由神像变成日常实际工作的实在的目标了"②。斯大林强调在建设社会主义过程中，无产阶级大学生如果说不是发挥着头等重要，那么也是重要的作用。无产阶级大学生将成为"建设新社会，建设社会主义经济和社会主义文化的未来的指挥人员。没有新的指挥人员就不能建设新社会，正象没有新的指挥人员就不能建立新的军队一样"③。同时，斯大林也指出"要竭力使无产阶级大学生成为社会主义经济和社会主义文化的自觉的建设者"④，"共产党员大学生和全体苏维埃大学生应当明确而肯定地给自己提出如下的当前任务：掌握科学，从新的苏维埃人中间造就新的接班人来接替旧教授。我绝不是说大学生不应当研究政治。绝不是这样。我只是说共产党员大学生应当善于将政治工作和掌握科学的事业结合起来"⑤。

1928年5月16日"在苏联列宁共产主义青年团第八次代表大会上的演说"中，斯大林针对一种错误思潮进行了批驳，这种思潮认为"如果你不识字或者常写错字，并以自己的落后自夸，那你就是'产业工人'，你就得到荣誉和尊敬。如果你摆脱了没有文化的状况，认识了

---

① ［俄］米格拉尼扬：《俄罗斯现代化之路——为何如此曲折》，徐葵等译，新华出版社2002年版，第32页。
② 《斯大林选集》（上卷），人民出版社1979年版，第317页。
③ 同上书，第317—318页。
④ 同上书，第318页。
⑤ 同上书，第319页。

字，掌握了科学，那你就不是自己人，就'脱离了'群众，就不再是工人了"①。斯大林认为这种现象是十分可怕的，认为"不消除这种野蛮和不文明的现象，不消除这种对待科学和有文化的人的野蛮态度，我们就一步也不能前进。如果工人阶级不能摆脱没有文化的状况，如果它不能造就自己的知识分子，如果它不掌握科学和不善于根据科学的原则来管理经济，那它就不能真正成为国家的主人"②。斯大林强调青年必须要有知识、掌握科学，唯有此才能学会建设和领导社会主义工业、农业，而非仅仅是主观上愿意参加。必须要顽强地、耐心地学习，要向所有的人学习，"特别是向敌人学习。咬紧牙关学习，不怕敌人讥笑我们，笑我们无知，笑我们落后。在我们面前有一座堡垒。这座堡垒就叫作科学，它包括许多部门的知识。我们无论如何都必须占领这座堡垒。青年们如果愿意成为新生活的建设者，愿意成为老近卫军的真正的接班人，就必须占领这座堡垒。现在我们不能只限于培养各方面都会吹一点的一般共产党员干部，一般布尔什维克干部。一知半解和自诩万事通现在对我们来说是桎梏。现在我们需要金属、纺织、燃料、化学、农业、运输、商业、会计等等方面的布尔什维克专家。现在我们需要大批大批的、成千上万的能够在各种知识部门中成为行家的新的布尔什维克干部。否则就谈不到我国社会主义建设的高速度。否则就谈不到我们能赶上并超过先进的资本主义国家。掌握科学，培养各种知识部门的新的布尔什维克专家干部，学习，学习，最顽强地学习，——这就是现在的任务"③。

正是基于这种对教育特别是学校教育的重视，我们看到在斯大林时期文化普及等方面取得了很大成就。这一点，我们从人才培养数量、俱乐部数量、报纸发行量等可见一斑，"1929 年各级学校的学生总数是 1435.8 万人，1933 年为 2381.4 万人，1938 年为 3396.5 万人，其中高等教育分别为 20.7 万人、45.6 万人、60.1 万人。俱乐部数目，1929 年为 3.2 万个，1933 年为 6.1 万个，1938 年为 9.6 万个。报纸的年发

---

① 《斯大林选集》（下卷），人民出版社1979年版，第40页。
② 同上。
③ 同上书，第41页。

行量，1933年为49.84亿份，1938年为70.92亿份，全苏高等学校毕业生，1933年为3.5万人，1938年为10.7万人"①。

可以肯定地说，在斯大林时期全民教育水平得到了普遍提高，这一点我们也可以在1959年全苏"关于体力劳动者和脑力劳动者教育水平"人口的调查中得到验证。这个调查尽管是在斯大林逝世后作的，但某种意义上恰恰体现了斯大林时期重视教育所取得的成果，"在1939年到1959年这二十年内，在业人口的教育水平几乎提高了三倍。1939年每一千名在业者中间受过高等和中等教育的为一百二十三人，而在1959年已达到四百三十三人。受过中等和高等教育的人在主要从事体力劳动的人们中间所占的百分比几乎增加了七倍：从百分之四点三增加到百分之三十一点六，其中在工人中间从百分之八点二增加到百分之三十八点六，在集体农庄庄园中间从百分之一点五增加到百分之二十一点二。熟练工人教育水平的提高尤为显著：1959年受过高等和中等教育的人数在每一千名冶金工人和五金工人中间为五百三十五人，而在1939年为一百七十六人，其中在镟工中间为六百六十七人，在铣工中间为六百八十三人，在机械工人和设备调整工中间为六百二十八人。与1939年相比，1959年受过高等和中等教育的人数在每一千名在业的拖拉机手中间已从二百十一人增加到六百零二人，在各种船舶的司机和马达工中间已从二百三十三人增加到六百二十一人，等等"②。该数据指出，如果说从1926到1959年苏联人口增加了42%，那么在同一期间从事脑力劳动人数增加了7倍，大学生人数增加了12倍，中专人数增加了9倍。如果说在1926年体力劳动者中受过中等或高等教育的人数不足1.5%，那么"在1959年在主要从事体力劳动的人们中间受过中等或高等教育的人数将近占三分之一，也就是说，体力劳动者中间受过中等和高等教育的人数增加了十九倍多"③。可以说，基于斯大林时期对

---

① 梁树发主编：《马克思主义史》（第三卷），人民出版社1996年版，第447页。
② ［苏］M. T. 约夫楚克等编：《苏联工人阶级文化技术水平的提高》，载《哲学研究》编辑部编《苏联哲学资料选辑》（第二十五辑），北京编译社译，上海人民出版社1966年版，第304—305页。
③ 同上书。

各层次学校教育的重视,苏联的识字率得到大幅提高,进而国民素质与文化水平也得到普遍提高。斯大林时期,为苏联人民文化水平的普及与提高,为教育事业的发展创造了条件,体现了社会主义制度的优越性。

第七,斯大林时期的文化观建构,对建构主体呈现出复杂化态度。在斯大林时期,对作为文化观建构主体之知识分子的态度是极其复杂的。这种复杂性很大程度上与俄国知识分子特点及其在以往革命中所扮演的角色——对抗性者、引导者、激进者、颠覆者的形象认知密切相关,"俄国知识分子最初扮演的颠覆现存制度的角色,转换成社会主义新制度的缔造者,而新制度里潜藏着的俄罗斯传统文化基因,又使斯大林模式下的苏联知识分子处于意识形态的严密控制下,导致话语权的丧失乃至思想火花的陨灭"[1]。特别是"沙赫特事件",使斯大林对旧知识分子政策有很大变化,认为这一事件"是资产阶级专家和西方资本主义组织相互勾结和策动的经济反革命事件,是国际资本对苏维埃政权发动的严重经济干涉。作为这一事件的教训,斯大林提出加速培养新的技术知识分子,党中央和人民委员会连续3年通过了相应的决议,在官方文件中,对旧知识分子的政策并没有变,如党中央有关沙赫特事件的决议中,仍认定大部分技术知识分子同苏维埃政权真诚合作,支持国家工业化"[2]。因而,斯大林强调对新知识分子的培养,如1931年2月4日在全苏社会主义工业工作人员第一次代表会议上作了善于《新的环境和新的经济建设任务》的演说,在强调知识分子重要性的同时,强调苏联工人阶级应有自己的知识分子,应加大自己的知识分子的培养,"任何一个统治阶级都不能没有自己的知识分子。苏联工人阶级也不能没有自己的生产技术知识分子,这是没有任何理由可以怀疑的。苏维埃政权注意到这种情况,为工人和劳动农民打开了国民经济各部门高等学校的大门。你们知道,现在有几万名工农青年在高等学校里学习"[3]。

---

[1] 倪稼民:《从建构到失语——文化传统背景下的俄罗斯革命知识分子与斯大林模式》,江西人民出版社2007年版,第2—3页。

[2] 徐秉让、余清馨:《斯大林与苏联社会主义建设》,四川人民出版社1992年版,第355—356页。

[3] 《斯大林选集》(下卷),人民出版社1979年版,第287页。

在强调强大新知识分子培养的同时,也强调在新的历史条件下过去很大一部分旧的技术知识分子已转到苏维埃政权这边来的现实,应给予旧知识分子更多的吸收和关怀。而且指出,如果在新的历史条件下仍沿用旧政策,"那是不正确的和不合辩证法的。如果现在还几乎把每个旧专家和旧工程师都看作未被拿获的犯人和暗害分子,那是愚蠢的和不合理的。在我们这里,'反专家主义'向来被看作是而且现在仍然是有害的和可耻的现象。总之,改变对旧的工程技术人员的大度,多多关心和照顾他们,更大胆地吸收他们参加工作,——这就是我们的任务"①。而到1936年,苏联宪法草案的报告宣布苏联知识分子已是完全新的劳动分子,1939年在党的第十八次代表大会的总结报告中,强调旧知识分子的残余已融合到新知识分子中,已成社会主义的知识分子。

由此可见,尽管有所谓的"沙赫特事件"特别是大清洗后,斯大林对知识分子持谨慎态度。但总体而言,斯大林时期还是很重视知识分子的,特别是重视从事自然科学的知识分子。这种重视在很大程度上表现为,给予被认可的知识分子以较好的物质待遇,"苏联上层知识分子的生活特别富裕。除了高收入外,他们还得到许多其他的享受,例如:免费的公家住宅、由国家支付薪金的助理人员、免付租金的乡村别墅、第一流医院医生的免费医疗服务、豪华的黑海海滨别墅和在特种商店购物的特权,等等"②。这种重视体现在对一部分有影响的知识分子上,对他们个人在生活中所遇到的问题也比较关心并尽量给予解决。这一点,我们从斯大林于1930年1月17日写给高尔基的信中可见一斑。斯大林在信中除就高尔基所提出的一些问题与建议,如就自我批评、创办杂志、出版刊物、青年状况等问题进行探讨、回答外,还十分关心作家个人的身体问题,"听说你需要一位俄国医生。是真的吗?想要哪一位?请来信告知,一定派去"③。但也正是基于对知识分子的这种待遇,特别是基于当时俄国的整个社会氛围,许多知识分子为回避政治风险,或

---

① 《斯大林选集》(下卷),人民出版社1979年版,第291页。
② [苏]鲍里斯·迈斯纳主编:《苏联的社会变革——俄国走向工业社会的道路》,上海《国际问题资料》编辑组译,上海三联书店1977年版,第35页。
③ 《斯大林选集》(下卷),人民出版社1979年版,第237页。

是守口如瓶，或是"转向不会触犯政治的艺术形式，比如儿歌或打油诗，像楚科夫斯基的童谣就是一首首精彩绝伦的打油诗，堪和爱德华·李尔的作品相媲美。普里什文继续创作他的在我看来极出色的动物小说。另外一条出路是翻译艺术，如今这一领域可谓群贤毕集，一如既往地汇集了俄罗斯最杰出的天才"①。

当然，在对斯大林时期文化观建构特征的分析中，也有一种观点将这一时期的文化概括为一种"新权贵文化"，认为"这一时期苏联文化的特征不仅仅在于斯大林的个性，这些特征可以用一句话来概括：这个国家的文化是一种新权贵的文化——其每一特征都几乎完全地表现了第一次享用权力的人的心态、信念和趣味。斯大林本人就高度示范了这些特征，但是这些特征也是整个统治机器具有的特点。斯大林使统治机器沦为奴仆，它却继续支持斯大林，维护其最高权威"②。甚至污蔑道："在对布尔什维克老卫士们和先前知识分子阶层进行了一系列的清洗与杀害后，苏联统治阶级主要由工农出身的人组成。他们所受教育的水平极低，没有文化背景，渴望特权，对真正的、'遗传下来的'知识分子充满愤恨和嫉妒。新权贵最根本的特点是不断地要'表露一下'，于是其文化就是一种虚饰和炫耀的文化。新权贵只要看到周围有人代表着先前特权阶级的精神文化，心神就无法安宁。他憎恨精神文化，因为他被拒于其外，因而他便诋毁这种文化是资产阶级的或贵族的。新权贵是狂热的民族主义者，死守他的国家或出身背景比所有其他国家或出身背景都高贵的观念。他使用的语言在他自己看来是最优秀的'语言'（一般地讲，他不懂其他语言），他试图使自己和所有人确信他自己贫乏的文化能力是世界上最杰出的。他嫌恶一切带有先锋派、文化实验或创造新颖色彩的东西。他靠一套限定了的'常识'准则生活；任何人对这些准则发难，他都会恼羞成怒。"③ 这样一种评价，显然是带有情绪化的，

---

① [英] 以塞亚·伯林：《苏联的心灵》，潘永强、刘北成译，译林出版社2010年版，第14页。
② [波兰] 莱泽克·科拉科夫斯基：《马克思主义的主要流派》（第3卷），侯一麟、张玲霞译，黑龙江大学出版社2015年版，第133页。
③ 同上书，第133页。

而且明显有失偏颇，是与斯大林时期的文化精神和宗旨不相符的。斯大林时期恰恰反对文化成为一种权贵文化，反对文化像过去那样为权贵阶级、资产阶级所独有，而是强调文化的普及，强调文化所具有的服务性、政治性、意识形态性等功能。

由此可见，斯大林时期文化观建构的总体特点，导致这一时期文学、哲学、戏剧、音乐、芭蕾舞等领域都缺乏相应的创新，演出的剧目缺乏创新，基于对政治正确的"坚守"，不敢越雷池一步。以至于演出的不是以往的经典剧目，就是爱国主义题材居多，"1937年以后的那个时期以来，它的保留节目不是传统的剧目就是那些新的平淡无奇、循规蹈矩的作品，相对来说它们没有什么自身特点，只不过是用来供那些极富天赋的演员展示他们华丽而又老套的表演技巧的工具；在多数情况下，公众所能记住的只是表演而不是剧目"①。可以说，在斯大林时期，"整个俄罗斯文坛笼罩在一种万马齐喑的奇怪氛围之中，哪怕一丝微风也未尝拂过这潭死水"②。正是基于苏联在文化观建构所呈现出的严重问题，我们才能看到安德烈·纪德在《访苏联归来》一书所呈现出的怪异景象。纪德在去苏联之前满怀热情、信念，对苏联的一切充满理想国式的期待，"三年前，我公开宣布我赞赏苏联，我爱苏联。那里正在进行史无前例的尝试，使我们心中充满了希望。我们期待着那里取得巨大的进步，出现能够带领全人类前进的飞跃。我想为了看看这个新事物，很有必要到那里去生活一段时间，贡献自己的生命去帮助他们。在我们的心目中和思想上，是把文化的前途和光荣的苏联的命运联系在一起的。我们多次强调了这一点，我们还将要再说下去"③。源于在纪德看来，苏联对我们意味着"不仅仅是一个实行了选举的国土：它是一个榜样，一个向导。我们所梦想的，我们所敢于希望的，为之我们努力追求的在那里发生了。乌托邦的理想在它的土地上变成了现实。它所取得的辉煌成就使我们有所追求的内心欢欣鼓舞。最困难的事情似乎已经做

---

① ［英］以塞亚·伯林：《苏联的心灵》，潘永强等译，译林出版社2010年版，第19页。
② 同上书，第15页。
③ ［英］安德烈·纪德：《访苏联归来》，朱静等译，花城出版社1999年版，第1页。

了。我们以所有受苦难的人民的名义高高兴兴地和它并肩奋斗"①。而在访问之后，最终留下的总体印象却是失望与忧伤并存，他所看到的不是一个使之倾倒的新世界，而是展现了一个"极其憎恶的旧世界的所有特权"。纪德甚至认为，在这里存在着对马克思主义的扭曲，存在着对人们的欺骗，"苏联并不是我们所希望它的那样，并不是它所承诺的那样，并不是它仍竭力要显示的那样；它背叛了我们所有的希望。如果我们不愿意让我们所有的希望失落了的话，那么就必须到另外的地方去实现我们的希望。但是，光荣的痛苦的俄罗斯，我们仍注视着你。如果说，你首先给我们作出了榜样，那么现在来说，唉！你让我们看到了一场革命会陷入如何的流沙之中"②。

  总之，正如诺曼·戴维斯所指出的那样，在对斯大林评价问题上是极其复杂的，"作为一个政治权力的操纵者，斯大林有各种权利被判定为二十世纪最伟大的人物。他曾谦虚地说过，'领袖只是匆匆过客，而人民在历史上永存。'事实上，在他的领导下，人民只得成为匆匆过客，而领袖则在历史上永存"③。斯大林时期的苏联确实取得了一系列成绩，"苏联在重工业、技术训练和自然科学方面都取得了长足的进展，被苏联理论家欢呼为进步的光辉榜样"④。但与此同时也付出了很高的代价，包括官僚主义问题严重、文化建设不断僵化、经济发展呈现畸形、个人自由得不到保障、群众生活水平很低等。如果说在中世纪是哲学变成了神学的奴仆，那么"斯大林把一切文化变成了政治的女仆"⑤。斯大林时期采取的一系列文化政策，最终导致"在俄国文化史上留下了一段长长的空白。从1932年到1945年，实际上到1955年，毫不过分地说，除了自然科学，在俄国几乎没有发表过任何有很高内在价值的思想或评

---

  ① ［英］安德烈·纪德：《访苏联归来》，朱静等译，花城出版社1999年版，第3页。
  ② 同上书，第95页。
  ③ ［英］诺曼·戴维斯：《欧洲史》（下卷），郭文等译，世界知识出版社2007年版，第987页。
  ④ ［苏］鲍里斯·迈斯纳主编：《苏联的社会变革——俄国走向工业社会的道路》，上海《国际问题资料》编辑组译，上海三联书店1977年版，第49页。
  ⑤ ［南斯拉夫］米·马尔科维奇：《斯大林主义和马克思主义》，载李宗禹主编《国外学者论斯大林模式》（上卷），中央编译出版社1995年版，第25页。

论文章,也几乎没有创作出这样的艺术作品。除了作为那个政权或它所实施的方法的表征,即作为一份历史证据外,几乎没有任何本身真正有意思或很重要的东西"①。特别是对马克思主义的庸俗化、教条化理解,对学术问题、精神领域、文化观问题的简单化处理,"造就出了一个广大的思维简单者阶层。这就是可能把真理变成木乃伊,把辩证法变成徒有其表的万能钥匙,由此形成了一种同权力、自由和生产资料分离的独特类型的人的思维"②。虽然上述评价不尽正确,但也确实从侧面反映出斯大林模式及其在文化领域所产生的负面效应。

第三节 梅茹耶夫对苏联哲学的反思与探索

近年来,基于人类社会在发展中面临的诸多困境,不仅在俄罗斯而且在世界范围内掀起了对马克思主义研究的新热潮,人们试图通过对马克思主义的重新解读与阐释来解决这一困境,梅茹耶夫对马克思主义及其实践的探索也置于这一整体背景之下。他在深入地研究了马克思主义在俄国的传入及苏联马克思主义所存在问题的基础上,指出人们将苏联解体等过错都归结于马克思及其学说是不公平的,更是对俄罗斯所经历的"历史"的不公平。基于苏联马克思主义所存在的问题及当今时代的新变化,他试图从文化学视域对马克思主义进行重新诠释,认为从文化学视域比从经济、政治等视域理解社会主义更具合理性,作为一种摆脱了资本异化的社会主义更多地体现在文化合理性上,社会主义是一种"文化空间"。

某种意义上说,自苏联解体后,马克思主义在俄罗斯已失去了意识形态的主导地位,而成为众多理论思潮中的一维。面对苏联解体后俄罗斯在自身发展过程中所呈现出的困境,人们逐步从苏联解体之初对马克思主义的激进否定与批判中冷静下来,开始重新思索马克思主义的历史

---

① [英]以赛亚·伯林:《苏联的心灵》,潘永强等译,译林出版社2010年版,第136页。
② [俄]德·安·沃尔科戈诺夫:《斯大林主义的实质、起源和演变》,载李宗禹主编《国外学者论斯大林模式》(上、下卷),中央编译出版社1995年版,第671页。

意义及其当代价值。特别是进入 21 世纪以来俄罗斯学界对马克思主义的关注有不断升温之势，以奥伊泽尔曼、梅茹耶夫、谢苗诺夫、布兹加林、斯拉文等为代表的学者对马克思主义进行了卓有成效的研究。在这些学者中，梅茹耶夫的研究占据着特殊的位置。作为当今俄罗斯最具原创性的马克思主义者之一，梅茹耶夫在马克思主义哲学、文化哲学、社会哲学等领域都有很高的造诣。自 20 世纪 60 年代中后期，他就十分注重从文化学视域解读马克思主义，尤其是近年来先后发表了《从生活哲学到文化哲学》《文化哲学：古典时代》《文化之思》《马克思反对马克思主义》等论著，这些论著不仅在俄罗斯而且在国际马克思主义学界都获得了较大的反响。在这些论著中，从文化学视域探索苏联解体后社会主义在俄罗斯及世界范围内的现实性问题，则成为他关注的"聚集点"。

一 苏联马克思主义的理论反思

近年来，随着资本主义在发展中所呈现出的诸多问题，在世界范围内掀起了马克思主义的研究热潮，如皮凯蒂的《21 世纪资本论》、伊格尔顿的《马克思为什么是对的》、巴迪欧的《第二哲学宣言》等著作获得了广泛的影响。在这些著作中，人们重新思考马克思及其当代意义，认为马克思并未过时、并未走远，"马克思是一位思想的巨人，其哲学上的新发现在 20 世纪具有无法超越的意义"①。与此形成鲜明对比的是，马克思的名字及其学说在俄罗斯仍受到不公正的待遇甚至诅咒，一些人将苏联解体及其一切不幸的主因都归结于其，甚至将之视为不得不拔掉的"刺"。在梅茹耶夫看来，将苏联及其解体的一切过错都归结于马克思及其学说，认为仅仅凭借一个人的学说即可使一个国家走上偏离真理甚至最终解体的轨道，不但是幼稚可笑的，也是对这个国家的"凌辱"。这种让马克思及其学说为过去一切"埋单"的观点背后，既是对马克思及其学说的不公平，也是对俄罗斯所经历"历史"的不公平。正是在这一背景下，他认为我们应反思马克思及其学说为何会在俄国而

---

① Т. Б. Длугач. Марксж: вчера и сегодня. Вопросы философии. 2014，No. 2. C. 15.

非他的诞生地,从理论变成一种现实;为何会在俄国而非他的诞生地产生这种所谓的不幸,甚至一度让其窒息。如果我们不能很好地回答这些问题,不对马克思及其学说在俄国的传入、不对苏联马克思主义所存在的问题、不对过去所走过的道路等有清晰的认识,马克思及其学说在俄罗斯就不可能有未来。

在梅茹耶夫看来,马克思及其学说在俄国的实践化,实则是对俄国自沙皇以来所开启的现代化进程的继承。在十月革命前,西欧国家已完成现代化,而作为后发现代化国家的俄国则面临着如何快速实现现代化的任务。俄国社会所面临的多重任务,决定了它既不可能走西欧式的资本主义道路,也无任何现成的现代化模式可参照,而只能走"特殊化"的道路。这源于:其一,在农民问题上,俄国有着根深蒂固的村社传统,基于村社所存在的问题,俄国很难自觉地走上西欧资本主义式的现代化道路。其二,在民族问题上,俄国是一个多民族、多信仰、多文化传统的国家,这种国家形态在西方所经历的资产阶级道路实践上难以保证实现国家的整体性。其三,在政治、文化等基础准备上,俄国与西欧国家相比既没有发达的市民社会、稳固的中产阶级、强大的城市文化、自觉的法律意识,也没有经受近代政治斗争洗礼的民主传统等。其四,自19世纪中后期以来诸多现代化探索路径的失败,特别是下层民众的悲惨命运,决定了俄国十月革命的爆发及其走上布尔什维克主义道路是一种历史的必然。当然,也有学者指出这一革命的发生与俄国的历史文化传统密切相关,认为俄国布尔什维克革命在某种意义上实则是"俄国观念的、俄国弥赛亚主义和普世论的、俄国人探寻真理与公正王国的变形"[1]。

基于俄国所面临的诸多困境,特别是落后性的现实,决定了它只有走社会主义道路才能解决自身面临的众多难题,才能走上现代化道路。在梅茹耶夫看来,俄国的社会主义革命是被迫发生的,这一革命在其本质上是"现代化战略的一种变形,它是以非市场和非民主的方式,也就

---

[1] Н. А. Бердяев. Истоки и смысл русского коммунизма. Москва: ЗАО «Сварог и К», 1997. С. 381.

是被称为'绕过资本主义'的方式来实现的"①。面对俄国落后的现实，布尔什维克运动实则采取了跨越资本主义而探索现代化出路的模式。在布尔什维克对马克思主义的最初期许上，社会主义是强力国家的"同义语"，既在缩小与西方资本主义国家经济技术差距的同时，也保证国家领土主权的完整。梅茹耶夫指出，尽管十月革命作为一种激进的革命形式确实带有一定的破坏性，但确实翻开了人类历史崭新的一页，这一革命不仅将社会主义从理论变成一种现实，也避免了因落后而潜在地被肢解的命运。而且在他看来这一破坏性在很大程度上源于俄国的社会现实特别是资产阶级民主革命准备不足，而并非源于马克思主义本身。就此，他甚至在苏联解体的今天仍坚定地指出，"你可以否定他们提出的发展模式，但这一模式对于20世纪初的俄国显然是唯一可行的模式"②。

在这场革命中，梅茹耶夫把列宁视为将马克思主义与布尔什维克、与俄国现实相结合的关键环节。在列宁那里，马克思不仅是理论家，而且是革命家，"革命"与"专政"是他理解马克思的关键词汇。对列宁而言，恰恰这二者可以解决俄国所面临的迫切问题，"而与革命和专政两词相联结的'无产阶级'一语，则仅仅意味着，俄国最终既不会成为一个农民国家，也不会成为一个资产阶级国家。农民的俄国是落后、倒退的同义语，资产阶级的俄国尚未出现，而等待它最终出现是不可思议的"③。可以说，列宁在这场革命中以及在对马克思主义的实践化探索中起到了重大作用。但梅茹耶夫认为在列宁逝世后，苏联社会主义则出现了危机。这种危机的产生，首先，源于斯大林所"主观制造"的社会主义在苏联已基本实现的这一神话，这既是苏联社会主义精神危机的根源，也是日后一切危机的根源。正是这种不顾客观现实，将斯大林主义与社会主义相等同的论断，导致社会主义在苏联"从科学变成了乌托邦，甚至变成了一种用完全不现实的东西代替现实的神话。这一神话

---

① ［俄］梅茹耶夫：《我理解的马克思》，林艳梅等译，人民出版社2013年版，第118页。

② 同上书，第15页。

③ 同上书，第17页。

在今天仍然占据着那些社会主义辩护者以及反对者的头脑"①。实则，马克思、恩格斯反对一切虚假的意识形态，主张用科学代替意识形态，但在苏联时期马克思主义恰恰成了一种僵化的、非批判的意识形态。其次，源于时代的限度，马克思的许多著作早期的马克思主义者（包括普列汉诺夫、列宁、斯大林等）大都没有读过，甚至"至今为止马克思的许多著作还没有出版过，仍保存在档案馆里"②，这客观上导致了对马克思主义的理解出现了偏差。例如最为集中表述马克思异化理论的《1844年经济学哲学手稿》在其生前并未发表，直至1931年这部手稿才以《1844年经济学哲学手稿：国民经济学批判》为题发表。再次，源于对马克思主义僵化、教条化的理解，苏联时期对马克思主义的整体理解主要受《联共（布）党史简明教程》第四章第二节《辩证唯物主义和历史唯物主义》的影响，而将这理解成马克思主义是非常牵强的。最后，源于苏联时期马克思主义与政治的特殊关系。苏联时期的马克思主义在很大程度上是为政治服务的，马克思主义逐步蜕变成国家政治与意识形态的屈从物。正是基于这些原因，在苏联时期导致对马克思主义理解教条化、形式化、意识形态化，特别是随着其对"意识形态领域的全面控制，彻底将这一科学的理论转变成教条主义的观念体系"③。

正是基于上述原因，苏联时期马克思主义被严重曲解化、教条化、形式化。以至于我们在苏联时期看到一幅充满着奇异与荒诞色彩的景观，一方面，苏联时期强调"忠诚的马克思主义者"、强调以"马克思主义的纯洁化"为目标，我们看到到处建有马克思的纪念碑、到处挂有他的画像，甚至人们"念咒语一样利用马克思的引言，同时完全没有阅读原著。而且，荒唐之处在于，人们对马克思理论原则的利用到了适得其反的地步"④。另一方面，苏联时期在马克思主义文献学、文本学研

---

① [俄] 梅茹耶夫：《我理解的马克思》，林艳梅等译，人民出版社2013年版，第73页。
② В. М. Межуев. Идея культуры. Москва: Издательство «Прогресс – Традиция», 2006. С. 149.
③ Т. И. Ойзерман. Оправдание ревизионизма. Москва: Издательство «Канон +» ОИ «Реабилитация», 2005. С. 84.
④ [俄] 米洛诺夫：《卡尔·马克思的理论遗产在当今俄国的地位与作用》，郑镇译，《世界哲学》2006年第6期。

究领域取得了巨大的成就,在对"马克思和恩格斯文本的收集、保存和研究方面,在对他们的全集、选集和单行本的多次再版方面的确做了大量的工作,苏联的马克思学研究拥有最丰富的文献资料、物质手段、研究机构和专家队伍。但问题在于,他们对马克思主义经典作家文本所作的诠释,总体上没有超出由其意识形态所框定的陈词滥调和刻板公式。直到今天为止,这种状况仍然影响着那些自认为是马克思主义者的人"①。与这种对马克思主义的表面信仰与认同、与这种对文本学、文献学所取得的巨大研究成果形成鲜明对比的是,苏联时期很多马克思主义者对马克思主义的理解,既与马克思主义也与社会主义无关,甚至马克思主义在某种程度上成了他们寻求职位升迁和为自己庇护的"旗帜"。这种对马克思主义的歪曲化理解,最终导致在苏联时期人们回避敏感问题、现实问题,而更倾向于研究马克思主义逻辑学、认识论、文本学等问题。实则,马克思主义理论的本质恰恰在于"其批判性或历史性,不允许将任何一种社会现实绝对化和永恒化"②。

总之,梅茹耶夫认为自马克思与其学说传入俄国,就面临着双重性、矛盾性命运,而马克思主义在俄国由理论变成一种现实则是历史的必然。尽管苏联时期,马克思主义无论是在理论还是实践建设领域都取得了巨大的成就,但也存在着诸多问题,这些问题最终为苏联的解体埋下了"恶根"。基于苏联马克思主义所存在的问题,梅茹耶夫指出不应将苏联模式的马克思主义与真正的马克思主义相等同,甚至极端地指出"苏联模式的马克思主义与真正的马克思主义很少有共同之处"③。与此同时,他也指出对苏联马克思主义的研究并不应随着苏联的解体而终结,源于对此的研究既是对过去的苏联、对俄罗斯历史的研究与反思,也是当今的俄罗斯能否开启未来的前提。

---

① [俄] 梅茹耶夫:《我理解的马克思》,林艳梅等译,人民出版社2013年版,第7页。
② 同上书,第23页。
③ В. М. Межуев. Идея культуры. Москва: Издательство «Прогресс – Традиция», 2006. С. 148.

二 文化学视域诠释的合理性

面对苏联马克思主义存在的问题及当今时代所面临的新课题，梅茹耶夫试图从文化学视域对马克思主义进行重新诠释，以期找到在当今俄罗斯及世界范围内重建社会主义的可能性出路。与大多数学者认为"马克思的伟大创见仅仅在社会经济领域"[①] 不同，梅茹耶夫认为马克思理论的主要内容并不在于从文献量等所看到的经济、社会、政治领域，而在于历史理论、在于作为整个人类历史基础的文化史，认为"只有从文化的角度出发才能正确诠释马克思文本的意义"[②]。实则，他之所以重视从文化学视域解读马克思主义，既与俄罗斯长期以来对文化学重视的传统相关，也与对苏联时期马克思主义研究成果的继承相关。正如他所指出的那样，将文化理解成"活动概念是被我们的哲学家，包括我奠定到文化定义基础中的，尽管我们对活动本身的阐释各不相同"[③]。可以说，自 20 世纪 60 年代以来，将文化理解成人的实践活动、理解成人的本质构成了苏联哲学家的出发点和基本点，这也是苏联哲学、文化学研究不同于西方哲学的独特之处。就此点，马尔卡良在对苏联以往关于文化与人的活动关系的长期争论性研究中，曾在《文化理论和现代科学》一书中指出，"现在把文化解释为活动是苏联文化研究领域所公认的"[④]。也正是基于这一对文化及其内涵的独特理解，才有了梅茹耶夫对马克思主义及社会主义的独特探索。

首先，梅茹耶夫对文化的理解是建基于马克思唯物史观基础之上的。在梅茹耶夫看来，尽管在马克思的文本中很少使用"文化"一词，"但文化这个词所蕴含的现实领域的意义是马克思所关注的。马克思所

[①] Н. А. Бердяев. Опыты Философские，Социальные и Литературные. Москва: Издательство «Канон + »ОИ«Реабилитация», 2002, С. 17 – 18.
[②] ［俄］梅茹耶夫：《我理解的马克思》，林艳梅等译，人民出版社 2013 年版，第 5 页。
[③] В. М. Межуев. Беседа с В. М. Межуевым. Вопросы философии. 2014, No. 2. С. 32.
[④] Э. С. Маркарян. Теория культуры и современнфая наука. М., 1983. С. 38.

研究的历史唯物主义概念贯穿在文化中,并且赋予了文化以全新的诠释"①。在对文化的分析中,梅茹耶夫同马克思一样是通过对商品的透视切入对文化的分析的,认为马克思对商品特征的分析完全适用于对文化的分析。运用历史唯物主义分析非自然存在物最典型的就是马克思在《资本论》中对商品的分析,虽然这一分析意在揭示最重要的经济范畴、揭示剩余价值产生的原因等,但通过这一分析同时也揭示了文化的价值。马克思通过对资本主义所特有的商品现象的分析,"抽去"了商品的使用价值,掀开了隐藏在商品背后的剩余价值。也正是基于此,马克思克服了早期重农主义中将价值与自然物等同的看法,发现了资本主义社会所特有的商品拜物教现象,发现了被物与物的关系所掩盖了的真实的人与人之间的社会关系。马克思由此指出,"商品形式的奥秘不过在于:商品形式在人们面前把人们本身劳动的社会性质反映成劳动产品本身的物的性质,反映成这些物的天然的社会属性,从而把生产者同总劳动的社会关系反映成存在于生产者之外的物与物之间的关系。由于这种转换,劳动产品成了商品,成了可感觉而又超感觉的物或社会的物"②。在马克思对商品的分析中,实则也包含着对文化的解释,"作为文化价值的物也反映人的劳动的社会属性"③。这即是说,马克思是从人的劳动形式中理解文化的实质的,"马克思发展了可以称之为文化的劳动理论。根据马克思的观点,作为'文化实体'的劳动与创造交换价值和剩余价值的劳动不同"④。

其次,梅茹耶夫认为作为社会劳动形式的文化与作为抽象劳动形式的资本虽都作为劳动形式却有着本质的区别,文化产生于社会劳动。可以说,梅茹耶夫在对马克思主义的创造性理解中,最具创造性之处即在于对马克思关于文化产生机理的解释性发掘,他把劳动形式之间的区别作为解释文化本质的出发点。在他看来,在马克思那里文化与资本是财

---

① В. М. Межуев. Идея культуры. Москва: Издательство «Прогресс – Традиция», 2006. С. 148.
② 《马克思恩格斯文集》(第5卷),人民出版社2009年版,第89页。
③ [俄]梅茹耶夫:《我理解的马克思》,林艳梅、张静译,人民出版社2013年版,第64页。
④ 同上书,第60页。

富存在的两种不同形式,文化是人的社会财富,而资本则是社会财富的异化形式。虽然任何财富都是由劳动创造的,但资本形式的劳动与文化形式的劳动是有着本质区别的,"资本形式的劳动就是抽象劳动,文化形式的劳动就是一般劳动或者社会劳动"①。马克思在《哥达纳批判》中批驳了哥达纲领第一段第一部分关于"劳动是一切财富和一切文化的源泉"的观点,马克思坚持认为不是任何劳动,而是只有社会劳动才能创造文化。如当工人阶级只能靠出卖自己的体力而维持基本的生存时,这种体力劳动就不是社会劳动,源于"一个除自己的劳动力以外没有任何其他财产的人,在任何社会的和文化的状态中,都不得不为另一些已经成了劳动的物质条件的所有者的人做奴隶。他只有得到他们的允许才能劳动,因而只有得到他们的允许才能生存"②。将这种体力劳动称为社会劳动,实则是资产者将这种劳动赋予了一种"超自然的创造力",进而隐藏对劳动者剥削的事实。失去了对生产资料的所有权的劳动是抽象劳动,即便它可以创造使用价值,但它"既不能创造财富,也不能创造文化"③。与在物化的、分离人的个性意义上生产人与人之间关系的抽象劳动不同,"社会劳动的产品之所以是文化,源于它不是与抽象的人,而是与具有独特个性的具体的人相关联"④。社会劳动的主体不是抽象的,而是具有自由、个性的个体,社会劳动是一种听从于人的内心需求的自由劳动。

再次,梅茹耶夫认为文化具有理想性与超越性特征。在对文化特性的理解上,梅茹耶夫不同于以卡冈等为代表的当代俄罗斯文化学家对文化内涵的"共识性"理解,即将文化理解为"经历了历史形成和变迁的系统的和多方面的人的特殊活动能力以及这个活动的结果——物质

---

① [俄]梅茹耶夫:《我理解的马克思》,林艳梅、张静译,人民出版社2013年版,第64页。
② 《马克思恩格斯文集》(第1卷),人民出版社2009年版,第428页。
③ 同上书,第430页。
④ В. М. Межуев. Идея культуры. Москва: Издательство «Прогресс – Традиция», 2006. С. 166.

的、精神的和物质精神的、艺术的一个整体"①，认为"文化包括所有人为的精神、物质和艺术的活动体系应该被视为这些文化基本子系统之间相互关联的一个统一体"②。他认为这种理解，一方面，将文化内涵泛化了，并没有体现出文化的独特特质；另一方面，这种理解虽看到了实践活动与文化间的关联，但并没有认识到并非任何劳动都创造文化，而是只有社会劳动才创造文化。文化的独特性就在于其理想性与超越性，文化"不是那些可以在现实中直接观察到的事物，而是我们在文化中能划分出某些对于我们来说重要的和有价值的事物。……文化不是以现有的形式，而是以应有的、某些理想的标准的形式而呈现的，也就是说在自己的'任务'结果中，而不是在'现实'的结果中"③。

在梅茹耶夫看来，这种对文化特性的理解是符合马克思学说的，马克思也将文化理解成特殊的生产，这种生产是以生产完整的人为目标的，"生产'完整的'人是以马克思对文化的理解为基础的"④。正如马克思自身所言，文化"培养社会的人的一切属性，并且把他作为具有尽可能丰富的属性和联系的人，因而具有尽可能广泛需要的人生产出来——把他作为尽可能完整的和全面的社会产品生产出来……"⑤"人不是在某一种规定性上再生产自己，而是生产出他的全面性；不是力求停留在某种已经变成的东西上，而是处在变易的绝对运动之中。"⑥ 在这种生产中，人是自由的、超越的，在这里"出现了对马克思而言重要的命题，即从'必然王国'向'自由王国'的人的过渡，这和他对文化的理解直接相关"⑦。正是基于对文化这一特性的理解与

---

① М. С. Каган. Введение в историю мировой культуры. Книга первая. СПБ., 2000. С. 44.
② М. С. Каган. Введение в историю мировой культуры. Книга первая. СПБ., 2000. С. 53.
③ В. М. Межуев. Идея культуры. Москва: Издательство «Прогресс – Традиция», 2006. С. 25.
④ Тамже, С. 166.
⑤ 《马克思恩格斯文集》（第1卷），人民出版社2009年版，第90页。
⑥ 同上书，第137页。
⑦ В. М. Межуев. Идея культуры. Москва: Издательство «Прогресс – Традиция», 2006. С. 167.

强调，他才将社会主义理解为一种重要的文化形态，甚至将社会主义称为"文化空间"。

最后，梅茹耶夫认为文化与历史是相通的，没有文化外的历史，也没有历史外的文化。正如德鲁卡奇所指出的那样，马克思"在理解历史方面完成了哥白尼式的转折"①，马克思是站在真实的历史土壤上、站在实践、感性活动的基础上理解历史的。梅茹耶夫在强调马克思对历史的独特理解的同时，也认为马克思对历史的解释是与文化相通的，甚至是以文化为中心来解释历史的，马克思实则是把文化作为历史过程的基础。马克思所理解的历史就是文化史，在人类的历史中"既没有历史外的文化，也没有文化外的历史……对它的解释不是自然主义或唯心主义的，而是历史唯物主义"②。梅茹耶夫之所以如此理解，是因为在他看来历史作为追求自身目标的活动，人在历史中存在的基本条件即是文化，文化是连接人的过去与未来的桥梁，文化是与历史相通的，历史就是文化的历史。较之于文化，从商品生产、国家观念、宗教信仰、意识形态等角度理解人及其历史，都是外在的。同时，他还指出文化作为社会实践活动的产物，不仅反映了人与自然之间的关系，而且还反映了人与人、人与社会、人与自然之间的关系，"文化就是人与自然和社会的统一体，这是因为从自然发展到社会，从社会发展到人本身。这种统一的形成过程构成文化史的内部逻辑"③。如果说在马克思的"史前史"，包括作为文明最高成果的资本主义阶段，文化是与自然、社会不同的存在形式，那么在社会主义阶段，文化、自然、社会三者则是能动统一的关系。

总之，梅茹耶夫认为马克思的历史唯物主义是以文化做结的，"马克思的历史唯物主义理论以确定文化在人类未来历史中、在人类摆脱各种形式的阶级对立和社会隔绝的进程中、在向以个体和个性自由为基础

---

① Т. Б. Длугач. Марксж: вчера и сегодня. Вопросы философии. 2014, No. 2. С. 15.
② В. М. Межуев. Идея культуры. Москва: Издательство «Прогресс – Традиция», 2006. С. 157.
③ ［俄］梅茹耶夫：《我理解的马克思》，林艳梅等译，人民出版社2013年版，第67页。

的社会发展新阶段的过渡中的作用作结"①。在他看来，文化的客观形式只是它存在的外部形式，文化的真正内容实则是社会存在中的"完整的人"。文化的生成史，实则也是人类真正历史的生成史，而"人类历史是人通过自己的劳动获得的，它不是不死的肉体，而是铭刻在人所创造的文化中的不朽的历史"②。正如希腊人在城邦中找寻到了超越于肉体生命的存在形式一样，马克思则在人的实践活动中、在历史的生成中、在文化中寻找到了超越于异化世界的现实之维与"自由空间"。

三 作为一种"文化空间"的社会主义

基于苏联马克思主义所存在的问题和当代发达资本主义社会所呈现出的新特点、新发展，那么在苏联解体后的今天，在俄罗斯及发达资本主义社会是否有重建社会主义的可能性？针对一些批评者认为社会主义已经过时，并"急欲将社会主义思想放入档案馆，宣告它已经被历史所超越，不再具有积极的意义"③。梅茹耶夫同麦德维杰夫、伊诺泽姆采夫、斯拉文等一样，指出只要人还处于资本的异化统治之下，社会主义就具有无可置疑的合理性，而且认为任何对社会主义的怀疑都是不正确的，认为"还会回到社会主义思想，只不过是以一种'新的形式'而已"④。但他认为从文化上理解社会主义比从经济合理性与政治合目的性上理解社会主义更具合理性，在摆脱了资本异化与政治异化的社会主义社会更多地体现在文化的合理性上，认为社会主义是一种"文化空间"。源于文化领域所遵循的是道德的、伦理的、认知的价值，这是人类历史最深刻的、最基础的、最自由的层面，"最一般形式的社会主义是按照文化规律运行的社会，而文化规律处于对经济和政治规律优先的地位。在'经济—政治—文化'这三者当中，社会主义将文化提到了首要地位，其他一切社会关系、机构和设施都依附于它。社会主义的社会

---

① В. М. Межуев. Идея культуры. Москва: Издательство «Прогресс - Традиция», 2006. С. 170.
② [俄] 梅茹耶夫:《我理解的马克思》，林艳梅等译，人民出版社2013年版，第69页。
③ 同上书，第82页。
④ В. М. Межуев. Беседа с В. М. Межуевым. Вопросы философии. 2014, No. 2. С. 41.

设想并不是经济和政治法律意义上的设想,可以称其为一种文化设想或者人自身的设想"①。虽将社会主义看作一种文化空间,表面上给人一种荒谬之感,但在他看来,一方面基于人类社会包括资本主义社会所面临的无法解决的终极性困境;另一方面基于文化的独特内涵,决定了唯有从文化上理解与建构社会主义才更具合理性。

首先,之所以强调从文化上理解与建构社会主义,很大程度上基于当今时代特别是资本主义社会自身的新变化。梅茹耶夫看到了与19世纪相比,当今资本主义出现了很多新变化,如在经济增长方式上更多地借助于信息技术、知识产权的应用等实现经济的增长。又如作为原有革命主体的无产阶级也呈现出了新变化,"不仅数量减少了,而且还发生了质的变化。工人阶级所具有的特征,与其说是阶级特征,不如说是职业特征,并且把主要生产力的地位让给了脑力劳动者"②。新技术的不断应用、机械化水平的不断提高、体力劳动的降低、生活水平的改善、职业分工的趋同化、消费水平的平均化等,可以说对马克思关于工人阶级的概念产生了重大的影响,如果说"先前那些资本主义阶段的无产者的确是在劳役重压下的牺畜,当他生活于肮脏和贫困中时,他只得依靠身体的劳动来获取生活的必需品和奢侈品。因而他是对他那社会的活的否定"③。而新技术的采用与机械化程度的提高,在提高了生产率和改善了工人阶级生产、生活环境的同时,也不断使"蓝领""白领"等的职业差别变模糊,同化着传统意义上的工人阶级,以至于"19世纪状态下所形成的工人阶级,在今天已经不足以威胁到资本主义,而且在他们身上也很难发现变革现存制度的自觉愿望。正是基于以上原因,当今的工人运动已经失去了为夺取政权而进行政治斗争的性质,而更多的是为争取更有利的劳动条件而进行的经济谈判。……在这种情况下,有关无产阶级是'资本主义掘墓人'的认识,明显暴露出自身的虚幻性以及意识形态的偏见"④。传统意义上的工人阶级在被发达资本主义社会

---

① [俄] 梅茹耶夫:《我理解的马克思》,林艳梅等译,人民出版社2013年版,第85页。
② [俄] 梅茹耶夫:《我理解的马克思》,林艳梅等译,人民出版社2013年版,第80页。
③ [美] 马尔库塞:《单向度的人》,刘继译,上海译文出版社2006年版,第24页。
④ [俄] 梅茹耶夫:《我理解的马克思》,林艳梅等译,人民出版社2013年版,第80页。

同化的同时逐步消亡，甚至成为一种对所处状态的认同性力量。而且传统社会主义所提出的诸多纲领性目标，在当今资本主义社会都已变成一种现实。资本主义的新特点、无产阶级的变化以及传统社会主义纲领的现实化，决定了应立足于新的历史条件重新思考社会主义的实践性问题。

其次，之所以强调从文化上理解与建构社会主义，也基于资本主义社会所面临的文化危机。在梅茹耶夫看来，自19世纪下半叶欧洲资本主义文明留给人的表面印象是，"一个各方面发展都很顺利的大陆，大部分居民生活水平逐渐提高，民主秩序的花朵四处盛开，科学发展——当然不仅是自然科学，也包括人文科学——正处于上升势头，而技术进步更是有目共睹。科学发现和技术发明层出不穷是这一时期显著的特征，工业、交通和通讯等发展迅速"①。但在这种现代文明与科学技术蓬勃发展的背后，当时欧洲的文化精英已率先感知到欧洲资本主义文化文明开始走向衰落，并逐步深切地感受到了深层的文化危机。可以说自19世纪末期以来，关于如何克服资本主义文化危机问题构成了以叔本华、尼采、胡塞尔、西美尔、斯宾格勒、海德格尔、阿多诺、哈贝马斯、鲍曼、赫勒等为代表的思想家所关注的焦点性问题。如斯宾格勒在《西方的没落》中明确指出了文化与文明的不同，并进而指出由于文化与文明的不相容性将导致西方资本主义文明的衰落。而鲍曼基于对现今资本主义社会文化危机的认知，认为其已彻底封堵住了人们通向永恒的道路，使之只能在世俗生活中找寻意义与价值。

在梅茹耶夫看来，资本主义社会文化危机的本质在于将"人的社会生活的最大合理化和实用化，它使人没有一点儿时间和丝毫可能性进行个人选择并自由地作出决定，使人完全屈从于毫无个性的金融机构和信息网络的权力。被这些机构和网络程序化了的个体，他们在行使自身的公务职能或对社会有益的职能时，已经彻底失去了与'永恒价值'的联系。……曾经支撑着整个欧洲文化大厦的自由原则和创造性实现自我

---

① В. М. Межуев. Идея культуры. Москва: Издательство «Прогресс – Традиция», 2006. С. 171 – 172.

的原则,在现代高技术和讲求经济效率的社会,已经被人的存在的一维性、标准化和无个性化所代替。从这种标准化和无个性化中获得的经济利润是显著的,文化(以'大众文化'为表现形式)也是如此,它不再是真善美的保卫者,而是堕落到了纯粹消遣和表面浮华的层面"①。也正是因为资本主义社会日益严重的、无法克服的文化危机,才促使社会主义的本质及其优越性日益呈现出来。社会主义的本质并非仅仅体现在经济、技术领域,而更为体现在文化领域,社会主义是回应时代性危机的产物。他甚至认为只有到今天社会主义的本质才日益显现出来,社会主义"在本质上解决的并不是技术与经济的任务,而是摆在社会和每个人面前的文化任务。正是由于进入高技术和全球化发展阶段的资本主义并没有对历史发展所提出的文化挑战给予直接的回答,才迫使西方理论界开始谈论给资本主义以重创的文化危机问题。在很多方面,社会主义的命运恰恰是由文化危机而不是由'生产过剩的危机'、'无产阶级的贫困化'或者其他的经济和金融灾难所决定的"②。

再次,之所以强调从文化上理解与建构社会主义,也基于认为在文明史之外还有文化史。在对资本主义进行批判的同时,他并不否认资本主义的成就,指出资本主义构成了全部文明史的最后阶段。在他看来,资本主义虽是文明史的顶峰,但自身所存在的问题及其历史限度,决定了其将自身生产方式绝对化与永恒化的企图只能走向瓦解。这种限度集中表现为,一是发展模式的单一化,资本主义社会片面地追求物质消费,这在"很大程度上加剧了全球问题,首先是当代的生态问题的急剧尖锐化,近年来助长了世界性生态灾难直接威胁的产生。……整个世界不可能遵循着西方文明所铺设的道路发展。这条道路是一条死胡同,是一条招致灭亡的道路"③。二是人的持续异化,全部文明史包括作为文明史顶峰的资本主义社会"都是在个别与普遍的对立当中发展的,其中

---

① [俄] 梅茹耶夫:《我理解的马克思》,林艳梅等译,人民出版社2013年版,第104页。
② [俄] 梅茹耶夫:《我理解的马克思》,林艳梅等译,人民出版社2013年版,第103页。
③ 安启念:《当代学者视野中的马克思主义哲学:俄罗斯学者卷》,北京师范大学出版社2008年版,第288页。

每一方在与另一方分离的情况下都将表现出纯粹抽象的趋势。文明把作为一个个个体或者抽象个体的人们联合起来，用与他们的个性完全相违背的枷锁将他们束缚在一起"①。

正是资本主义社会无法克服的限度，决定了人类社会要消亡异化就必须从根基上终结这一社会。在梅茹耶夫看来，实则在文明史之外还有文化史，在文明史达到顶点后将进入社会主义社会，在这一社会中"文明发展的逻辑（与人脱离）被文化发展的逻辑所代替（人自身的发展）。在马克思的观念中，文化比经济、政治因素更具优先权，社会主义社会是在文化的规范下起作用的社会状态"②。与文明史不同，文化史中的文化原则强调的是自由的、不可复制的个性，而非文明史所强调的"抽象的个体"，在这一文化原则基础上所实现的社会即是马克思所说的"自由人的联合体"。也正是在这一意义上，针对雷蒙·阿隆认为马克思的最终归宿点是模糊的，马克思虽勾勒了美好的理想社会图景却没有指出具体实践路径的观点进行了批判。梅茹耶夫认为雷蒙·阿隆并没有理解马克思，"阿隆毫无任何根据地将马克思的历史理论变成了社会学学说，因此，他没有发现这一理论当中所包含的对文化的诉求，文化是未来发展的唯一保障。马克思的其他批评者也未发现这一点"③。马克思所描绘的具有自由、个性的"完整的人"并不是抽象的哲学呓语，而是最真实的现实。而这一理想社会的最终归宿点不应仅在经济、政治领域中去寻找，更应在"文化"中去寻找。

最后，在社会主义的实践途径上，梅茹耶夫反对用暴力和革命方式终结资本主义的统治。在他看来，人类自经历了法国大革命等一系列革命所导致的极端后果后，已放弃了试图用激进的革命方式去解放社会问题。同样，在社会主义的实践方式上，人们也逐步放弃了原有的作为社会主义变革必要性条件的政治革命主张，而主张"社会主义在自身的成熟阶段，将不是革命性质的运动，而是渐进性质的运动，将不断实行改

---

① ［俄］梅茹耶夫：《我理解的马克思》，林艳梅等译，人民出版社2013年版，第87页。
② В. М. Межуев. Идея культуры. Москва: Издательство «Прогресс – Традиция», 2006. C. 170.
③ ［俄］梅茹耶夫：《我理解的马克思》，林艳梅等译，人民出版社2013年版，第88页。

良，不仅是经济和政治的改良，而且是文化的改良"①。梅茹耶夫指出，基于历次革命的教训，"谁不吸取20世纪的主要教训——任何暴力形式对于社会主义都是致命的，谁就不仅不懂得社会主义思想的真实意义，而且会导致具有健全思维和道德责任感的人们合理地拒绝社会主义思想"②。在他看来，新时期的使命就在于通过不断压缩资本主义的统治空间、不断打破资本的逻辑、不断压缩"经济必然性"的空间，从而不断扩展"自由王国"的空间，才能使"社会主义的实现获得最大可能。也可以将这一空间称做'文化空间'"③。此外，他之所以主张放弃激进的革命方式，还源于当代资本主义文明具有自我批判、自我否定的能力，这是区别于传统社会的静态的、封闭的文明形态的。正因如此，也就决定了从作为文明史顶峰的资本主义社会，过渡到以"个性与自由"为代表的"文化空间"的社会主义社会只能采取逐步的改良的方式实现。

总之，基于社会主义所遇到的挑战及资本主义的最新发展，梅茹耶夫力图通过对马克思主义的新阐发，而使马克思主义获得新的生机。在他看来，尽管资本主义在政治、经济等领域取得了很大的成就，但基于资本主义自身的限度，资本主义迟早会终结其自身的发展逻辑并陷入历史的绝境。而且最重要的是，作为人类文明顶峰的资本主义社会无法解决人类社会所面临的更为深重的文化危机、生态危机、精神危机等，而这正是社会主义存在的合理性价值。社会主义的首要任务是解答时代性危机，特别是时代性的文化危机，而社会主义的最高目标则是人的自我实现，实现"自由人的联合体"。基于对苏联马克思主义所存在问题的反思与社会主义可能性实现路径的新探索，他认为社会主义是一种文化空间，认为"社会主义是一种文化，它用一种社会理论的语言来思考和定义，社会主义还是文化存在的一种社会方式，与之唯一相适应的是文化的社会存在与发展的历史形式"④。在他看来，从文化学视域解读马

---

① 同上书，第120页。
② [俄]梅茹耶夫：《我理解的马克思》，林艳梅等译，人民出版社2013年版，第85页。
③ 同上。
④ 同上书，第83页。

克思、解读社会主义是符合马克思主义的精神实质及其时代要求的。当然，他对社会主义实现路径的探索确实存在着一定的限度，例如，他所主张的关于放弃政治革命而逐步过渡到社会主义的观点，与以第二国际为代表的"和平长入社会主义"的观点具有很大的相似性，这最终将导致宿命论，关于此点无论是列宁、布哈林还是卢卡奇、科尔施等都进行过相应的批判。但梅茹耶夫与其他马克思主义者在最终目标上却是相同的，即在消除异化和资本的奴役基础上，实现人类社会的最终解放与个体的全面发展。不可否认，梅茹耶夫从文化学视域对马克思主义的独特阐释与对社会主义实践的新探索，在当今具有重要的理论价值与现实意义。

第五章
俄罗斯哲学与现代性问题

众所周知,现代性问题虽发轫于西方,但随着全球化进程,已超越了民族、国家的界限而成为一种世界现象。自法国现代派诗人、象征派诗歌先驱波德莱尔将现代性这一概念引入人们的理论视野,近一个多世纪以来,现代性问题始终是学界所关注的热点问题之一,以韦伯、海德格尔、克拉考夫、本雅明、阿多诺、马尔库塞、哈贝马斯、赫勒、鲍曼、福柯、吉登斯等为代表的学界巨擘,都对现代性问题进行了卓有成效的探索。而自19世纪末以来,俄罗斯哲学家同样以敏锐的直觉与切身的体验,感知到现代性危机,并就现代性危机的表现、实质及解决路径进行了探索。

第一节 现代性危机的多重表现

自19世纪末以来,现代性的弊端及阴暗面越发凸显,以至于人们用"铁笼""毒气室""大屠杀"等负面词汇来隐喻现代性的精神实质,指出现代性通往的是奥斯维辛。基于现代性所呈现出的问题,正如劳伦斯·E. 卡洪在《现代性的困境》一书中所指出的那样:"我们可以把现代性的绳子结成一个绞索,把我们自身吊起,但是,我们也可以把这根绳子打开来,用来帮助我们跨越现代性放置在我们面前的困境。"① 在大多数西方思想家看来，现代性的理想基石虽一再受到质疑甚至出现松动，但远未耗尽其可能性，是一件"远未完成的事业"。因而，为破解现代性危机与困境，他们探索了多种解决路径。然而问题的诡异性在于，现代性问题并未因这种探索而获得解决或达成某种共识，反而衍生出许多新问题，使之日益复杂化。而俄罗斯哲学家特别是白银时代哲学家，则基于自身独特的文化传统对现代性危机问题给予了深层解答。在他们看来，现代性危机是一场比经济、政治等领域的危机更为深层、可怕的文化危机、精神危机、信仰危机。这一危机在表层上表现为质疑精神、拒斥信仰、消解崇高、平庸理想，在深层上则有将人类带入一个"群魔乱舞"的虚无主义时代的风险。

一　精神偶像的逐步幻灭

俄罗斯哲学家特别是以弗兰克为代表的白银时代哲学家，从"精神偶像的幻灭"角度洞察到了时代性危机。弗兰克看到了自19世纪末以来，俄罗斯正在经历着时代性的悲剧，经历着偶像的幻灭，前所未闻的恶行大量存在、虚假性被不断揭露、日常生活的标准陷入混乱、灵魂的压力无法承受，"或者抛弃一切神圣之物，沉湎于无信仰的空洞虚幻的自由，或者固执于对旧生活的破坏，怀着冷酷的恨隔离整个世界而自我封闭……在厚颜无耻的无信念中，在疯狂的、自觉的偶像崇拜和古老信仰中，表现了先前的灵魂安宁已经丧失，先前的天真善良的无法验证的信仰已不再可能，也表现了对真正信仰的需要和对真实可靠的而非虚伪的生活准则的不知不觉的追求"②。在这样一种状态下，"那些中性的、外在的旧人道主义的全部偶像都走向毁灭"，人们是走向精神的堕落与普遍的卑鄙同流合污，还是走向危机后信仰的真正寻求？弗兰克在指出精神偶像的多重幻灭后，同时指出了真理、道路。

首先，革命偶像的幻灭。俄国大多数派别，如自由派、激进民主

---

① [美]劳伦斯·E.卡洪：《现代性的困境》，王志宏译，商务印书馆2008年版，第443页。

② [俄]弗兰克：《俄国知识人与精神偶像》，徐凤林译，学林出版社1999年版，第79—80页。

派、民粹派、社会主义者等，虽在具体纲领和目标上有所不同，甚至差别巨大，但在对俄国是否需要"革命"这一点的认知上则是高度一致的。他们大都具有"革命的世界观"，都曾表现出对革命偶像的特殊信仰，正因如此"这个时代的信仰既不能定义为对政治自由的信仰，甚至也不能定义为对社会主义的信仰，就其内在内容而言，只能定义为对革命的信仰，对消灭现存制度的信仰"①。这种对革命偶像的信仰，源于他们认为一切罪恶都来源于政治制度，认为"俄国生活的所有不幸；人民的贫困与无知、文化落后和一切犯罪，都是大臣、省长、警察、归根结底是以沙皇为首的专制制度的罪过。简言之，在我们（作者也是这些知识分子中的一员）看来，现在的政治制度是一切恶的唯一根源。只要消灭这种制度，废除当权者和为政权所豢养之人的权力，就足以使恶消亡并代之以善，迎来普遍幸福和友爱的黄金时代"②。

在对革命实现机制的理解上，弗兰克反对俄国侨民将革命看成是"虚伪的思想和理想外表掩盖下的、赤裸裸的、毫无思想性的、厚颜无耻的暴行，是图财害命的掠夺"③。在弗兰克看来，革命永远是借助信仰实现的，"革命的真正力量，是一种大公无私的信仰，是追求客观真理的激情，其成功取决于这种信仰的狂热献身者的坚贞和无私的忘我精神"④。而俄国革命却呈现出了奇异的景观，俄国革命是迄今为止所发生的革命中最具彻底性的，其否定所有制、国家、宗教、民族，俄国革命"发展了残酷至极的和前所未闻的专制，使国家对个人生活的干预达到极限，但却未曾表现出丝毫对自由的爱"⑤。在俄国革命中，没有对自由的爱的信仰，呈现出的是为所欲为的理想和无法无天的民众意义的信仰、是对个体价值的否定。如果说俄国革命有信仰的话，那就是对理性的信仰，对科学技术、科学万能的信仰，认为依此便能实现理想的生

---

① ［俄］弗兰克：《俄国知识人与精神偶像》，徐凤林译，学林出版社1999年版，第84页。
② 同上书，第81页。
③ ［俄］索洛维约夫等：《俄罗斯思想》，贾泽林等译，浙江人民出版社2000年版，第293页。
④ 同上。
⑤ 同上。

活,"俄国革命天真而又狂热地相信技术文明,对一切合理的组织——技术的和社会的组织,表现出真正偶像崇拜式的迷信"①。但在他看来,俄国革命所崇拜的理性并非是法国启蒙运动意义上的理性,而是自我确认的、自以为是的、自我迷恋的、否定更为崇高的价值的理性。如果对俄国革命信仰进行总结的话,那么可以表述为"虚无主义的理性主义——不相信和否定与人的意志有关的一切客观因素,而相信人为了追求幸福和享乐可以恣意妄为;这样,只要依赖人的技术活动和合理的组织,就可以达到目的"②。

在弗兰克看来,俄国革命表现出对一切精神的敌视,表现出前所未有的彻底性、狂暴性、毁灭性。究其原因,一方面源于俄国革命没有精神上的准备,俄国从未经历过西方意义上的文艺复兴、宗教改革、启蒙运动,也不存在资产阶级式的自由民主传统等,"俄罗斯的精神肌体又缺乏西方因疾病长期折磨形成的免疫力"③,这是导致俄国革命呈现出巨大破坏力的重要原因。另一方面则源于社会结构的断裂、误解,"俄国的人民大众和俄国社会有教养的阶层之间,不仅在经济上和阶级上,而且在精神文化上,存在着巨大差异"④。有教养的阶层受欧洲文化影响很大,试图在俄国培育欧洲文化,而生活于社会底层的俄国民众则面临着原有信仰的破坏,信仰完整性撕裂,灵魂无法安身的窘境。正是基于此,导致了俄国革命的残酷性,也呈现出了俄国民众对革命偶像信仰的盲目性、虚伪性,但这种信仰使"成千上万的俄国人,其中有许多真正的天才,他们为了这一偶像而牺牲了自己的生命,安然地走上绞刑架,走向流放地和囚牢,脱离家庭、财富和官位,甚至脱离心爱的科学和艺术的精神财富。回想起这些自愿为革命牺牲的殉难者,我们不仅为他们的迷茫而感到苦涩,而且应当肃然起敬,即便这种信仰是虚伪的、

---

① [俄]索洛维约夫等:《俄罗斯思想》,贾泽林、李树柏译,浙江人民出版社2000年版,第294页。
② 同上书,第295页。
③ 同上书,第301页。
④ 同上书,第304页。

有害的"①。

可以说，自19世纪中叶以来对俄国革命偶像的信仰之火苗，便在知识阶层等群体中慢慢燃烧成熊熊烈火。但经过1905年革命之后，这一火焰逐渐在知识分子的心中开始熄灭，而1917年革命后，"知识分子在恐怖与惊慌中逃离了自己点燃的火灾之后，这种信仰的火焰又转移到普通俄国人、工人和士兵的心中"②。由这场信仰之火所造成的极其恐怖的后果，在俄国大地上逐步走向死亡，"这个偶像曾为几代人所崇拜，被看作是活的救世主，使许多人为之牺牲，如今那些愚钝的幻想家或没有良知的伪善者还在自觉不自觉地崇拜这一偶像，借它的名义枪杀人民，摧残俄罗斯生活，侮辱真正的宗教。正因为如此，这一偶像才失去了自己对灵魂的统治力量，成为僵死的偶像。活的灵魂都恐惧而厌恶地逃避它。……知识分子在自己的最高愿望实现之时，在半个多世纪所苦苦追求的革命及其理想的胜利来临之际，恍然大悟：他们所信仰的救世主是一个可怕的、能毁灭一切的怪物或是一个只能鼓动疯狂者，或只能激起丧失理智的杀人行为的僵死的偶像"③。革命偶像的崇拜，带来了巨大的破坏作用，而对于由于这种革命所带来的破坏作用，特别是在精神上的破坏作用，是不可能通过对现有革命的"小修小补"来实现复活的。

在弗兰克看来，革命偶像的幻灭不仅在于片面的、错误的社会政治理论，更在于它将自己的社会理想作为偶像来崇拜，并赋予其统治一切的神圣权力。革命偶像的幻灭，在某种意义上标志着一种以对革命的迷恋为"本体"的世界观的彻底破产，"革命偶像本身的毁灭——不论有些人怎样试图拯救它——已是如此明显，它已成为俄罗斯精神发展的不可逆转的事实"④。当然，正是基于俄国对革命偶像的崇拜所带来的巨大的破坏作用、负面效应，从辩证的角度也为人类社会的未来出路指明

---

① ［俄］弗兰克：《俄国知识人与精神偶像》，徐凤林译，学林出版社1999年版，第87页。
② 同上书，第87页。
③ 同上书，第88—89页。
④ 同上书，第90页。

了新方向,"俄国革命是历史的归谬,是揭露人类最近几个世纪遵循的错误理想(即想随心所欲地安排生活)的一次试验。俄国革命标志着,人类在四个世纪里建造的巴比伦塔正在倒塌。人类从文艺复兴和宗教改革时代起踏上的那条路,已经走到尽头;我们将目睹近代史的终结。一部分真正的'现代史',一个焕然一新的时代,正在开始"①。

其次,政治偶像的幻灭。俄国革命之命运不仅仅是革命偶像的毁灭,实则也是作为一种政治狂热主义的"政治偶像的毁灭"。所谓政治偶像,其实质在于对"任何一种能消灭恶和创造人间之真与善的社会制度的信仰"②,其往往以"善"与"公正"为开端,最终却以"血"和"恶"为结束。无论是俄国革命、法国大革命、英国革命,还是以往的一切革命都体现了这种政治偶像崇拜的悲剧性命运。如法国大革命,以追求自由、平等、博爱为目标,但却造成了"野性的疯狂","建立了可怕的专制制度、普遍纠纷和恐怖,无意义地杀人和破坏经济生活,纵容憎恨和凶残的复仇本能"③。英国革命同样如此,清教徒以信仰的名义在每日晨祈后惨无人道地枪杀那些不同信仰的世俗民众。在弗兰克看来,这些革命的特点都在重复着同样的主题与命运:"圣者和英雄们,他们献身于造福人类和在世间确立善良与公正的伟大理想,结果却成为野蛮的恶魔,破坏生活。残害人类,建立了巨大的不公和恐怖的无政府状态或野蛮的专制制度。"④ 在他看来,这些服务于政治偶像的所谓的英雄与圣徒,实则并非真正的英雄与圣徒,而是怯懦者,他们"没有勇气除去被强加于自己身上的英雄气概的枷锁——因为甚至被迫去死也往往比承受社会的鄙视和反击社会道德观念在道德上更轻易。正如战士冒死冲锋和在冲锋中牺牲往往并不是由于他们满怀着自我牺牲精神,而是因为身后有断绝退路的机枪,后退就定然要死"⑤。可以说,不仅在革

---

① [俄]索洛维约夫等:《俄罗斯思想》,贾泽林等译,浙江人民出版社2000年版,第307页。
② [俄]弗兰克:《俄国知识人与精神偶像》,徐凤林译,学林出版社1999年版,第94页。
③ 同上书,第91—92页。
④ 同上书,第92页。
⑤ 同上书,第120页。

命中,"一切企图以暴力形式实现某种绝对的社会精神理想的社会运动中,都发生了同样的悲剧,都魔鬼般地使善变成了恶"①。

那么,面对政治偶像的幻灭,是否应走向托尔斯泰的无政府主义道路呢?在弗兰克看来,托尔斯泰主义仍然会导致狂热的教派学说,会导致"出于善的愿望而纵容恶的悲惨结果"。源于对政治偶像的否定不同于对国家、强权、政治生活等原则的否定,"一切这种否定,即把否定上升为神圣原则,上升为绝对之善,也同样是一种偶像崇拜"②。无论是对政治偶像还是对社会制度完善的信仰与否,同样都不会使人类变善,都会导致与最终目的的背离。

面对着政治偶像的幻灭,面对着"任何关于这种状态之危险性和冒险性的论断都不能改变这一无法挽回的既成事实",人类的出路何在?在弗兰克看来,应采取的训诫是:"恺撒的归恺撒,上帝的归上帝!"源于对于生活于尘世中的人而言,国家、政权、强制等是必需的。但这些因素受多种条件的影响与限度,确实有自身的问题,因此"在任何一种具体制度中都没有绝对的善,也没有绝对的恶;这一切都不是终极的东西。不是赋予生命以意义、真理和拯救的信仰对象。谁知晓了这种'终极的东西',他才有了生活的最高目标,拥有了真正幸福,他也就会利用一切相对的生活手段"③。这也就是说,尘世的国家等观念仅具有相对性,仅是实现最终真理的手段,生活于尘世之中的人们要学会正确地区分目的与手段、绝对与相对之间的关系。生活于尘世中的人们,要明确真正的信仰、明确更高的生活意义与价值。唯有以最高价值、意义、目的为"悬设",才会有评价外在条件的标准,才知道什么是爱,什么是应承认和拒绝的,同时"这些条件对我来说不再是带来人的牺牲和失望的偶像,而是我服务于上帝的道路和工具"④。也正是在这一评价标准下,才会明晰到"不能为任何政治和社会制度而生活……不再相

---

① [俄]弗兰克:《俄国知识人与精神偶像》,徐凤林译,学林出版社1999年版,第92页。
② 同上书,第94页。
③ 同上书,第95页。
④ 同上书,第96页。

信可以在这种制度中找到绝对善和绝对真理,相反,我知道。所有在生命的外在方面、在国家、政治和社会制度中寻找这一真理的人……所有这些人都是带着善的愿望而创造了恶,为寻求真理而找到的是非真理"①。

再次,文化偶像的幻灭。在弗兰克看来,与受俄国革命影响所导致的革命偶像与政治偶像的毁灭不同,受世界大战和战后世界的社会—精神状况影响的"文化偶像"也走向了毁灭。② 在世界大战前那个"不可追回的'黄金'时代",无论是俄国的知识阶层还是普通民众,普遍相信欧洲文化会持续发展,信仰进步观念。人们普遍为与欧洲文化形成鲜明对照的俄国文化的落后而忧伤,尽管欧洲也呈现出小市民的庸俗习气、资产阶级偏见等,但人们仍"把欧洲的一切都看作是'文化'的象征:众多的学校、普遍识字、每一个工人和农民都读书看报关心政治、稳定的宪法制度、政权对公民权利的尊重、舒适的生活、便利的通讯、高水平的科学知识、广泛的公开性和自尊感、爱劳动和工业财富、井然有序的公共生活,等等"③。人们把欧洲视为世界文明的基础,理想社会的典范。甚至在"一战"爆发后,俄国知识阶层在感到"完全出乎意料"的同时,仍然认为这只是一次偶像事件,会很快过去。而当战争已成事实之时,"还被看作只是一个大的误解,一个不幸的偶然,是一小撮抱有军国主义情绪的德国统治者的犯罪意志的结果。谁还都不能相信这场战争的长期性、残酷性和破坏性;它没有被看作是欧洲之精神——社会状态的自然结果和表现,是标志着一个新时代的历史大事,而被看作文化正常发展的偶然片段、病态而短暂的间歇。当战争延续了几年,暴露出其毁灭的野性、手段的残酷性和战争双方的绝望与顽抗之后,对战争的态度开始稍有改变,于是战争每一方——包括俄国——开始认为,只要消灭敌人,彻底铲除战争根源,就能回到正常的文化生

---

① [俄]弗兰克:《俄国知识人与精神偶像》,徐凤林译,学林出版社1999年版,第96页。
② 关于世界大战对欧洲及整个世界的影响,茨威格在《昨日的世界》一书中也进行了大量的描写。
③ [俄]弗兰克:《俄国知识人与精神偶像》,徐凤林译,学林出版社1999年版,第98页。

活。这场战争被宣布为最后的战争,其目的在于消除一切战争、在国际关系中彻底确立和平的和真诚的民主法制"①。"一战"结束后,战争的恶不但没有消亡,而是以另一种形式延续,《凡尔赛和约》的签订,充分体现出战胜国对战败国的痛恨、无情剥削,想竭尽全力置战败国于死地。而战败国则在饱受从战争到和约的屈辱中,寻找着彻底的"复仇"。可以说在这场战争中,没有胜利者,人们看到的不再是充满着生机与活力气象的欧洲,而是充满着伪善、欺诈,民众贫弱、生灵涂炭的欧洲。

　　几个世纪以来,欧洲一直是俄国的"导师",而如今看到的却是文化信仰衰落的欧洲,看到的是"普遍的惊慌骚乱和腐化堕落之中,哪有多少赋予生命以精神意义和追求真正的精神复兴的特征!"② 俄国对欧洲"昔日的激情""痴狂的膜拜"之火熄灭了,"在灵魂中一去不复返地熄灭了。我们走在美丽的、舒适的、井井有条的欧洲都市的街道上,我们从前曾为此激动,现在却不明白,这里究竟有什么好:平坦的柏油广场,千篇一律的建筑平庸的高楼;鸣叫着奔驰的汽车,运载着游手好闲的贪图享乐者、贪婪的商人或操劳事务而精神空虚的'能干的人';在高楼内部是几十几百的小市民风格的房间,房间里人们象蚁群般地忙碌着"③。我们不再崇拜欧洲的普通民众在各个角落中安静地读书看报——以前我们认为这是他们文化水平高的体现;我们不再迷恋于议会大厅中政治家充满雄辩与激情的演说——这些讲话内容"无非就是不负责任地蛊惑人心,或者是冠冕堂皇地虚情假意地宣告某种谁也不相信的、永远不能实现的神圣原则,或者是用某种美妙的借口为某种恶作辩护,或者是表达自己处境的软弱无力和走投无路"④。尽管欧洲还有发达的科学技术,但这些技术在战争中的应用却呈现出巨大的甚至是对人类来说毁灭性的力量。尽管这种科学技术的发展、财富的积累、生活条

---

　　① [俄]弗兰克:《俄国知识人与精神偶像》,徐凤林译,学林出版社1999年版,第99页。
　　② 同上书,第101页。
　　③ 同上书,第102页。
　　④ 同上书,第102—103页。

件的改善，对人类来说是需要的，但"其中有没有某种西西弗斯推石头的绝望？这种对工商业发展的不可遏制的向往，会不会有一天通过战争而导致普遍的破产和贫困化？人类世代为积累财富和发展生产而劳作，视之为达到某种快乐和终极目的的手段，现在这种天真幼稚的信仰还可能再有吗？这种无止境的积累、把人变成物的奴隶、变成机器、电话和他自己活动的另外一切手段的奴隶，这实际上是人的幸福所需要的吗？"①

俄国知识阶层在对欧洲的审思与质疑中，在这种表面繁荣的背后，看到的是文化的衰落、精神的萎靡、道德的沦丧，看到的是欧洲文化、艺术、科学、道德等领域所呈现出的局限性。正基于此，使原本作为我们文化坐标的"欧洲信仰"不复存在，其表现为两点：一是使我们丧失了对进步观念的信仰，"认为进步是一个虚假的、模糊的、随意的概念。不论一般的人类，还是局部的欧洲人，都完全不是在不断地完善，不是在沿着平坦的笔直的大道坚定不移地走向真与善的实现。相反，人类迷失了被指定的道路，他们上升到了一个个高处，又一次次堕入深渊，每个时代都靠某种信仰生活，然后又发现这一信仰的虚伪性和片面性"②。我们发现无进步可言，没有一条只要沿着"进步"的方向走，人类最终就能找寻到意义、价值与救赎的途径，人类总是周而复始地重复着文明与野蛮的双重变奏。

二是作为人类成就之总体的"文化"概念的模糊化，以前我们将文化看成是完整的、严密的、协调的，看成是"包括科学、艺术、道德生活、智力教育和生活修养、天才的创造和人民大众的平均精神水平、法制关系和国家制度、经济和技术。现在这种虚假的整体在我们意识中瓦解了，我们看到了它的复杂性、矛盾性和不协调性。我们明白了，不能说有某种统一的值得崇拜的文化，文化既可以指但丁和莎士比亚的作品，也可以指消耗肥皂的数量或僵硬衣领的普及程度；既可以指爱人类的功勋，也可以指杀人武器的完善；既可以指创造性思想的力量，也可

---

① ［俄］弗兰克：《俄国知识人与精神偶像》，徐凤林译，学林出版社1999年版，第105页。
② 同上书，第107页。

以指厕所建造的舒适；既可以指人类的内在精神力量，也可以指动力机和无线电的功率。……我们也同样清楚地看到了精神生活的深刻和紧张与其外在结果的普遍流行之间、真正的修养和外在的学识之间、生活的内在道德基础和冠冕堂皇的口号或政治法律规范之间、精神文化和肉体文化之间的区别乃至对立。我们常常发现，在经济、技术和政治活动的强化发展的统治下，精神的积极性被削弱了，在物质财富和外在利益的统治下造成了人的内在空虚与贫乏、在生命的外在方式的严格理性化和智力发展的高水平上，生命的真正意义丧失了。我们看到了具有高雅的理性文化的民族在精神上的野蛮，在人道主义原则统治下的残酷无情，在外在纯洁和体面下的灵魂肮脏和丑陋，在外部强大后的内在软弱。我们从这个模糊不清的、分裂不整的、矛盾的、虚幻的文化概念回到更根本，更简单的生命及其永恒的精神需要与要求的概念"[1]。正是基于对欧洲文化信仰的幻灭，我们丧失了选择的坐标甚至对文化本身的信仰，"在这个意义上，对'文化'的信仰已经在我们灵魂中死亡了，而那些被作为文化的组成部分的、从前是无可争议的价值，现在至少是处在被重新考察和检验之中。文化偶像的魅力也像革命偶像和政治偶像的魅力一样，在我们灵魂中黯然失色了。我们在我们周围的一切社会生命和人的生命中再也找不到我们可以放心地站立其上的稳定的支点和坚实的土地。我们被悬在半空中或在云雾里，我们不能辨认，哪里是会吞没我们的惊涛骇浪，哪里是我们能够找到栖身之所的岸边。我们应当在自己身上寻找勇气和信念"[2]。

最后，"理想"和"道德理想主义"偶像的幻灭。在弗兰克看来，无论是革命偶像、政治偶像还是文化偶像的幻灭，这些因素更多地表现为社会信仰的毁灭。而与这些偶像的幻灭相比，更为深层的则是"道德理想主义"偶像的毁灭，"我们所承认的一切，还只是表面现象，远没有完全和足够深刻地表达我们内心所发的精神灾难的巨大性和根本性。这一灾难我们可以表述为'理想'或'道德理想主义'之偶像的毁灭；

---

[1] ［俄］弗兰克：《俄国知识人与精神偶像》，徐凤林译，学林出版社1999年版，第108—109页。

[2] 同上书，第109页。

这是一般道德思潮的根本转变,——就此而言,上述的一切都仿佛只是这一转变之外部根据和特征的前奏或序言"①。失去真正理想的现代人,依靠某种外在的、虚设的观念、原则、道德规范等生活,并将此称为理想,"对人的评价主要不是看他的直接的善良品质、才能、美德、友善,而是看其理想信念和对自己'理想'的忠诚。这种道德思潮的主要思想是,人只有当他为某种被抽象的原理服务、为此献出自己一生之时,他的生命才是正常的和有意义的。于是这一原理也就是善和人生的意义"②。这种"理想"或"道德理想主义"应当被理解为"对一定的、应当逐步实现的人类生活未来状态的信仰,同样也被理解为对具有绝对意义和要求经常遵守的一定秩序和原则的信仰"③。这也就是说,在弗兰克看来,"道德理想主义"包含着双重内涵:一是应将个人的力量奉献给社会理想、国家理想、文化理想等;二是与此同时应严格服从永远起作用的生活道德规范的约束。

但在弗兰克看来,我们已从时代所经历的大量社会事实及其理论推演中,看到了各种"理想"偶像的毁灭,我们已不再为僵死的、虚幻的甚至残酷的偶像所膜拜、牺牲。这种"道德理想主义"的毁灭的一般意义在于,"我们已经不相信作为自足的抽象原理的'善',它曾经具有神圣性和作为灵魂的最高统治者,并表现为我们必须遵守的规范和要求。用传统的哲学术语来表示,就是说,我们已经不相信'绝对道德律令'"。这种不相信主要源于,其一,抽象的道德理想和规范具有冷酷无情的强制权,强行统治着我们的灵魂。我们将这些道德"理想"和"规范"设为最高原则、最高本原、绝对真理,对此我们无权拒绝,而是必须服从。但这些所谓的原则、本原、真理只是哲学的抽象与现实的臆造,如果"抛开这一抽象理论转向直接实践,转向人的活生生的灵魂和精神经验,那么我们就会清楚地意识到,对道德规范之绝对无疑性、内在自主性的企求不仅没有减轻、反而加重了它们对我们灵魂的残

---

① [俄]弗兰克:《俄国知识人与精神偶像》,徐凤林译,学林出版社1999年版,第110页。
② 同上书,第110—111页。
③ 同上书,第111页。

酷无情的统治。因为现实的人都是有血有肉且躁动不安的人,既有善的激情,也有恶的欲望,且充满各种冲动和意见,因此谁也不可能拥有这样一种严格的、坚定的、纯洁无瑕的最高理性,这种理性按照康德的理论和流行的道德学说,应当自由自愿地把道德律置于我们之上。从活的心理经验观点来看,这种最高的纯粹的理性自我只是不符合任何现实的臆造"①。这些道德"理想"和"规范"用理性的、冷酷的、抽象的、臆想的"教条",来统治现实的人,使现实的人变成奴隶,甚至成为道德偶像的牺牲品。然而,人是个体化、复杂化、多样化的,一切抽象的道德真理都是空洞的、虚假的,真正的"道德真理永远只能是具体的,不能纳入任何一般原则、规范和理想。……从逻辑上推出作为普遍行为规范的道德理想之内容的一切哲学尝试,都完全是无希望的,至今都毫无结果,也不会有结果。'义务道德'的伦理学在理论上是悬在空中的;在这个意义上伦理学绝不是科学——它只是专横指令的法典"②。

其二,生活道德规范的结构中具有内在的虚伪性与错误性,"一切道德原则或道德理想,无论它如何表现,如果它只是抽象理性的形式,那么就是把生活和利益的某种局部内容抬高到全部活的生命的最高统治者的地位"③,"对生命所进行的这种抽象的道德限定,其注定的、必然的后果是道德的伪善"④。这种伪善导致了生活在深层的分裂,分裂为正式的、公开的与私人的、内在的,光明的、宁静的与阴暗的、痛苦的。同时,也导致了人沉醉于虚假的伪善之中,从而自我迷恋、无法自拔。

其三,在献身"理想"和"原则"的"道德理想主义"幻象中,弗兰克指出有一种"坏的"辩证法在起作用,即"一切在道德愿望和追求上是明显的善的东西,在变为现实之后则成为恶。道德理想一旦从抽象的模糊的高处降到地上,实现于生活之中,在日常生活的现实条件

---

① [俄]弗兰克:《俄国知识人与精神偶像》,徐凤林译,学林出版社 1999 年版,第 113 页。

② 同上书,第 121 页。

③ 同上书,第 122 页。

④ 同上书,第 123 页。

下发挥作用，就会出人意料地成为不是使生活纯洁、高尚和幸福的力量，而是压迫和破坏生活的力量"①。在他看来，一切抽象的"理想"都会呈现出这一悖论，即"道德理想在抨击人的恶习和存在的不完善方面总是绝对正确的；它以其为最高原则的苦行精神和对实现善的理想的忠诚而具有魅力。但是，当道德理想的宣告者从幻想者、揭露者和追求真理的战士变成这一真理的实现者、现实的支配者和生活的统治者之时，他们就会唤起一种对恶的恨，而不顾具体—复杂的生命需要，不顾人的需要的多样性和人的本性的弱点。他们对某一理想的信念愈热烈，这一理想的威信愈牢固，他们对生活的残害和破坏就愈盲目和残酷。因为对恶的恨变成了对不能挤入'理想'框框的一切活的生命的恨。然而一般说来，无论现实的生命如何不完善，它由人的不完善的、有缺点的愿望自发形成，但是它毕竟较之一切抽象的生命理想更有无限巨大的优越性，它毕竟已是实际形成的、有机长成的、适合于人的实在本质和表现这一本质的东西，而理想则仅仅是应有的东西、被指令实现的东西，在生命本身之中没有现实根据，为此现实的生命不该遭到破坏和摧残"②。在弗兰克看来，"道德理想主义"的辩证法体现了一切抽象"理想主义"的命运，其都会走向反面，都会走向恶。当然，这种恶的程度不同，其在很大程度上取决于"道德理想的严整性、抽象的精确性的程度，因而可以说取决于道德理想之狭隘性、理想性的程度，亦即它的原则性和反现实性"③。

总之，以弗兰克等为代表的俄国哲学家通过对多重偶像幻灭的体认，从深层感知到了时代性危机。他指出当下处于极富悲剧性色彩的危机状态，一方面表现为世界的动荡与不稳定性，"世界大战结束后，人类似乎进入了充满动荡、政变、风起云涌的历史运动的时代，无论是国际政治还是国内政治都不再似以往那么稳定，许多老牌的国家瓦解了，一些尚不稳固、目标不明的新兴国家崛起；新的国家生活形式代替了旧

---

① ［俄］弗兰克：《俄国知识人与精神偶像》，徐凤林译，学林出版社1999年版，第124页。
② 同上书，第124—125页。
③ 同上书，第126页。

的国家生活形式，一切固有的日常生活基础摇摇欲坠，政治生活分崩离析，满目混乱无序，风雨飘摇"①。另一方面则源于信仰的缺失，"不仅旧的生活基础，而且所有旧的思想和信念都受到动摇，却没有一种新的思想可以取而代之去激励人类，树立起人类对自己的信仰"②。时代性危机，特别是由此偶像幻灭所导致的精神危机、信仰危机、文化危机，使人们对人道主义、自由平等、永恒人权、人间天国等根深蒂固的信仰也随之丧失。

　　面对被历史的激流奔腾着、咆哮着、裹挟着的人们，面对充满着怀疑、冷漠、失望的时代，面对以往的信仰已遭到彻底的批判，而新的信仰还没有生成这一历史困境。弗兰克等指出，真正的信仰是在精神偶像破灭之后才建构起来的，认为唯有找寻到真正的信仰才能予以克服。源于历史是由精神、由信仰所创造的。在人类不断走向泥潭深处、危机不断加重的状态下，"最重要的并不是关心目前的需求，甚至也不是历史的自我认识，最重要的、第一位的、必需的是以思想与意志的力量去解除使人颓废的怀疑主义的魔力，把注意力集中到社会与人的永恒本质上去，通过认识其本质，确立一种积极向上的信仰，领悟人的社会生活的目的及任务。我们应该重新深刻地认识什么才真正是源于人与社会本质的、人类生活永恒牢固的基础，努力挖掘并理解其中最主要的、最普遍的基础"③。这也就是说，我们唯有深入生活的本质而非表层，深入永恒，以此找寻到精神与信仰危机的深层根源，才能最终予以克服。人类的出路最重要的不是建立一种历史的自我认识，也不是关心目前的需求，而应是寻求某种宗教的、内在的信仰，以最终解决与人的生存息息相关的意义、价值问题。

二　虚无主义的肆意盛行

　　自19世纪以来，虚无主义作为一股强大的思潮席卷整个欧洲。从

---

　　①　[俄]弗兰克：《社会的精神基础》，王永译，生活·读书·新知三联书店2003年版，第5页。
　　②　同上书，第6页。
　　③　同上。

词源学上说，虚无主义这个词最早来源于拉丁语的"nihil"，是"什么都没有"之意。19世纪初它作为哲学概念首次在德国哲学家弗里德里希·海因里希·雅各比《给费希特的信》中使用，用以批驳以康德为代表的理性主义哲学。雅各比认为一切理性主义最终都将归于无信仰的虚无主义，因而应力图避免虚无主义回归到某种信仰。而虚无主义作为一个流行概念，则始于屠格涅夫，文学批评家尼·斯特拉霍夫曾说："在屠格涅夫小说之中，'虚无主义者'一词获得了最大的成功。它在被它所指思潮的反对者及拥护者中得到了无条件地接受。"①

在西欧思想家的视野中，以尼采和海德格尔对虚无主义的诊断最为典型。尼采指出虚无主义的产生始于对基督教原有信仰的破灭，虚无主义认为一切的事件都是毫无目的、真理和价值的，一切的事件"都是毫无意义和徒然的"②。尼采清楚地意识到自己所处的时代是一个进入虚无主义的时代，预言虚无主义将是"今后两个世纪的历史"③。由此，尼采指出："一个教条出现了，一个信仰随之流行：'一切都是虚空，一切都相同，一切都曾经有过。'"④ 正是基于此，尼采基于权力意志和"重估一切价值"，从而力图克服虚无主义。而海德格尔则同样对虚无主义有着经典的论述，他指出："'虚无主义'一词经屠格涅夫而流行开来，成为一个表示如下观点的名称，即：唯有在我们的感官感知中可获得的，亦即被我们亲身经验到的存在者，才是现实的和存在着的，此外一切皆虚无。因此，这种观点否定了所有建立在传统、权威以及其他任何特定的有效价值基础上的东西。"⑤ 虚无主义是那样一种贬黜最高价值、丧失终极意义的过程，在虚无主义之中"占据统治地位的'超感性领域'失效了，变得空无所有，以至于存在者本身丧失了价值和意

---

① Страхов Н. Н. Из истории литературного нигилизма, 1861 – 1865, СПб, 1890, С. 137.
② [德] 尼采：《权力意志》，孙周兴译，商务印书馆2007年版，第719页。
③ 同上书，第732页。
④ [德] 尼采：《查拉图斯特拉如是说》，钱春绮译，生活·读书·新知三联书店2007年版，第152页。
⑤ [德] 海德格尔：《尼采》，孙周兴译，商务印书馆2003年版，第669—670页。

义"①。海德格尔认为虚无主义的最终根源则是对存在的遗忘，而只有通过追思"本真"的存在，通过作为真理的"存在"的涌现才能最终克服虚无主义的侵袭。

在对俄国虚无主义生成时间的理解上，以别尔嘉耶夫等为代表的白银时代哲学家认为与西欧的虚无主义形成时间相比，俄国的虚无主义出现是相对较晚的事情，其兴起于19世纪50年代末60年代初。在白银时代哲学家看来，在普希金、莱蒙托夫、屠格涅夫、巴扎罗夫、杜勃罗留波夫、车尔尼雪夫斯基、陀思妥耶夫斯基的作品中都存在着对大量俄国虚无主义者的描写，《父与子》中的巴扎罗夫、《罪与罚》中的拉斯科里尼科夫则是虚无主义形象的典型。俄国的虚无主义虽在本质上也对意义、价值等持一种否定的态度，但与西欧大陆那种彻底的、旗帜鲜明的反理性主义与信仰主义的虚无主义相比，却有着本质的差别。俄国的虚无主义是其历史进程中特有的产物，它是"俄国思想启蒙运动的一个新阶段，其思想基础是唯物主义、理性主义和实证主义"②。最初，虚无主义在俄国是作为一种进步力量而出现的，它否定当时的农奴制度，否定作为沙皇专制制度政治原则的"东正教、专制制度和人民性"③。它力图通过对原有沙皇专制制度统治基础的否定、怀疑与批判，从而颠覆旧有社会形态。

在对虚无主义产生机制的分析上，以白银时代哲学为代表的俄罗斯哲学家认为俄国的虚无主义是由多重原因生成的。首先，与俄国的落后相关。面对着旧俄国的腐朽与落后，具有极强的实践情怀与罪感意识的俄国知识分子认为自身在民众面前是有罪的，认为自身有责任和义务来拯救民族。因而，他们为了拯救民众、为了摆脱旧俄国落后的面貌，力图通过"否定过去、否定历史、否定传统，荒唐地要到荒无人烟之地去建设一种纯洁的乌托邦"④。也就是说，这种实践怀疑与罪感意识在很

---

① [德]海德格尔：《尼采》，孙周兴译，商务印书馆2003年版，第671页。
② 朱建刚：《尼·斯特拉霍夫与俄国反虚无主义》，《俄罗斯文艺》2010年第3期。
③ 这一政治原则是由国民教育大臣乌瓦罗夫1833年归纳出来的，他认为东正教、专制制度和人民性是沙皇统治的根基。
④ [苏]赫克：《俄国革命前后的宗教》，高骅等译，学林出版社1999年版，第81页。

大程度上导致了他们对传统、历史等的否定，从而走向虚无主义。其次，源于对西欧文明的检省。他们既看到了西方启蒙所取得的成就，又看到了这种启蒙吊诡般地使文明走向了自身的反面，并为"现代文明在精神和文化上完全破产痛感绝望"①。面对着这种奇异的吊诡，使他们一再地陷入到"俄罗斯向何处去"的历史谜题中无法自拔，从而走向虚无主义。

在对俄国虚无主义理论特性的理解上，他们认为虚无主义是俄罗斯特有的现象，它是"俄罗斯启蒙运动的激进形式。这是俄罗斯精神和俄罗斯意识发展的辩证因素"②。之所以说虚无主义是俄国特有的现象，一方面，源于虚无主义是在东正教的特殊土壤中铸造出来的，它是"东正教教徒的禁欲主义的外向，即没有神感的禁欲主义。当理解它的纯洁性和深度时，俄国虚无主义的基础源于东正教所排斥的世界。它的真正意义是：'全世界都躺在那恶人手上'，它承认一切财富与奢侈的罪恶性，承认一切艺术与思想中创造物的罪恶性。……虚无主义视为罪恶的奢侈物，不仅艺术、形而上学和精神价值，还有宗教。它的全部力重，都要提供为解放地上的人；使劳动人民由他们的过分痛苦中解放出来；建立幸福生活的条件；毁灭迷信及成见；消灭因袭标准与浮夸的观念；这些都是奴役人及危害他的幸福"③。另一方面，源于虚无主义在俄国最初是作为一种进步的解放力量，其通过对不合理因素的否定来祛除愚昧的传统与获得个体的自由。这种虚无主义并不是消极意义上的无信仰主义，而是为了在怀疑中更为真切地寻求信仰，"虚无主义并不是文化怀疑论者，他们是有信仰的人们。这是一种有信仰的年轻的运动。如果虚无主义者反对道德，那么他们这样做是为了善。他们揭露了理念原则的虚伪的欺骗"④。由此可见，俄国的虚无主义与西欧虽有相同之处，但他们的差异也同样是明显的。也正是在这一意义上，陀思妥耶夫斯基

---

① ［苏］赫克：《俄国革命前后的宗教》，高骅、杨缤译，学林出版社1999年版，第150页。

② Бердяев Н. А. Русская идея. Москва: ООО «Издательство АСТ», 2004, С. 147.

③ Бердяев Н. А. Истоки и смысл русского коммунизма. Москва: ЗАО «Сварог и К», 1997, С. 281.

④ Бердяев Н. А. Русская идея. Москва: ООО «Издательство АСТ», 2004, С. 145.

和别尔嘉耶夫说俄罗斯人几乎"都是虚无主义者",而弗兰克则指出虚无主义是俄罗斯精神生活的"长期病态"。由此可见,虚无主义对俄罗斯精神生活领域的侵蚀之广、影响之深。

可以说,俄罗斯众多哲学家都对虚无主义的肆虐表达了深层的担忧与焦虑,他们使用了"未来小人的胜利""庸俗习气的胜利"等称谓,力图指出这是一个通过平庸对崇高的消解而导致庸俗习气的弥散,导致精神性危机的时代。他们看到,在这种庸俗习气的侵蚀下,不仅俄罗斯,甚至作为榜样的欧洲同样面临着日益丧失信仰与崇高的危险。在一个充斥着庸俗习气的时代,人们只关注物质、欲望、当下,而遗忘了精神、崇高与远方。这种庸俗习气将不可避免地威胁日常世界,在此中发生的是"彻底地堕落到低级平庸之中,在这里不但不再有对高尚世界的忧郁和在先验世界面前的神圣敬畏,甚至不再有恐惧。高山从地平线上彻底消失,只剩下无限的平原"[①]。受庸俗习气浸染的人,犹如海德格尔所指谓的毫无个性、精神性的常人,又如阿伦特意义上的"平庸之恶"之徒,最终将导向对人之本质的摧毁。果戈理、陀思妥耶夫斯基、托尔斯泰等作家的作品,都对这种具有庸俗习气的小人之特征进行过生动的刻画。庸俗习气的小人有着共同的特征:庸俗、现实、虚无、沉闷、无灵魂、无个性、无信仰等具体镜像。拥有庸俗习气的小人之可怕之处在于,一方面,这一面孔是我们所最为熟识的、常见的、"人的、太人的"面孔,而非遥不可及的。这一面孔就隐匿于我们周遭的生活之中,是在任何时间、地点、环境、民族中都可"观察到的'人的永恒的鄙俗',无条件的、永恒的和全世界的恶的现象,永恒状态的鄙俗"[②]。另一方面,拥有庸俗习气特质的人甚至是魔鬼,魔鬼的可怕之处在于善于伪装自己、善于以谎言代替真理,甚至伪装成一切方面都与基督相似的救世主。在这种伪装之下,魔鬼总是能够显得"非其所是","时而是反抗圣父和圣灵的圣子——肉体,时而是反抗圣子——肉体的圣父和圣灵;是造物,却显得是造物主;是黑暗,却显得是朝霞;

---

① [俄]别尔嘉耶夫:《论人的使命》,张百春译,上海人民出版社2007年版,第181页。
② [俄]梅列日科夫斯基:《果戈理与鬼》,耿海英译,华夏出版社2013年版,第3页。

是因循守旧的,却显得是自由开放的;是可笑的,却显得是嘲笑者"①。

三 资本主义社会的深层危机

从某种程度上说,对现代西方文明的反思与批判构成了 20 世纪诸多思想家的重要理论主题。特别是在人类经历了两次灾难深重的世界大战后,众多思想家都从不同角度对现代西方文明进行了深度的反思与批判。例如,西美尔指出现代西方文明危机的实质源于核心价值观念的丧失,韦伯则指出现代西方文明将可能导致一个"专家没有灵魂,纵欲者没有心肝"的牢笼时代的来临。与此同时,以别尔嘉耶夫、弗兰克等为代表的俄罗斯哲学家,同样对现代西方文明进行了深度的反思与批判。而在对以资本主义为代表的现代西方文明批判中,其从现代西方文明建构的社会根基、载体等角度进行了深入批判。

俄罗斯哲学家在对现代西方文明的批判过程中,直指现代西方文明建构的社会根基。在他们看来,社会产生的基础是神话与象征,并由此将社会划分为三种类型:以类与血缘为特征的"有机共同体",以机械和原子为特征的"机械共同体",以自由与精神为特征的"精神的共同体"。他们认为现代西方文明建立的社会基础是以机械性与原子性为特征的机械共同体,这一社会共同体强调的是机械的、整体的、普遍的原则,其缺乏神圣的、精神性的维度。在这一社会建构基础的支配下,人们像蚂蚁一样生活在千篇一律的建筑、呼啸奔驰的汽车、封闭狭小的楼阁之中,但问题在于"人不是蚂蚁,人的社会性也不是蚂蚁窝"②。而且在白银时代哲学家看来,社会生活不仅仅是一种物质生活,其在本质上是"一种精神生活,具有某种'界'的外部客观存在的性质,这种'界'类似物质世界存在于我们周围,并对我们强制性地施加影响,同时,这种强制性在我们的意识中不单单是我们对其他人的主观心理力量

---

① [俄]梅列日科夫斯基:《果戈理与鬼》,耿海英译,华夏出版社 2013 年版,第 4 页。
② [俄]别尔嘉耶夫:《俄罗斯的命运》,汪剑钊译,云南人民出版社 1999 年版,第 124 页。

的依赖性，而正是客观的、超心理的、超人的实在的作用"①。由此，他们从其特有的东正教视域出发，认为真正的社会根基应建立在精神的共同体基础之上；否则人类社会的命运将是悲剧性的。作为一种精神的共同体社会，其是物质与精神、尘世与神圣的完整统一。

俄罗斯哲学家不但对现代西方文明建构的社会根基进行了批判，而且还对现代西方文明的社会运行机制进行了批判。他们认为在现代西方文明强劲崛起的背后包含着大量的毒素与谎言，而最大的毒素与谎言就是对社会进步观念的片面信仰。现代西方文明给人类一个虚假的乌托邦承诺，认为通过当下的"合理"异化与牺牲就能通达理想的王国。在白银时代哲学家看来，西方文明所持的这种进步观念可追溯到犹太教的弥赛亚学说与基督教的千禧年观念，只不过自近代以来随着理性化的进程日益排除了其中的宗教维度。这种进步观念"把人类的每一代、每一个人，把历史的每一时代，转变为实现最终目的的一种手段和工具，这就是未来人类的完善、强大和幸福——对此，我们当中谁都不会有份。……这一学说显而易见地有意断言，对于无穷无尽的人类时代，对于无限系列的时间和时代，存在着的只有死亡和坟墓。他们曾经生活在不完善的痛苦的充满矛盾的状态中，而只有在历史生活的某个顶峰，才会最终在以往世世代代人们的腐朽骸骨上出现一代幸运者，他们将登上历史生活的顶峰，获得最充实的生活，最高的幸福和完善"②。他们指出，这种虚假的乌托邦承诺假定"在尘世的暂时的历史生活的相对条件下，人类生活的绝对状态会要来到"③。由此，他们指出这种宏大叙事式的进步观念与虚假乌托邦承诺是用鲜血浇灌而成的，是建立在祖先的坟墓基础之上的。在这种观念与承诺的背后，人只是作为一种手段并非最终目的而存在的。他们对于康德的实践学说是高度认同的，认为永远不能把人当成手段，人是目的而不是手段。他们认为，如果将人只是作为手段而存在，那么将永远不可能获得最终的解放，有的只是奴役与

---

① [俄]弗兰克：《社会的精神基础》，王永译，生活·读书·新知三联书店2003年版，第108—109页。
② [俄]别尔嘉耶夫：《历史的意义》，张雅平译，学林出版社2002年版，第152页。
③ 同上书，第155页。

压迫。

对资本逻辑的批判,不仅构成了马克思及马克思主义者的主题,同样也是20世纪以来思想家们的重要主题。从西美尔的《货币哲学》到阿尔都塞的《读〈资本论〉》,再到托马斯·皮凯蒂的《21世纪资本论》,可以说对资本逻辑的研究与批判经久不衰。在这种研究与批判中,从不同维度共同指认了资本所具有的魔法性力量,指出资本对人之操纵的日益深层化、隐藏化。俄罗斯哲学家同样指出现代社会危机的重要表现即在于资本逻辑的肆虐,在于对非人格的、无色彩的"资本"的过度膜拜。资本通过充当一般等价物,通过自身的可计算化、量化特征,成了衡量一切的价值、标准、尺度的公分母。资本在提供了这种表面的平等后,挖空与夷平了事物所应有的核心、价值、特性。同时,基于资本的流动性、拆离性等特征,使人很难获得安全感,进而造成一种令人沉闷的、十足的现代性感受,"生活的核心和意义总是一再从我们手边滑落;我们越来越少获得确定无疑的满足,所有的操劳最终毫无价值可言"①。资本导致了现代生活的异化,甚至成了"我们时代的世俗之神",成了不受任何"条件限制的目标"。由资本所构成的金钱王国是最为可怕、虚幻和令人生厌的,在此中有的只是对人的可怕的统治,人的实质及其个性都丧失了。在此需强调的是,白银时代哲学家并非一般意义上的反对资本,而是反对将其从手段变成目的。源于资本仅仅是通向最终目的的手段、桥梁,而人是无法栖居于桥上的。与此同时,他们还对作为资本载体的资本主义社会进行了深刻批判。

与此同时,俄罗斯哲学家还对现代西方文明的社会载体进行了批判。他们认为,现代西方文明就其属性而言是资本主义的,其载体是资产阶级。他们指出支配资本主义社会制度的逻辑是资本的逻辑,而作为资本主义社会代表的资产阶级则是奴隶的象征,他们是财产和金钱的奴隶、是社会舆论、社会地位、社会生活的奴隶,也是奴隶的奴隶,连同他们所建立的王国也一并是受虚假的物所支配的奴隶的王

---

① [德]西美尔:《金钱、性别、现代生活风格》,顾仁明译,学林出版社2000年版,第9页。

国。在白银时代哲学家看来,资产阶级所建立的王国是奴隶人的、虚假的金钱王国,这个王国"瓦解真正现实的世界。资产者建立的是金钱王国,这个王国是最虚假的,最不现实的,在自己的非现实性方面是最令人厌恶的。在这个金钱王国里一切现实的实质都消失了,但是这个金钱王国拥有可怕的强力,对人的生活的可怕的统治力量;它能扶持和推翻政府,发动战争,奴役工人群众,导致失业和贫困,使在这个王国里走运的人的生活成为越来越虚幻的。……金钱的王国是无个性的极限,它也使财产自身成为虚幻的"[1]。在这个金钱的王国里,没有独立的个体,有的只是数字、账本、纸币、黄金,在这里人们"已经搞不清楚,谁是所有者,是对什么的所有者。人越来越从现实的王国转向虚幻的王国"[2]。俄罗斯哲学家看到了资本主义社会给人所带来的剥削、压迫与耻辱,他们同马克思一样,认为应埋葬资本主义制度。但在俄罗斯哲学家看来,这种埋葬并不仅仅是一场简单的社会斗争,更是一种深层次的精神斗争。在俄罗斯哲学家看来,资本主义及其社会制度可以被简单地消灭和克服,但作为资本主义形象代言者的资产阶级则是具有永恒性的,资产阶级作为"这个世界上的永恒形象,它不一定非与某种制度相关,尽管在资本主义制度里它能获得自己最清楚的表现和最出色的胜利。无产者和资产者是相关的,一个可以变成另一个。……要使无产者自己不成为资产者,不应该有社会上的对立,只需要精神上的对抗。反对资产阶级王国的革命是精神革命"[3]。这也就是说,资本主义制度连同资产阶级的存在不仅是社会结构问题,而且是心理结构与精神结构问题。因而,他们的消灭不能仅仅通过对制度本身的消灭而一劳永逸,更为根本的则在于精神领域的革命。只有实现精神领域的革命和对新人的塑造,才能最终彻底地消灭资本主义制度及其资产者。

总之,俄国哲学家特别是作为其杰出代表的白银时代哲学家,从

---

① [俄]别尔嘉耶夫:《论人的奴役与自由》,张百春译,中国城市出版社2002年版,第218页。
② 同上书,第220页。
③ 同上书,第215—216页。

社会根基、进步观念、社会载体等角度对现代西方文明进行了深入的批判。他们指出在现代西方文明表面繁荣的背后，包括着毒素与谎言，包含着对人的压迫、诱惑与奴役。在现代西方文明的操控下，人将最终成为海德格尔所批判的，非本真性存在的，具有服从、平凡、迁就、公众性、不负责任、适应感等特征的"常人"。常人到处在场，但却常常是非存在、无此人，"凡在此在挺身出来决断之处，常人却也总已经溜走了"①。不但如此，他们还认为依托现代西方文明所建构的文化具有虚假性、欺骗性与操纵性等特征，其已丧失了文化本应具有的超越性、批判性与否定性功能。由此，他们坚定地指出，现代西方文明所欲幻想的"巴比伦文明之塔将不会建成。我们从世界大战中看到，欧洲文明衰落，工业体系崩溃，'资产阶级'世界赖以生存的幻影分崩离析。历史命运悲剧性的辩证法就是如此。文化摆脱不了这种辩证法，文明也同样摆脱不了这种辩证法"②。

此外，俄罗斯哲学家还从现代都市生活、社会组织模式、哲学的犬儒化、空间交往、个体生存境遇等宏观、微观视域对现代社会所面临的多重危机表现形式进行了分析。通过对这种分析力图指出，现代社会所面临的危机已呈现出全面化、深层化趋势，整个人类社会已处于前所未有的异化状态。

第二节 现代性危机的理论实质

可以说思想家在对现代性所导致的弊端的指认上达到了空前的一致，都看到了现代性在带来诸多恩泽、便利的同时，也使人类付出了惨重的代价并伴随着"难以下咽的苦果"。那么是什么原因导致了现代性危机？针对现代性危机，人类的出路何在？在对现代性危机根源的探索上，以西美尔、福柯等为代表的西方哲学家都进行了深入的探索。如西美尔从主客体文化间的尖锐冲突与对立、韦伯从理性的片面发展、福柯

---

① [德] 海德格尔：《存在与时间》，陈嘉映等译，生活·读书·新知三联书店1999年版，第148页。
② [俄] 别尔嘉耶夫：《历史的意义》，张雅平译，学林出版社2002年版，第179页。

从微观权力进行了研究，鲍曼则强调现代性本身就包含着必然的矛盾性，等等。俄罗斯哲学家则从传统宗教、技术理性、进步观等角度，探索了导致现代性危机的理论实质。

一 技术理性的统治

技术理性批判构成了20世纪文化批判理论的重要主题，西方诸多思想家都从不同角度涉及了这一理论主题。就整体而言，技术理性主义是指在"近现代科学技术呈加速度发展的背景下产生的一种新的理性主义思潮。它立根于科学技术发展的无限潜力和无限解决问题的能力之上，其核心是科学技术万能论。……它相信：人可以通过理性和科学而把握宇宙的理性结构，并且可以通过日益改善的技术手段去征服自然和控制自然。随着科学技术的不断发展，人对自然的控制力可以与日俱增，人可以凭借自身的力量去完成那些此前人们相信只有依靠上帝的超自然的力图才能成就之事；人可以通过对自然的统治和自身力量的增强而达到完善，并且解决迄今为止人所面临的一切问题。因此，上帝的天国不再是彼岸的事情，而是尘世中可能的存在，人有可能在此岸建立起上帝的天国"①。技术理性主义者持一种乐观主义的历史观，他们相信理性是人的本质力量的确证，相信理性万能、理性至上，相信理性可以解决一切问题。但人们发现随着以理性主义为核心价值观念的科学技术的发展，技术并没有解决所有的问题和实现人类的解放，反而甚至成为控制人、奴役人的一种新方式。技术理性的全面统治使人丧失了原有的否定性与超越性精神，人甚至成了马尔库塞所论及的单向度的人，成了发达资本主义社会的认同性力量。而以别尔嘉耶夫等为代表的白银时代哲学家在20世纪初叶同样看到了这一点，并对技术理性展开了深入的反思与批判。

在对技术理性的批判过程中，以白银时代哲学为代表的俄罗斯哲学家，同20世纪诸多思想家一样，看到了科学技术的进步对人类的生活所带来的重大改变，指出"技术的不可思议的力量使人类的整个生活革

---

① 衣俊卿等：《20世纪的新马克思主义》，中央编译出版社2001年版，第230—231页。

命化了"①。科学技术的进步是与资本主义工业化进程密切相关的,这种进步意味着"大地时代的结束",意味着人依托理性而逐步摆脱了自然对人的束缚,并不断获得了对自然的先在性权力。但与此同时,科学技术的进步也使人类面临着新的现实和新的难题,"人所涉及的已经不是上帝创造的自然界,而是由人和文明建立的新现实,是自然界所没有的机器和技术的现实"②。如果说以往人们对科学技术持一种乐观主义的态度,人们相信科学技术的力量,相信依托科学技术的进步能够解决人类所面临的一切问题,并且使人类获得最终的解放。但第二次世界大战的发生却预示着这种乐观主义的终结,并使人们看到了科学技术所具有的巨大毁灭性力量。因而,科学技术在成为这个时代重大特征的同时,也成为关涉到"人的命运和文化的命运问题"③。

在白银时代哲学家看来,正是由于理性的片面发展,导致"理性已不是抽象的理性,而是实用的理性"④。在这里所说的"实用的理性",即指理性片面地发展成了技术理性,技术理性变成了一种宰治性力量。由于理性的片面发展,作为技术理性的理性在改变人类生活的同时,也使人类的生活"变得越来越技术化。机器给人的精神和人类生活的各个方面打下了烙印。文化以非自然的机器为基础,文明首先是技术化的。在文明中,技术战胜精神,战胜有机体。在文明中,思维本身越来越带有技术性,任何创造、任何艺术都带有越来越多的技术特点。……在文明中,专业化本原占上风,这里没有文化倡导的精神价值。所有的人都正在变成具有专门知识的人,所有的人都必须具有专门知识"⑤。以机器大工业为代表的技术理性的片面发展,不仅改变了人的生活方式与生活节奏,而且改变了人与自然的关系,"机器摆在了人和自然界之间。机器不仅在外表上使自然屈服于人,而且也征服人本身。机器不仅在某些方面解放人,而且按新方式奴役人。如果说人从前依附于自然界,人

---

① [俄]别尔嘉耶夫:《精神王国与恺撒王国》,安启念等译,浙江人民出版社2000年版,第26页。
② 同上书,第28页。
③ [俄]别尔嘉耶夫:《人和机器》,张百春译,《世界哲学》2002年第6期,第45页。
④ [俄]别尔嘉耶夫:《历史的意义》,张雅平译,学林出版社2002年版,第175页。
⑤ 同上书,第176页。

的生活因之贫乏,那么,机器的发明以及随之而来的生活机械化,一面使人发财致富,一面造成新的依附和奴役,这种奴役较之人从对自然界的直接依附所感觉到的那种奴役要厉害得多"①。不但如此,技术理性的片面发展与操纵模式最终导致了人自身的荒谬化,"人被抛入到荒谬的世界中这一事实,在海德格尔的哲学和卡夫卡的小说中得到反映。他们的作品,以前所未有的尖锐性提出了人的问题以及人对新的宗教人类学和哲学人类学的需要。生活的技术化同时也是它的非人道化"②。在技术理性获得了魔法般胜利的同时,技术理性并没实现人类的预期目标,反而遮盖了生命的本质,进而使真正的文化精神衰退并丧失。技术理性的进步所带来的并不是解放与天堂,而是意味着荒谬性的增长,意味着对人道主义与乐观主义精神的否定。

不但如此,白银时代哲学家还同卢卡奇等思想家一道指出了技术理性片面化发展的深层危害。我们知道,以卢卡奇、霍克海默、阿多诺、马尔库塞等为代表的西方马克思主义思想家不但指出了在技术理性的操纵下,人成为一种可计算化、抽象化、符号化的存在,而且还进一步指出这种操纵已渗透到人的"灵魂"之中,"甚至他的心理特征也同他的整个人格相分离,同这种人格相对立地被客体化"③。在资本主义社会,技术已丧失了原有的解放与进步功能,而成为一种有效的、隐藏的统治性意识形态。技术理性实现了从社会到个体,从肉体到心灵的全面统治。而白银时代哲学家也同样指出了技术理性对人的统治的深层化,指出"技术在人类社会生活中不断增长的统治是对人的生存的越来越严重的客体化,它伤害人的灵魂,压迫人的生命。人越来越被向外抛,越来越外化,越来越丧失自己的精神中心和完整性。人的生命不再是有机的,而是成为组织的、被理性化和机械化了。人将脱离适合自然生命的节奏,越来越远离自然界,其情感的心灵生活将受到损害。技术进步的

---

① [俄]别尔嘉耶夫:《历史的意义》,张雅平译,学林出版社2002年版,第121页。
② [俄]别尔嘉耶夫:《精神王国与恺撒王国》,安启念等译,浙江人民出版社2000年版,第30页。
③ [匈牙利]卢卡奇:《历史与阶级意识》,杜章智等译,商务印书馆1992年版,第149页。

辩证法在于，机器是人的造物，而它又指向反对人，机器是精神的产物，它却奴役精神。……在文明的顶峰，技术的作用将成为主导的，技术将支配人类的全部生活"①。技术理性的片面发展将"把机器的形象和样式加在人的身上"②，将弱化人、奴役人，将使人的生活机械化。不但如此，由于技术理性的片面发展，将会使人的机体的速度无法适应与追赶上机器的速度，从而导致"任何一个瞬间都没有自身的价值，它只是下一个瞬间的工具。……人的精神的能动性被削弱了。人被从功利主义的角度加以评价，按他的生产能力加以评价。这是人的本质的异化和人的毁灭"③。而这一切将最终导致人自身的分裂与崩溃，导致人的完整形象的瓦解。

由此可见，特别是以白银时代哲学为代表的俄罗斯哲学家，一方面他们看到了技术理性所带来的积极作用，及其对人生活方式的深刻的、革命性的变革。正如舍斯托夫指出的那样，技术理性的发展确实取得了令人吃惊的成绩，当它"怀着理所当然的骄傲和自豪环顾自己所取得的巨大成就时，它完全有权断定，任何人也无力阻挡它那无往而不胜的前进步伐"④。但在技术理性使人类社会的物质生活变得不断丰裕，使人从繁重的体力劳动中日益解放出来的同时，负面效应也在不断加剧。技术理性本来是人的发明，但其辩证法的诡异之处在于，反过来奴役人、压迫人。这种负面效应不但表现在技术理性导致人机体的退化上，还表现在机器化大生产中人的肉体与精神成长的速度无法适应机器的速度上。在技术理性的高速发展下，每一过程都变成瞬间，人不再感知到自身存在的意义与价值。而且伴随着这种速度的高速碾压，人之精神的能动性、完整性被削弱了，人逐步丧失了"该有的主动性，内在变得消

---

① ［俄］别尔嘉耶夫：《末世论形而上学》，张百春译，中国城市出版社2003年版，第231—232页。
② ［俄］别尔嘉耶夫：《论人的使命》，张百春译，上海人民出版社2007年版，第295页。
③ ［俄］别尔嘉耶夫：《精神王国与恺撒王国》，安启念等译，浙江人民出版社2000年版，第28页。
④ ［俄］舍斯托夫：《雅典与耶路撒冷》，张冰译，上海人民出版社2004年版，第21页。

极,并被外在于人的机械现实所左右"①。同时,这种负面效应也体现在由于技术理性的片面发展所导致的破坏力的不断增加,这种破坏力特别体现在技术理性被悲剧性地应用于战争和新式武器、原子弹的发明上。在这种巨大的破坏力面前,伴随着由科学技术所支撑的战争,导致的将不仅仅是乡村、城市,甚至是人类与文明都有灾难性毁灭的危险。此外,这种技术理性的破坏性,还表现为对人之心灵的深层异化,"人的心很难忍受接触冰冷的金属,它不能生活在金属环境里。破坏作为灵魂内核的心的过程是现时代的特征"②。

基于技术理性所带来的巨大威力,正使之成为一种新的信仰"神话",人们甚至相信借此便可成为"上帝的仿效者。类比地说,数学谈论无限遥远的点、直线等,人也同样能够说:'上帝是无限遥远的人'"③。技术理性使人的欲望不断膨胀,不但期望以此解决宗教、哲学、道德问题,甚至期望以此统治大地、控制无限宇宙。在这种不切实际的欲望与野心背后,却日益呈现出由于其片面发展所导致的人类社会的深层危机,以至于这场危机使"我们时代的许多最敏感的自然科学家睁开了眼睛,理解了纯粹机械的自然科学世界观的贫乏与错误"④。他们看到,正是基于技术理性的片面发展弱化了人的精神力量、创造力量,使人的生活日益机械化、被动化,使人类社会日益深陷于黑暗之中。

总之,在俄罗斯哲学家看来,作为理性主义集中体现的技术理性已丧失了"中性意义","技术在自己发展的顶峰,可能会导致对大部分人类的毁灭,甚至导致宇宙灾难"⑤。那么面对着理性的片面发展,面对着技术理性对人的全面奴役,人类将何为?以白银时代哲学为代表的

---

① [俄] 别尔嘉耶夫:《俄罗斯灵魂》,陆肇明等译,学林出版社1999年版,第176页。
② [俄] 别尔嘉耶夫:《人和机器》,张百春译,《世界哲学》2002年第6期。
③ [德] 胡塞尔:《欧洲科学危机和超验现象学》,张庆熊译,上海译文出版社2005年版,第86页。
④ [俄] 弗兰克:《俄国知识人与精神偶像》,徐凤林译,学林出版社1999年版,第194页。
⑤ [俄] 别尔嘉耶夫:《论人的使命》,张百春译,上海人民出版社2007年版,第297页。

俄罗斯哲学家认为，在当今社会对技术的"浪漫主义反抗"，也即"盼望回归到有机—自然生活状态，人把这种生活状态当作天堂。这是意识的错觉之一。向这个天堂返回的道路是不存在的。从技术—组织的生活向自然—有机生活的复归是不可能的"①。技术的作用是双重的，其既包含着积极的因素，也包含着消极的因素；既包含着解放的力量，也包含着奴役的力量。也正是基于技术理性的复杂性，任何对技术的浪漫主义否定都将是软弱无力的。

二 宗教信仰的迷失

以别尔嘉耶夫、弗兰克等为代表的俄国哲学家看来，现代社会之所以陷入危机，之所以摧毁了对生命原初的、整体的体验，沉迷于狭隘的幻想之中，很大程度上源于精神信仰的危机，源于传统宗教的日益式微。而社会与个人信仰的基础，既不能在理性中，也不能在物质中寻求，只能在宗教中寻求。传统宗教影响的日益式微，一方面与天主教、东正教、新教所存在的限度有关，这种限度导致他们很难适应时代变化的新节律；另一方面则与人类社会的理性化进程相关，特别是将这种理性化渗透到基督教信仰中，导致基督教日益丧失了应有的活力。然而问题在于，正如卡西尔在反对以理性的方式解读宗教的过程中所指出的那样："宗教不可能是清晰的和理性的。它所叙述的乃是一个晦涩而忧伤的故事：关于原罪和人的堕落的故事。它所默示的论据，不可能作任何理性的解释。"② 在白银时代哲学家看来，理性主义因素对基督教的诠释与渗透，首先表现在对作为教会的终极真理的寻求上。人们没有认识到在理性中不可能找寻到我们的祖先业已在基督教中寻到的终极真理，终极真理"在于理性以及理性所及之物的彼岸，而在只有唯理主义才善于统治的、死气沉沉、一动不动的世界里，是不可能找到它的"③。同时，这种诠释与渗透还特别表现在对作为最高信仰对象上帝的理解上，

---

① ［俄］别尔嘉耶夫：《末世论形而上学》，张百春译，中国城市出版社 2003 年版，第 232 页。
② ［德］卡西尔：《人论》，甘阳译，上海译文出版社 1985 年版，第 17 页。
③ ［俄］舍斯托夫：《钥匙的统治》，张冰译，上海人民出版社 2004 年版，第 193 页。

人们过于从理性主义的视角理解上帝。但问题在于，上帝不是理性的上帝、不是绝对精神、不是雅典哲学家所理解的上帝。作为宗教信仰的上帝与理性的上帝间有着本质不同，"亚伯拉罕的上帝，以撒的上帝，雅各的上帝，但却不是哲学家的上帝"①。

  首先，对东正教的质疑。在如何对待作为俄罗斯文化根基的东正教的态度上，以往思想家大都对东正教充满着赞扬，如卡尔萨文等思想家早就指出东正教与天主教、新教相比，天主教就像一面砖墙，只强调统一而没有个人自由；新教仿佛是一盘散沙，只有孤立的个人自由而失去了统一性；而东正教则是交响乐队，是保持了个人自由的统一体。但在白银时代哲学家看来，作为一种现代形态与文化支撑的东正教是存在着自身限度的。白银时代哲学家认为这种局限性主要表现为：第一，"东正教没有有机地吸收希腊——罗马的人道主义，占优势的是禁欲主义的孤僻性"②。这使东正教相对于天主教与新教而言，缺乏人道主义关怀，缺乏对人的关注。第二，东正教过于注重烦琐的宗教仪式，甚至17世纪所发生的宗教分裂就与宗教仪式问题相关，如就统一声调还是多种声调、二指画十字还是其他方式等。在白银时代哲学家看来，过于烦琐的宗教仪式弱化了东正教对信仰本身的重视。第三，白银时代哲学家还批评了东正教的过于保守性，这种保守性决定了它对时代的非适应性，它很难对时代的困境与迷惘作出适应时代的恰当调试。继承了希腊正教传统的东正教认为自身的任务是保存，而不是发展或者寻找真理。在他们看来，天主教与新教在理性的支配下不断地变换观点以适应时代，反而损害了教会的权威与教义，而东正教则"能把上帝的话那甜蜜的源泉供给那来到东正教面前的人饮用，因为只有东正教保有了它所接受的神圣教义，并且将保持其不变，直到一切时代的终结，决不作些微的增加或删减，因为它是真正的柱石和基础，上帝的灵长驻在它体内，保护它不

---

  ① ［俄］舍斯托夫：《雅典与耶路撒冷》，张冰译，上海人民出版社2004年版，第240页。

  ② Бердяев Н. А. Русская идея. Москва: ООО«Издательство АСТ», 2004, С. 212.

犯错误"①。而在白银时代哲学家看来,东正教虽停留于传统和仿古之间,从而避免了经院哲学的不幸,但这种保守性却导致它很难适应时代的发展。在白银时代哲学家看来,教会传统应该是鲜活的、动态的、敞开的、创造性的,而不应是封闭的、静止的、凝固的。教会传统不应只是对传统的简单继承,也不应如法利塞主义那样,将传统变成了僵死的考古学,变成了外部律法和规章,变成了要求自己遵守的枯燥词句。与此同时,白银时代哲学家还对东正教与国家的关系进行了批判,指出作为政治化、官方化、意识形态化了的东正教腐蚀了其原所具有的教会精神,进而导致教会的"心灵衰退了;理想被替换了,也就是说,在教会的理想的位置上不知不觉地出现了国家的理想,内在的真理被形式的、外在的真理所取代"②。

其次,对天主教的质疑。在白银时代哲学家看来,天主教过于注重世俗权力而忘记了基督教的目的,它是用手段代替了目的。在白银时代哲学家看来,基督教的目的不在于尘世,而在于如何走向天国。而天主教则过于注重和迷恋宗教权力,陷入了宗教权力的诱惑。正如一位诗人所指出的那样:"她没有忘记天堂,但地上的东西也被她尝个遍,于是,大地的灰尘玷污了她。"③ 天主教的普遍原则在于,它认为"人间的一切权力和原则,社会和个人的一切力量都应该服从宗教的原则,在人间由精神社会即教会所代表的神的王国应该统治此世的王国"④。而基督则说:"我的国不属这世界"(《约翰福音》18:36),上帝的国不是从这个世界产生,而是高于这个世界,这个世界应该服从它,因为基督说过:"我已经胜了世界"(《约翰福音》16:33)。在这种宗教权力的诱惑之下,人所信仰和服从的已不是基督,而是教会的权力,这是对信仰的误读。这种对世俗权力信仰的实质在于,它的根源中包含着"一种隐藏着的不信仰。事实上,如果真的相信基督的真理,那么,就必须假

---

① [苏]赫克:《俄国革命前后的宗教》,高骅等译,学林出版社1999年版,第30—31页。
② [俄]索洛维约夫:《神人类讲座》,张百春译,华夏出版社1999年版,第191页。
③ 转引自[俄]索洛维约夫《神人类讲座》,张百春译,华夏出版社1999年版,第15页。
④ [俄]索洛维约夫:《神人类讲座》,张百春译,华夏出版社1999年版,第15页。

定，这个真理要比世界上占统治地位的恶更有力量，它自己就能够依靠自身的道德力量克服恶，即，使恶朝向善；如果假定基督的真理，即永恒之爱的真理和绝对之善的真理，为了自己的实现，需要异己的甚至是与自己直接相对立的暴力和欺骗手段，那么就意味着承认这个真理是无力的，意味着承认恶比善更有力，意味着不信仰善，不信仰上帝"①。而且，在白银时代哲学家看来，也正是由于天主教对世俗权力的过分重视，才导致了暴力与纷争。天主教是教皇权威，"天主教徒在一切方面所应当寻求的不是教会真理，而是教皇决定，教皇决定也就是真理。这里没有给个人对真理的寻求和领悟以及为此进行的交流留有余地"②。在这种权威下所形成的统一只能是集体的统一，是外在强力与权威的统一，而真正的基督教应实现精神的统一，在这种精神的统一体中个人才能"上升到最高现实……在爱中的自由统一体才是教会性的本质"③。在白银时代哲学看来，正是基于天主教对于精神性的忽视与世俗权力的过分重视，因而也就决定了新教对天主教的批判与反抗是具有一定的合理性的。

最后，对新教的质疑。与天主教和东正教相比，新教重视个人对真理的探索，主张"因信称义"，并把《圣经》作为最高的权威。新教强调个体与《圣经》、与上帝的直接会面，认为真正的信仰应是个体生命的内在信仰。但俄罗斯白银时代哲学家认为新教同样存在着自身的限度，这种限度源于如果说天主教是陷入权力的诱惑，那么新教则是陷入理性的诱惑。之所以说其陷入了理性的诱惑，是因为新教"为了确定正确的理解必须要对书进行研究和思考，即个性的理性活动，于是，个性的理性最终就成了宗教真理的实在根源，所以，新教自然地过渡到理性主义，这个过渡逻辑上是必然的，历史地无疑在实现着。……它的实质在于，承认人的理性不仅自身就是合法的，而且它还为实践和社会领域

---

① [俄] 索洛维约夫：《神人类讲座》，张百春译，华夏出版社1999年版，第171页。
② [俄] 布尔加科夫：《东正教——教会学说概要》，徐凤林译，商务印书馆2001年版，第107页。
③ 同上书，第85页。

里的一切存在着的事物立法"①。在白银时代哲学家看来，甚至法国大革命与德国古典哲学在某种程度上都是新教的产物，它们是新教的必然结果。新教强调个体的内在信仰，而作为个体的内在信仰，一旦丧失了宗教权力之后，只能付之于理性的权威，只能是以理性代替信仰，最终则表达为信仰即是理性。反之，如果新教不彻底化，而将真理的裁决归之于个体主观性，那么同样将导致"主观性高于教会的客观性，以前者检验后者"②，也同样会丧失真理的标准性，从而陷入信仰的迷雾。总之，在白银时代哲学家看来，新教对于宗教的理解仅仅在于把基督教理解为拯救个体的宗教，这种理解将导致基督教信仰与社会存在的双重危机。新教的理解"不可能解决人与社会的关系问题。只有把基督教不仅理解为个人改造的宗教，而且理解为社会改造和宇宙改造的宗教，也即强化基督教意识中的救世主义和天启观念，才能使令人痛苦的人与社会的关系问题得到解决"③。总之，在他们看来，基于基督教在现代社会中实践功能的弱化，特别是基于理性主义因素对基督教的侵蚀，导致了对宗教理解的偏离与信仰的缺失，这构成了现代性危机的重要根源。

此外，俄罗斯哲学家还从进化史观、客体化等角度对现代性危机的理论实质进行了分析。通过分析指出，现代性危机的实质是精神危机，这种危机的可怕之处在于最终将导向虚无主义。关于此，尼采与海德格尔都有过经典的论述，都指出基于现代社会所患的重病将导向虚无主义。虚无主义的可怕之处不但在于否定和拒斥一切理想、信仰、崇高，而且在于这种"盲目"的虚无主义导致的是精神与信仰的空虚，将悲剧性地导致"一种痉挛性的无望的挣扎，乞灵于幻影，乞灵于完全靠不住和无根据的希望，希望遏制住它向纯粹'非存在'的深渊的命中注定的坠落"④。

---

① [俄] 索洛维约夫：《神人类讲座》，张百春译，华夏出版社1999年版，第172页。
② [俄] 布尔加科夫：《东正教——教会学说概要》，徐凤林译，商务印书馆2001年版，第105页。
③ [俄] 别尔嘉耶夫：《精神王国与恺撒王国》，安启念等译，浙江人民出版社2000年版，第35—36页。
④ [俄] 弗兰克：《实在与人》，李昭时译，浙江人民出版社2000年版，第64页。

第三节 现代性危机的救赎路向

正如雅斯贝斯所指出的,"人类不能忍受虚无主义的根本态度。在普遍缺乏信仰的情况下,人类宁可屈服于一种盲目的信仰"①。尽管虚无主义对一切元价值的侵蚀是可怕的,但不经过这一痛苦的炼狱之路,人类就无法获得净化、解放与精神的新生。基于现代社会所面临的深层危机,基于虚无主义的侵袭、尘世精神的衰落、意义的丧失、偶像的毁灭,众多思想家提出了审美主义、伦理主义、政治哲学、后现代主义等救赎路向。总体而言,这种救赎方案,或是以韦伯、霍克海默、马尔库塞、哈贝马斯等为代表的理性修补主义路线,认为现代性的潜能远未发挥出来,试图通过修补的方式解决这一危机,同时,或是以利奥塔、福柯、德里达等为代表的激进后现代主义路线,认为现代性及其模式已走向历史的尽头,应走向终结。与之不同,俄罗斯哲学在不否认现代文明所带来成果的基础上,立足于自身文化传统,强调精神维度的重要性,并力图通过精神的唤醒与新生,通过对精神信仰的重铸达到对现代性危机的救赎。在他们看来,面对着现代性危机,重要的不是道德审判,而是通过精神救赎为人类及其未来找寻到坚实的生存根基。在对现代性危机的探索过程中,他们建构了如新基督教、自由的宗教、神权政治、圣灵王国、爱的宗教等较为系统的理论体系。

俄罗斯哲学家看到,在虚无主义的侵蚀下,"不仅是俄罗斯,而且是整个世界,都处在虚弱的状态之中"②。面对着虚无主义的侵袭,白银时代哲学家认为俄罗斯民族和犹太民族一样,他们是具有伟大使命的民族,是一个充满着对启示录的期待和弥赛亚情绪的民族。他认为俄罗斯民族应率先冲破虚无主义对精神与实践领域的侵蚀。首先,在对虚无主义的克服上,俄罗斯思想家强调新文化观的建构,这种新文化观包括对创造、自由、精神、神人性等的重新理解与阐发。一是在这种新文化

---

① [德]雅斯贝斯:《历史的起源与目标》,魏楚雄等译,华夏出版社1989年版,第150页。
② [俄]别尔嘉耶夫:《自我认知》,汪剑钊译,上海人民出版社2007年版,第126页。

观建构中，注重对创造的理解。以别尔嘉耶夫等为代表的俄罗斯哲学家之所以重视和强调创造，源于在创造中所展示的是人的能动性。在他们看来，创造并不是僵化、静止和封闭的，创造意味着新事物的产生。创造包含着神性的原则，是神对人的期待，是以人的创造来回应神的创造。创造意味着超越，对界限的超越；创造意味着革命，面向未来的革命；创造意味着解放，冲破虚无主义的侵蚀与奴役。二是注重对精神的强调，强调精神的本体地位，认为精神不服从于任何外在性和必然性，认为精神"不是存在，不是本质，而是存在者，是存在着的东西，拥有真正的生存，精神不服从任何存在的决定。精神不是原则，而是个性，即是生存的最高形式"①。他们认为精神是如物质一样"客观存在"的，但这种"客观存在"又不同于物质，是另一种意义上的现实，是自由，是对现实世界的改造性力量。但精神又不能脱离于上帝，离开上帝这个本原，精神不可能存在。三是注重神人性原则，这种注重意在强调人身上的神性维度。在白银时代哲学家看来，对神、人之间的关系作何种理解直接决定着一切理论体系的价值向度。在他们看来，自文艺复兴以来，对神、人关系的误解是导致基督教危机及其最终遭受虚无主义侵袭的重要原因之一。而真正的神人关系则不是单纯地建立在一种运动基础之上——人向上帝的运动或上帝向人的运动，而是神、人的双向运动。真正的真理是神人性的真理，而这一真理是对人的信仰与神的信仰的彻底贯通，是将二者真理的有机结合。白银时代哲学家强调人身上的神性因素，强调神人性原则，从表面上看这种强调是在强调文化观建构中的东正教因素。实则，在神人性理论的背后，是对人之独特内涵与使命的彰显，是对人之主体性、创造性、精神性、宗教性的彰显。此外，在文化观建构中，俄罗斯哲学家还强调自由等因素，他们力图通过这种对自由、精神、创造、神人性等的理解与阐述，来唤醒人的内在生命，唤醒人的主体能动性，从而最终通达人自身的终极解放。

其次，强调宗教的根基性。面对着现代社会世俗化进程的不断深

---

① ［俄］别尔嘉耶夫：《末世论形而上学》，张百春译，中国城市出版社2003年版，第107页。

化，尽管他们看到了传统宗教影响的日益式微及其存在的诸多问题，但仍强调自身的宗教传统，强调宗教在现代性危机诊治中的重大意义。但基于传统基督教存在的诸多问题，特别是在现实实践中面对世俗之恶的软弱无力，一方面，应更为积极地增强对现实社会的改造能力，参与社会实践。但在强调这种实践功用的同时，也要避免沦为世俗社会的迎合性力量，进而扭曲了基督教的本质，不再关注自身的精神性力量。另一方面，应打破和超越东正教、天主教、新教间各自的界限，最大限度地彼此接近、容纳，积极地寻求走向有机的联合与统一，进而克服各自的限度。在他们看来，各基督教派间的联合是其内在之路、必由之路，也是基督教实践活动或"称之为基督教政治的第一任务和最重要的任务"[1]。这种联合与统一，既包括信仰、意识，也包括教义、仪式等层面。其所依靠的不是外在的强力，而是内在的信仰与传统。这种联合不意味着否定原基督教各分支所具有的独特性，即不是通过简单的合并同类项而达到最大公约数，通过理性的、逻辑的抽象概括所达到的"共识"已不是宗教。联合后所达到的完善的、最高形式的宗教，是建立在肯定各宗教分支特殊性基础之上的。同时，联合后所形成的最高形式的宗教也并非意味着否定原基督教各分支所具有的真理性，无论是天主教对教会权力的强调，东正教对教义正统性的重视，还是新教对个体自由的认同，都具有真理性。但这种真理仅仅是部分的、小写的真理，而面对现代性危机需要的是大写的、整体的、完整的真理。当然，白银时代哲学家强调在这种联合中俄罗斯所担负的特殊使命，强调应以东正教为根基或核心，认为"东正教世界创造性的激发是解决'教会合一运动'的必备条件"[2]。之所以如此，是基于与天主教、新教相比的优势与特点，"东正教既保持着各民族地方教会原初的独特风格，又有圣传的统一性。这就是东正教所理解的教会的统一性。它是多样的统一，是交响

---

[1] ［俄］索洛维约夫：《俄罗斯与欧洲》，徐凤林译，河北教育出版社2002年版，第88页。

[2] ［俄］弗洛罗夫斯基：《俄罗斯宗教哲学之路》，吴安迪等译，上海人民出版社2006年版，第587页。

乐，其中各种旋律和声音组合成一个整体"①。在此需强调指出的是，白银时代哲学家面对着现代性危机所强调的宗教复兴，并非是某种简单意义上的"复归"，而是如文艺复兴一样，实则是一种基于时代性背景的再创造。

在他们对现代性危机的诊治中，从不同层面强调了末世论意识。基督教中末世论所探讨的是"最后的事情"，所关涉的主题包括世界的终结、人类的命运、善恶审判等，隐喻的是一种终极的救赎与解放。白银时代哲学家对末世论意识的强调，一方面源于俄国自身的浓厚的宗教文化传统，正如津科夫斯基所指出的那样，俄罗斯思想在自身发展进程中"所呈现出的基本特点及复杂化进程的主要根源，皆与宗教自发势力、宗教土壤密切相关"②。这种对宗教文化传统的重视集中体现在强烈的末世论情结上，以至于别尔嘉耶夫甚至认为俄罗斯文化在本质上就是一种末世论文化。我们在俄罗斯文学、艺术、音乐、绘画、哲学等领域，都能深切地体认到这种强烈的末世论色彩。另一方面则源于所处的现实境遇，面对时代性危机，面对着现实世界的动荡不安与价值坍塌，他们希望通过末世论来终结此世的恶，进而克服现代性危机。在他们看来，末世论所回应的是世界的终结与上帝之国降临的问题。只有末世论才能解决进步、苦难、救赎等问题，在此之中"包含着对全部地上的苦难和询问的回答"③。也正是基于末世论，基于对异化世界的克服，对善、恶的最终审判，才彰显出生命的意义。面对着现代社会的危机，面对着世俗之恶，历史不应无限延伸，悲剧不应重复上演。历史应走向终结，无限延伸的历史是恶无限。当然，在此需要注意的是，他们所持的并非是一种消极意义上的末世论，"末世论是积极的、创造性的，而非消极的。世界的末世及其历史的终点，取决于人的创造性活动"④。被动地等待末世的来临，意味着对异化世界的妥协。应积极地发挥人的主动

---

① [俄] 布尔加科夫：《东正教》，徐凤林译，商务印书馆2001年版，第119页。

② Зеньковский, В. В., 2001, История русской философии. Москва: Издательство «Раритет», С. 39.

③ [俄] 布尔加科夫：《东正教》，徐凤林译，商务印书馆2001年版，第231页。

④ Бердяев Н. А. Русская идея. Москва: ООО «Издательство АСТ», 2004, С. 237.

性，通过创造性活动来战胜恶、异化，进而实现自我救赎。

在以白银时代哲学为代表的俄罗斯哲学家对现代性危机的诊治中，还强调人道主义精神的根基性。从某种意义上说，俄罗斯虽没有体验过西欧文艺复兴时期的人道主义，但却深刻地体验到了现代社会所呈现出的人道主义危机。面对现代性危机，他们强调人道主义精神的重铸。在对此的重铸过程中，他们反对自文艺复兴以来所形成的对人道主义的无神化理解，强调人道主义精神应立足于宗教根基。他们认为文艺复兴以来所形成的人道主义虽强调了人的能动性，肯定了人的自由、尊严、价值、文化创造。但这种人道主义是建立在与神的不断决裂，甚至否定基础之上的，认为"真理的最终裁定者、价值的最终源泉以及政治权威最终的宝库都是人类个体"①。在这种人道主义的逻辑中，认为传统基督教对神、人关系的理解，是对人之力量的否定，认为人通过自身的力量就能征服、改造世界，就能使这个世界神圣化。这种人道主义所造就的典型形象，便是尼采意义上的超人，相信"人本身靠他自己的力量使自己高尚化，把自己造成新型的高级的超人"②。但问题在于，在尼采那里人实则被杀死了，"相对于超人而言，人仅仅是通道，是为培育超人的田地上所施加的肥料"③。而且基于上帝之死所导致的信仰缺位，这种自我神化的超人很可能走向初衷的反面，走向虚无主义、走向丧失人性的疯狂。总之，在白银时代哲学家看来，这种人道主义是"另一座灾难性的巴别塔，对构成人性的真正形而上学基础的造反将导致人性的没落"④。这种人道主义所呈现出的问题，一方面基于对人的错误定位，仅仅将人定义为自然的、社会的动物；另一方面基于没有正确地理解神、人之间的真实关系，从而日益走向自身的反面，走向反人道主义。在这种世俗化的人道主义理解中，既包含着人的自我傲慢，也包含着将人引向有限命运、引向毁灭的"宿命辩证法"。这种对神、人关系的错

---

① [美]劳伦斯·E. 卡洪：《现代性的困境》，王志宏译，商务印书馆2008年版，第418页。
② [俄]弗兰克：《实在与人》，李昭时译，浙江人民出版社2000年版，第165页。
③ Бердяев Н. А. Русская идея. Москва: ООО «Издательство АСТ», 2004, С. 94.
④ [意]詹尼·瓦蒂莫：《现代性的终结》，李建盛译，商务印书馆2013年版，第83页。

误定位，既构成了基督教危机，也构成了作为现代性危机重要组成部分的人道主义危机的重要根源。

　　以白银时代哲学为代表的俄罗斯哲学家看到了迄今为止的这场现代性危机的深层危害性，甚至有将人类连根拔起，走向自我毁灭的危险。在这种特殊背景下，他们还强调不同民族、文化间应走向联合，进而克服时代性危机。不同民族、文化间的联合，就要求不应将任何民族的利益绝对化、封闭化、神秘化、特殊化，应超越这种病态的、狭隘的民族主义。民族主义总是以民族荣誉、民族使命、民族理念等为依托，"把自己的利益、自己的自命不凡提升为民族的最高原则，就像使其成为个人的最高原则一样，——这就意味着把使人类彼此仇恨的纷争和斗争合法化和永恒化"①。民族主义不关注个体价值的实现，所制造的往往是谎言。唯有超越这种狭隘的、排他的民族主义，才能保住民族的灵魂，更好地实现民族性。但这种超越往往是非常艰难的，源于民族主义比国家主义、集体主义等更具诱惑性、奴役性、隐匿性、深层性。民族主义形式的诱惑与奴役是基于共同的情感与价值认同，作为个体的人本身就是活在这一群体中。而且民族主义往往与国家有着割不断的联系，极易导向沙文主义、导向战争。在此需注意的是，白银时代哲学家虽强调通过不同民族、文化间的联合来克服现代性危机，但这种联合并非意味着用单一来代替多元而实现。源于在他们看来，文化从来都是具体而非抽象的，唯有最具个体性、差异性、民族性的文化，才是最具世界性、最具生命力的。而且人类的这种联合是建立在各民族、文化充分发展基础上的，而非抽象的、简单的拼加。但正如他们强调东正教的特殊作用一样，在民族、文化间的联合上，同样强调俄罗斯民族所肩负的特殊使命。俄罗斯民族的使命就在于实现救赎，"俄罗斯人的整个精神能量都被集中于对自己灵魂的拯救、对民族的拯救、对世界的救赎上"②。此外，在他们所建构的理论体系中，还强调自由、创造、历史、道德、神人性等因素。

---

　　① ［俄］索洛维约夫：《俄罗斯与欧洲》，徐凤林译，河北教育出版社2002年版，第5页。
　　② ［俄］别尔嘉耶夫：《俄罗斯的命运》，汪剑钊译，译林出版社2011年版，第73页。

综上，在俄罗斯哲学家看来，虚无主义并非意味着人的解放，而是奴役，"虚无主义是十分可怕的诱惑，它是折磨我们社会可怕的精神灾害"①。在他们看来，人类已处于最为危险的时刻，一切矛盾都已达到了尖锐的顶点，理性主义的陨落，进步神话的破产，神秘主义的复活，颓废主义、犬儒主义等的争相登场，都是这一危险的征兆。面对着现代性危机，面对着走向自我神话极限的人类，"我们在我们周围的一切社会生命和人的生命中再也找不到我们可以放心地站立其上的稳定的支点和坚实的土地。我们被悬在半空中或在云雾里，我们不能辨认，哪里是会吞没我们的惊涛骇浪，哪里是我们能够找到栖身之所的岸边"②。由此，他们从俄罗斯文化所特有的视域出发，对之进行了独特的探索。在这种探索中，他们强调唯有通过精神的重构，通过精神的救赎，才能从根本上解决现代社会所面临的深层危机。在现代性危机救赎路向的探索上，他们强调关键在于植根于新人的塑造与生成，否则仍将会走向另一种新的虚无主义，将会走向"'死亡的营地'。历史的悲喜剧就这么没完没了地重演"③。

通过上述分析可见，俄罗斯哲学家所提出的现代性救赎路向实质上是一种精神救赎，而这一救赎的最终落脚点在于人之精神层面与意识结构的转变。在此我们也隐约地看到，从他们对现代性危机的拯救路向上看，实则已提出了一条不同于西方的、典型的现代性模式。即在他们看来，现代性的核心不仅仅在技术、理性、物质层面，更在于精神层面，在于新人的生成，在于精神性领域的重建。而这种对现代性的理解，实则我们在此之前的俄国思想家陀思妥耶夫斯基等那里已隐约地洞察到。我们看到，这也是为何在对现代性危机的表现、实质、诊治等理解上，他们更侧重于精神性内涵的原因。当然，这种对现代性模式的探索也存在着诸多问题，包括理论本身所具有的神秘性、虚幻性、非实践性等。

---

① ［俄］基斯嘉柯夫斯基等：《路标集》，彭甄等译，云南人民出版社1999年版，第42页。
② ［俄］弗兰克：《俄国知识人与精神偶像》，徐凤林译，学林出版社1999年版，第110页。
③ ［俄］别尔嘉耶夫：《自我认知》，汪剑钊译，上海人民出版社2007年版，第185页。

正是基于这些缺点,导致了理论的悲剧性命运,以至于"白银时代的浪漫空想家准备不足,不能对付战争与建设问题。他们除去了理性与客观性;他们基本的精神的和审美的方针没有导向组织蓝图"①。可以说,白银时代哲学家的悲剧性命运,代表了整个传统俄罗斯哲学的普遍性命运。但不容否认的是,他们所思考的现代性问题,仍然是我们目前所正在面临的紧迫性问题。尤其在当今,面对着西方典型现代性模式所存在的诸多问题,俄罗斯哲学家的反思与探索仍值得我们深思。

---

① [美]罗森塔尔:《梅列日科夫斯基与白银时代:一种革命思想的发展过程》,杨德友译,华东师范大学出版社2014年版,第268页。

参 考 文 献

一 俄文文献

Зеньковский В. В. История русской философии. Москва: Изда тельство «Раритет», 2001.

Смирнов И. П. От марксизма к идеализму. Москва: Русское книго издательское товарищество, 1995.

Гайденкд П. П. Владимир Соловьев и философия Серебряного века. Москва: Издательство «Прогресс – Традиция», 2001.

Гулыга А. В. Русская идея и её творцы. Москва: Издательство Сорат ник, 1995.

Межуев В. М. Маркс против Марксизма. Москва: Издательство «Культу рная революция», 2007.

Ойзерман Т. И. Оправдание ревизионизма. Москва: Издательство «Канон + » ОИ «Реабилитация», 2005.

Дугин А. Основы геополитики. Москва: Арктогея, 1997.

Панарин А. С. Реванш истарии Российская стратегическая инициатива в XXI века. Москва: Издательская норпорация «Логос», 1998.

Бердяев Н. А. Русская идея. Москва: ООО «Издательство АСТ», 2004.

Бердяев Н. А. Истоки и смысл русского коммунизма. Москва: ЗАО «Сварог и К», 1997.

Булгаков С. Н. Свет невечерний. Москва: Издательство "Респуб лика",

1994.

Булгаков С. Н. Христианский Социализм. Издательство Новосибирск «Наука»Сибирское Отделение, 1991.

Длугач Т. Б. Марксж: вчера и сегодня. Вопросы философии. 2014, No. 2.

Смена Вех. Июль 1921 г. Прага. Литературное обозрение. 1991. No 7.

二 中文译著

《马克思恩格斯选集》（第1—4卷），人民出版社1995年版。

马克思：《1844年经济学哲学手稿》，人民出版社2000年版。

《列宁选集》（第1—4卷），人民出版社1995年版。

别尔嘉耶夫：《俄罗斯的命运》，汪剑钊译，译林出版社2011年版。

别尔嘉耶夫：《历史的意义》，张雅平译，学林出版社2002年版。

别尔嘉耶夫：《精神王国与恺撒王国》，安启念等译，浙江人民出版社2000年版。

别尔嘉耶夫：《神与人的生存辩证法》，张百春译，上海人民出版社2007年版。

别尔嘉耶夫：《论人的奴役与自由》，张百春译，中国城市出版社2002年版。

别尔嘉耶夫：《自由精神哲学》，石衡潭译，上海三联书店2009年版。

索洛维约夫：《神人类讲座》，张百春译，华夏出版社1999年版。

索洛维约夫：《俄罗斯与欧洲》，徐凤林译，河北教育出版社2002年版。

索洛维约夫：《西方哲学的危机》，李树柏译，浙江人民出版社2000年版。

索洛维约夫等：《俄罗斯思想》，贾泽林等译，浙江人民出版社2000年版。

弗兰克：《俄国知识人与精神偶像》，徐凤林译，学林出版社1999年版。

弗兰克：《实在与人》，李昭时译，浙江人民出版社2000年版。

弗兰克：《社会的精神基础》，王永译，生活·读书·新知三联书店 2003 年版。

布尔加科夫：《东正教》，徐凤林译，商务印书馆 2001 年版。

舍斯托夫：《钥匙的统治》，张冰译，上海人民出版社 2004 年版。

舍斯托夫：《思辨与启示》，方珊等译，上海人民出版社 2005 年版。

舍斯托夫：《雅典与耶路撒冷》，张冰译，上海人民出版社 2004 年版。

梅尼日科夫斯基：《重病的俄罗斯》，李莉等译，云南人民出版社 1999 年版。

梅列日科夫斯基：《果戈理与鬼》，耿海英译，华夏出版社 2013 年版。

弗洛罗夫斯基：《俄罗斯宗教哲学之路》，吴安迪等译，上海人民出版社 2006 年版。

洛斯基：《东正教神学导论》，杨德友译，河北教育出版社 2002 年版。

基斯嘉柯夫斯基等：《路标集》，彭甄等译，云南人民出版社 1999 年版。

叶夫多基莫夫：《俄罗斯思想中的基督》，杨德友译，学林出版社 1999 年版。

鲍里斯·尼古拉耶维奇·米罗诺夫：《俄国社会史》（上、下卷），张广翔等译，山东大学出版社 2006 年版。

格奥尔吉耶娃：《文化与信仰——俄罗斯文化与东正教》，焦东建、董茉莉译，华夏出版社 2012 年版。

罗森塔尔：《梅列日科夫斯基与白银时代：一种革命思想的发展过程》，杨德友译，华东师范大学出版社 2014 年版。

津科夫斯基：《俄国思想家与欧洲》，徐文静译，上海三联书店 2016 年版。

尼古拉·梁赞诺夫斯基等：《俄罗斯史》，杨烨等译，上海译文出版社 1999 年版。

B. E. 叶夫格拉弗夫：《苏联哲学史》，贾泽林、刘仲亨、李昭时译，商务印书馆 1998 年版。

安德兰尼克·米格拉尼扬：《俄罗斯现代化之路——为何如此曲折》徐葵、张达楠等译，新华出版社 2002 年版。

《布哈林文选》（上册），中央编译局国际共运史研究室编，人民出版社1981年版。

《布哈林文选》（中册），中央编译局国际共运史研究室编，人民出版社1981年版。

《布哈林文选》（下册），中央编译局国际共运史研究室编，人民出版社1988年版。

弗罗洛夫主编：《哲学导论》（上、下卷），贾泽林等译，北京师范大学出版社2011年版。

梅茹耶夫：《我理解的马克思》，林艳梅、张静译，人民出版社2013年版。

马尔库塞：《苏联的马克思主义——一种批判的分析》，张翼星、万俊人译，中国人民大学出版社2012年版。

卢卡奇：《历史与阶级意识》，杜章智等译，商务印书馆1992年版。

马歇尔·范·林登：《西方马克思主义与苏联》，周穗明译，江苏人民出版社2012年版。

佩里·安德森：《西方马克思主义探讨》，高铦、文贯中、魏章玲译，人民出版社1981年版。

以赛亚·伯林：《俄罗思想家》，彭淮栋译，译林出版社2001年版。

布莱克等：《日本和俄国的现代化》，周师铭等译，商务印书馆1984年版。

费尔南·布罗代尔：《论历史》，刘北成等译，北京大学出版社2006年版。

罗素：《论历史》，何兆武等译，广西师范大学出版社2001年版。

西美尔：《现代人与宗教》，曹卫东等译，中国人民大学出版社2003年版。

西美尔：《金钱、性别、现代生活风格》，顾仁明译，学林出版社2000年版。

雅斯贝斯：《历史的起源与目标》，魏楚雄、俞新天译，华夏出版社1989年版。

霍克海默、阿道尔诺：《启蒙辩证法》，渠敬东等译，上海人民出版社

乐峰：《东正教史》，中国社会科学出版社2005年版。

贾泽林等：《苏联当代哲学（1945—1982）》，人民出版社1986年版。

安启念：《俄罗斯向何处去》，中国人民大学出版社2003年版。

安启念：《苏联哲学70年》，重庆出版社1990年版。

安启念：《东方国家的社会跳跃与文化滞后——俄罗斯文化与列宁主义问题》，中国人民大学出版社1994年版。

李尚德编著：《20世纪马克思主义哲学在苏联》，社会科学文献出版社2009年版。

张百春：《风随着意思吹——别尔嘉耶夫宗教哲学研究》，黑龙江大学出版社2011年版。

徐凤林：《俄罗斯宗教哲学》，北京大学出版社2006年版。

徐凤林：《索洛维约夫哲学》，商务印书馆2007年版。

陈树林：《俄罗斯命运的哲学反思——索洛维约夫历史哲学及其当代价值研究》，黑龙江大学出版社2010年版。

戴桂菊：《俄国东正教会改革：1861—1917》，社会科学文献出版社2002年版。

马龙闪：《苏联剧变的文化透视》，中国社会科学出版社2005年版。

闻一：《苏维埃文化现象随笔》，江西人民出版社2006年版。

任光宣：《俄罗斯文化十五讲》，北京大学出版社2007年版。

张建华：《俄国知识分子思想史导论》，商务印书馆2008年版。

衣俊卿：《文化哲学》，云南人民出版社2005年版。

衣俊卿：《现代性的维度》，黑龙江大学出版社2011年版。

陈嘉明等：《现代性与后现代性》，人民出版社2001年版。

姚海：《俄罗斯文化》，上海社会科学院出版社2005年版。

四 学术论文

Н. Ю. 阿列克谢耶娃：《现代俄国的哲学与俄罗斯哲学》，贾泽林译，《哲学译丛》1997年第1期。

В. С. 斯焦平：《今日俄罗斯哲学：现在的问题与对过去的评价》，安启念、蔡永宁译，《哲学译丛》1999年第1期。

М. А. 马斯林：《对俄罗斯的巨大无知……》，贾泽林译，《哲学译丛》1997年第2期。

В. В. 米洛诺夫：《卡尔·马克思的理论遗产在当今俄国的地位与作用》，郑镇译，《世界哲学》2006年第6期。

А. Т. 巴甫洛夫：《俄国哲学的特色问题》，徐凤林译，《哲学译丛》1995年第1期。

А. А. 加拉克季奥诺夫、Д. Д. 尼康德洛夫：《俄国哲学的特点与发展历程》，汤侠生译，《哲学译丛》1992年第2期。

索洛维约夫：《哲学的历史性事业》，泽林摘译，《世界哲学》1990年第3期。

索洛维约夫：《在通向真正哲学的道路上》，张百春译，《世界哲学》2001年第1期。

别尔嘉耶夫：《人和机器——技术的社会学和形而上学问题》，张百春译，《世界哲学》2002年第6期。

Н. Ю. 阿列克谢耶娃：《现代俄国的哲学与俄罗斯哲学》，贾泽林译，《哲学译丛》1997年第1期。

弗兰克：《哲学与宗教》，子樱译，《世界哲学》1991年第4期。

弗兰克：《俄国哲学的本质和主题》，马寅卯译，《世界哲学》1996年第3期。

加拉克季奥诺夫等：《俄国哲学的特点与发展历程》，汤侠生译，《世界哲学》1992年第2期。

霍鲁日：《俄国哲学的主要观念》，张百春译，《俄罗斯文艺》2010年第2期。

霍鲁日：《俄国哲学的产生》，张百春译，《俄罗斯文艺》2010年第1期。

后 记

在笔者所出版的几部著作中,从某种意义上说此书的写作是时间跨度最长的。这种跨度很大程度上基于本书的研究主题。本书的研究主题,无论就俄罗斯哲学与文化的基本特征、俄罗斯哲学与马克思主义、俄罗斯哲学与现代性等问题,可以说既是一些相对而言的热点性问题,也是一些关涉当下的"大"问题。而对这些热点性问题、"大"问题的理解与消化,既需要长时间的研究与积累,也需要长时段的打磨与感悟。唯有如此,才能对所研究的问题形成更为精准的、深入的、真切的认知与把握。

自研究生阶段开始,笔者一直将俄罗斯哲学作为自己的主要学习与研究方向,并就俄罗斯白银时代哲学、苏联哲学、当代俄罗斯哲学思潮、俄罗斯哲学中的现代性问题等进行了一定探讨。而这种对俄罗斯哲学的持续关注与"情有独钟",很大程度上是基于俄罗斯哲学所特别突出的特点与魅力,并被这种特点与魅力所吸引。可以说,作为一种理论化、体系化的哲学形态,俄罗斯哲学的形成尽管相对较晚,但特点却极其鲜明。这种鲜明性,既与俄罗斯民族的文化传统、性格特点,也与俄罗斯民族所处的地理位置及其所遭遇的现实危机等密切相关。与典型的西方哲学传统相比,俄罗斯哲学少了些形式、逻辑与思辨,但却多了些感悟、神秘与体验。而在这种感悟、神秘与体验的背后,实则是叩问生命的。俄罗斯哲学家无论是对末世论、进步说、现代性等问题的探讨,还是对现象学、存在主义、后现代主义等思潮的探讨,都不仅仅是一种理论上的兴趣使然。在这种探讨的背后,实则一直有一根强有力的隐性主线，即对个体性、人类性命运的关切。在俄罗斯哲学家看来，真正的哲学一定是生命的哲学、是生命的学问，否则是不值得从事与信仰的。

也正是基于对俄罗斯哲学这种特点的认知，笔者一直以来试图从当代视角来研读与审视俄罗斯哲学，而本书则是这一研读与审视的结果。作为这种研读与审视的结果，笔者立足于当代视野对俄罗斯哲学的特征、俄罗斯哲学的典型范式、俄罗斯哲学与马克思主义、俄罗斯哲学与现代性等问题进行了探讨。例如在对俄罗斯哲学特征的研究上，笔者既对俄罗斯哲学的整体特点，同时也对俄罗斯哲学的典型体系建构模式进行了探索。在对俄罗斯哲学视野中的马克思主义哲学研究中，笔者既关注了白银时代哲学家对马克思主义的另类探讨，同时也关注了以布哈林、梅茹耶夫等为代表的马克思主义者对苏联时期的马克思主义、对当代俄罗斯马克思主义的探讨。而在对现代性问题的探讨上，则对俄罗斯哲学家基于俄罗斯哲学的独特视野，对现代性危机的表现形态、现代性危机的理论实质、现代性危机的拯救路向等进行了探讨。从对这些主题的探讨中，我们也可见俄罗斯哲学所特有的那种张力意识、使命意识，所特有的那种巨大的历史感、现实感。

本书是笔者基于当代视野对俄罗斯哲学进行研读与探讨的一些总结，这些研读与探讨中的部分成果已在相应期刊上发表。基于学术研究的需要，笔者将在今后的几年时间甚至更长一段时间，对当代俄罗斯马克思主义、当代俄罗斯文化哲学等问题进行系统的研读。在此书即将出版之际，也特别感谢本书的编辑赵丽老师。自本书纳入选题后，迟迟未交稿，而赵丽老师则在从不"催促"的关心中，关注着书稿的进度。而在交稿之后，赵丽老师则做了大量细致认真的工作，为本书增色不少。此外，在本书即将出版之际，还要感谢我的家人，感谢他们一直以来对我的支持。

2006 年版。

阿多尔诺:《否定的辩证法》,张峰译,重庆出版社 1993 年版。

哈贝马斯:《后形而上学思想》,曹卫东等译,译林出版社 2001 年版。

哈贝马斯:《现代性的哲学话语》,曹卫东等译,译林出版社 2004 年版。

马尔库塞:《单向度的人》,刘继译,上海译文出版社 2006 年版。

福柯:《规训与惩罚》,刘北成等译,生活·读书·新知三联书店 2007 年第 3 版。

福柯:《疯癫与文明》,刘北成等译,生活·读书·新知三联书店 2007 年第 3 版。

马克斯·韦伯:《新教伦理与资本主义精神》,彭强等译,陕西师范大学出版社 2002 年版。

马克斯·韦伯:《经济与社会》(上、下卷),林荣远译,商务印书馆 1997 年版。

赫勒:《现代性理论》,李瑞华译,商务印书馆 2005 年版。

鲍曼:《现代性与矛盾性》,邵迎生译,商务印书馆 2003 年版。

鲍曼:《现代性与大屠杀》,杨渝东等译,译林出版社 2002 年版。

戴维·弗里斯比:《现代性的碎片》,卢晕临等译,商务印书馆 2003 年版。

大卫·库尔珀:《纯粹现代性批判》,臧佩洪译,商务印书馆 2004 年版。

劳伦斯·E. 卡洪:《现代性的困境》,王志宏译,商务印书馆 2008 年版。

詹尼·瓦蒂莫:《现代性的终结》,李建盛译,商务印书馆 2013 年版。

安启念主编:《当代学者视野中的马克思主义哲学:俄罗斯学者卷》,北京师范大学出版社 2008 年版。

三 中文著作

贾泽林等:《二十世纪九十年代的俄罗斯哲学》,商务印书馆 2008 年版。